Sibylle Krause-Burger

Wer uns jetzt regiert

Sibylle Krause-Burger

Wer uns jetzt regiert

Die Bonner Szene nach der Wende

Deutsche Verlags-Anstalt

CIP-Kurztitelaufnahme der Deutschen Bibliothek

Krause-Burger, Sibylle:
Wer uns jetzt regiert: d. Bonner Szene
nach d. Wende / Sibylle Krause-Burger. –
Stuttgart: Deutsche Verlags-Anstalt, 1984.
ISBN 3-421-06184-X

Verantwortlicher Lektor: Ursula Locke
Typographische Gestaltung: Brigitte Müller
Satz: Setzerei Lihs, Ludwigsburg
Druck und Bindearbeit: Clausen & Bosse, Leck
Printed in Germany

Inhalt

Vorwort

Die Frage, wer uns jetzt regiert, mit einer Reihe von Portraits in einem gebundenen Buch zu beantworten, ist sicherlich ein Wagnis. Eigentlich wäre die Lose-Blatt-Sammlung eine angemessenere Form. Die Wochen vor der Veröffentlichung dieses Bandes haben es bewiesen. Wörner schien nicht mehr zu halten. Lambsdorff drohte in der Spendenaffäre unterzugehen. Irmgard Adam-Schwaetzer kündigte an, sie werde für das Amt des Generalsekretärs der FDP nicht mehr kandidieren. Kein Gewerbe ist nun mal so wechselhaft wie das der Politik. Jeden Tag zeigt sich die Welt dort neu. Niemals sind der Kanzler, seine Minister oder die politischen Beamten ganz aus der Gefahr, plötzlich abzustürzen. Der Wandel, so scheint es, ist hier das wahrhaft Konstante.

Und doch gibt es mindestens so viel Beständigkeit wie hektische Veränderung in diesem Betrieb. Anders wäre er nicht funktionsfähig, anders wäre nicht wirksam, was dort geschieht. Zwar wird das Spitzenpersonal bisweilen teilweise, bei Machtwechseln total ausgetauscht. Aber der Sockel der Apparate bleibt; und erst recht sind die Verfahren über Jahrzehnte im wesentlichen dieselben. Ganz so zufällig, wie es manchmal aussieht, ist auch die Besetzung der leitenden Positionen nicht. Sicherlich mag mal dieser oder jener herausgeschleudert werden. Trotzdem hat eine Regierung so etwas wie ein Gesicht, dessen Züge nicht nur von den Situationen des Alltags, sondern auch von den langwelligen Bewegungen in der Zeit geprägt sind.

In dieser Legislaturperiode liegt ein Gutteil der Macht in den Händen von Männern, die aus den dreißiger Jahren stammen. Heiner Geißler kommt daher und Norbert Blüm, Manfred Wörner und Ignaz Kiechle. Der Kanzler selbst wurde damals geboren sowie sein Staatsminister Philipp Jenninger. Genscher, Stoltenberg und Lambsdorff sind nur wenig älter. Jeder von ihnen hat den Krieg noch bewußt erlebt. Die Jüngeren saßen in den Luftschutzbunkern, die Älteren – auch Zimmermann gehört dazu – waren an der Front. Aber ob nun als Flakhelfer, als Infanterist oder Kellerkind: Sie alle haben doch vergleichbare Erfahrungen gemacht. Die Angst gehört dazu, aber ebenso das Glück, am Ende des Zweiten Weltkrieges noch da zu sein. Von der Kargheit jener Jahre, von dem Aufbauwillen, von der Wonne über jeden noch so kleinen Schritt zu mehr Wohlstand, zu mehr Freiheit und mehr Demokratie sind sie geprägt. Es ist die fleißige, die strebsame Nachkriegsgeneration, die jetzt in die besten Jahre und damit auch in wichtigste Ämter gelangt ist.

Nicht der Wohlstand, sondern der Mangel zählt zu ihren Grunderlebnissen; nicht von Ansprüchen, sondern vom Leistungswillen und von der Sorge um das Erreichte ist ihre Haltung bestimmt. Etliche von ihnen sind freilich schon im Elternhaus politisch angeregt worden. Die Väter waren Mitglieder des Zentrums oder der Bayerischen Volkspartei, und sie waren in der christlichen Gewerkschaftsbewegung aktiv. Auch von ihrem Willen zu verändern, von ihrem konservativen und zugleich sozialen Antrieb haben die Söhne etwas mitbekommen. Es sind die Kinder von Handwerkern und Bauern, von kleinen Angestellten oder Beamten. Gerhard Stoltenberg hat einen Pastor, Franz Josef Strauß einen Metzger zum Vater. Eine Regierung aus dem Volk? So, in der Tat, sieht sie auch aus.

Dabei konnte die Liste derer, die an der Macht teilhaben, hier nicht vollständig sein. Es war keineswegs die Absicht, in diesem Buch sämtliche Minister aus Kohls Kabinett vorzustellen, sondern eher, ein typisches Tableau der Bonner Szene nach der Wende zu zeichnen. Die wichtigsten Ressortchefs sollten natürlich dazu gehören, aber auch die originellsten. Das eine ist von der Sache her vorgegeben; das Außen- und das Innenressort mußten also vertreten sein, außerdem die Verantwortlichen für Finanzen, für Wirtschaft, für Arbeit und Soziales und für Verteidigung. Das andere ist eine Frage der persönlichen Wertung. Nicht jeder wird, zum Beispiel, Ignaz Kiechle für ein Thema halten; nicht jeder wird freilich auch auf Anhieb einsehen, daß Theo Waigel, der Landesgruppenchef der CSU im Deutschen Bundestag, zu denen gehört, die uns regieren.

Die Palette in diesem Buch ist gemischt. Zwar stehen der Regierungschef und seine Minister obenan. Was aber wären sie ohne die Fraktionen, die sie stützen, und ohne die Apparate, welche ihnen zuarbeiten? Wie kämen die Mächtigen ohne Berater zurecht? Zwei aus dem Kreis um den Kanzler, Philipp Jenninger und Eduard Ackermann, müssen hier die anderen mitvertreten, sollen einen Hinweis darauf geben, welche Art Mitarbeiter Helmut Kohl um sich schart und von wem er sich etwas sagen läßt.

Wie Franz Josef Strauß in dieses Buch kommt, bedarf nicht der besonderen Begründung. Auch Lothar Späth verdient hier seinen Platz. Der baden-württembergische Ministerpräsident – wie sonst keiner unter den christdemokratischen Länderchefs – wittert Trends und Themen sogar noch vor dem Außenminister; vor allem aber trägt er sie, schneller als Helmut Kohl lieb ist, nach Bonn. Und Karl Carstens? Seine Wahl gab das erste Signal zur „Wende“; und natürlich gehören der Bundespräsident sowie sein designierter Nachfolger in diese Sammlung.

Was aber hat Matthias Wissmann darin zu suchen? Er steht nicht nur für ein Stück CDU, für die Junge Union, welche er zehn Jahre lang geführt hat, er steht damit auch für die konservative Jugend schlechthin, und er steht – mit seiner Bilderbuch-Laufbahn vom Schulsprecher ohne viel Umwege zum Abgeordneten – für den Werdegang einer neuen Parlamentariergeneration. Wissmanns Portrait taugt ebenfalls als Steinchen im Mosaik, welches ein Bild von dieser Regierung wiedergeben soll.

Es ist ein Gruppenbild mit Wendedame. Aus jenem Herbst, in dem sie als einzige unter den FDP-Frauen auf der Seite Genschers stand, bezog und bezieht Irmgard Adam-Schwaetzer einen gewissen Einfluß. Von jenen Ereignissen her zählt sie zu dem Personal, das neugierig macht. Daß ihr Name in die veränderte Bonner Szene gehört, bedeutet freilich nicht, daß sie wirklich Anteil an der Macht hätte. Dies um so weniger, als sie das Amt, welches ihr noch anvertraut ist, mit dem des Schatzmeisters in ihrer Partei vertauschen wird. Aber es gibt keine Anke Fuchs im Umfeld Kohls oder Genschers. Das ist nun mal, von der eher farblosen Ressortchefin für Bildung und Wissenschaft abgesehen, im strengen Sinn des Wortes wirklich eine Mannschaft.

Nicht nur bedeutende Talente und nicht nur der Kanzler mit seinem Kabinett sind also hier aufgereiht. Aber läßt sich die Macht in einer Demokratie, erst recht, wenn das System föderalistisch gegliedert ist, überhaupt präzise an Ämtern oder Personen festmachen? Sind Entscheidungen jemals in einer Institution oder bei einem Mann allein zu lokalisieren? So ist hier die Auswahl der Portraitierten – stellvertretend für dieses komplizierte Gewebe der Verantwortungen und Wirksamkeiten – so vielgestaltig wie der politische Betrieb selbst.

Beliebig ist sie gleichwohl nicht. Aber ohne Frage wäre dieser oder jener Minister durch einen anderen zu ersetzen gewesen, hätte an Stelle Philipp Jenningers auch Waldemar Schrekkenberger, der Chef des Kanzleramtes, und für Eduard Ackermann Horst Teltschik, der Leiter von Kohls außenpolitischer Abteilung, stehen können. Mit anderen Worten: Da gab das subjektive Interesse, die Neugier der Autorin den Ausschlag. So von persönlichen Eindrücken gefärbt sind auch die Portraits selbst. Es war nicht die Absicht, jeden hier vollständig zu beschreiben, alle Daten und alle Hobbies nüchtern wie in einem Handbuch aufzuzählen. Auf das Wichtigste und auf das, was als wesentlich empfunden worden ist, sollte es ankommen; ohne daß freilich die entscheidenden Stadien und Stationen eines Lebens vernachlässigt worden wären. Dabei enthalten manche Stücke, vor allem die Portraits der vergleichsweise wenig bekannten Politiker – wie Ackermann oder Boenisch, wie Waigel oder Jenninger – einen ausführlicheren biographischen Teil. Einen Mann wie Strauß hingegen mit allem vorzustellen, was er in den fast vierzig Jahren seiner politischen Laufbahn bewegt hat, war nicht möglich, und weil schon so viel darüber geschrieben worden ist, auch nicht nötig. Bei ihm kam es eher auf eine Momentaufnahme mit Tiefenschärfe an.

So unterschiedlich wie der Ausgangspunkt für jedes Portrait war, so vielseitig gestaltete sich der jeweils zugängliche Stoff. Zwar stand jeder einzelne Politiker mindestens zu einem ausführlichen Gespräch zur Verfügung. Der Bundeskanzler opferte sogar an zwei Vormittagen bereitwillig mehrere Stunden. Er ließ sich auch – ebenso Genscher, Kiechle und Blüm – auf Reisen begleiten und bei der Arbeit zuschauen. So goß sich der Bericht über ihre Person und ihre Politik teilweise fast von selbst in die Form der Reportage. In anderen Kapiteln herrscht dafür die analysierende Beschreibung vor. Das Ziel war jedoch allemal herauszufinden, was einer tut, was er zu denken vorgibt, wer er ist und warum er es ist.

Es war nicht immer leicht, die Reisen und Interviews innerhalb des vorgegebenen Zeitplanes zu organisieren. Ohne die Unterstützung des Süddeutschen Rundfunks, der Kurzfassungen der meisten dieser Portraits in einer Reihe ausgestrahlt hat, hätte das Buch wohl nicht geschrieben werden können. Seinem Chefredakteur Roderich Klett sowie Wolfgang Pohl, der ihm in diesem Amt nachfolgen wird, schulde ich besonderen Dank. Zu danken ist auch den neunzehn Politikern, die meine Neugier geduldig ertragen haben.

Stuttgart, im Februar 1984 Sibylle Krause-Burger

Helmut Kohl
Spezialist für die kleinen Welten

Wenn Helmut Kohl zwei Dutzend Chefredakteure zum Meinungsaustausch im Kanzleramt empfängt, steht er auf die Minute pünktlich in der Tür. Strahlend vor Glück, strotzend vor Gesundheit füllt er den Rahmen, füllt auch schon den Raum. Ganz pauschal verströmt er erst einmal seine Wärme, seine so greifbare Gegenwart und wendet sich danach den einzelnen zu, geht mit Riesenschritten, den Kopf wie zum Sturm nach vorn gereckt, um den ovalen Tisch, schenkt jedem seiner Gäste einen Handschlag und etlichen noch ein paar freundliche Worte. „Ich hab' ja keine Berührungsangst", versucht er für noch mehr Nähe zu sorgen. „Machen Se's doch leger", so lädt er die Versammelten zum Mitfeiern an seinem Stammtisch ein, setzt sich auch mittenmang, legt beide Ellenbogen und viel Oberbauch auf die Platte und läßt alle Themen wahllos aufquellen: Die Wende vorweg sowie die Kernfrage, worin sie denn bestehe. Dann atmet Kanzler Kohl tief durch, seufzt, deutet beleidigt auf die Erblast und sieht voraus, daß es nun „ganz wichtig" sein wird, eine Politik zu machen, „die ehrlich ist, Punkt um Punkt". Er kann schließlich die Republik nicht von einem Tag auf den anderen verändern. Außerdem, und da soll sich niemand täuschen, sind ihm keine Kleinigkeiten abverlangt: Nicht der „ökonomische Prozeß", sondern „die geistig moralische Umbildung ist das Entscheidende". Der neue Kanzler präsentiert sich volksnah und führend zugleich.

Deshalb weiß er auch schon, „wo's langgeht". „Junge

Leute", gesteht er jedoch ein, „das ist das einzige Kapitel, wo ich noch kein Rezept hab'." Doch er hofft auf die „innovatorische Kraft der Universitäten" und baut auch ganz allgemein auf „Leistung". „Tugenden", hebt er mahnend seinen Zeigefinger, „das ist doch nicht altmodisch". Und „Vaterland", fällt ihm gleich dazu ein, „da gibt es ebenfalls kein besseres Wort". Auch davon verspricht er sich schließlich noch Heilkraft, „daß wir zu mehr Geschichtsverständnis kommen". Es ist ein Weg, den er längst eingeschlagen hat. Helmut Kohl schaut nicht nur nach vorn, er schaut auch zurück. „Ich bin der erste Kanzler der Nachkriegsgeneration", sagt er und führt mit pastoralem Pathos aus, was das beinhalten soll: „Ich war mit der Gnade der späten Geburt nicht in Versuchung, in Schuld zu geraten." Den Auftrag zu versöhnen leitet er daraus ab – „so'ne Art Brückenfunktion", und das heißt, „bei den Jüngeren um Verständnis zu werben für das, was die Älteren getan haben, und den Älteren nahezubringen, daß die Jüngeren das eigentlich gar nicht mehr alles wissen". Was er bewirken will ist also klar, und auch über das Wie hat er sich schon Gedanken gemacht. In aller Bescheidenheit möchte er die Bande knüpfen: „nicht mit Hoffahrt".

Dieser Ton – mehr Mission als Management – ist neu im Kanzleramt. Helmut Kohl, obwohl er vergleichsweise kurz hier residiert, pflegt seinen eigenen Stil. Nachdem die Wähler im März 1983 den Machtwechsel abgesegnet und seine Kanzlerschaft bestätigt haben, zeigt er sich geradezu herausfordernd selbstbewußt, im Angesicht der Aufgaben des Tages wie jener, welche er aus der Geschichte ableitet. Die Richtlinienkompetenz trägt er stets sichtbar zur Schau. Aber der Schatten des anderen ist noch nicht ganz gewichen. Die fast neun Jahre seiner Amtszeit liegen zu nah. Auch ein paar Spuren aus der Ära Schmidt sind noch nicht getilgt. Die Möbel im Büro des Bundeskanzlers stehen, wo sie standen. Bilder von Emil Nolde, an denen Kohls Vorgänger so hing, schmücken nach wie vor die

Wand. Die Büste der Tilla Durieux hat ihren alten Platz behalten. Was also ist anders? Was ist neu?

Wenn Helmut Schmidt einen Besucher empfing, so bot er ihm gern – nicht gerade eine besonders höfliche, einschmeichelnde Geste – den Stuhl auf der anderen Seite des Schreibtisches an. Hat Helmut Kohl einen Gast bei sich im Arbeitszimmer, dann setzt er sich mit ihm ans Rauchtischchen. Helmut Schmidt sah auf Distanz, betonte Rangunterschiede, schüchterte ein, trennte – in seinen Handlungen wie in den klar abgrenzenden Gedanken und Worten. Helmut Kohl umgarnt, umarmt. Manchem ist schon die Luft ausgegangen dabei.

Helmut Schmidt, der Technokrat, regierte ganz vom Kanzleramt aus. Das war seine Zentrale, sein Apparat. Er nutzte ihn, hielt diese Maschine auch mit dem intelligenten, sachkundigen und erfahrenen Chef-Verwalter Manfred Schüler reibungslos in Gang. Im Kanzleramt liefen alle Fäden zusammen, von dort aus wurden alle Impulse gesteuert und kontrolliert. Jetzt, seit Helmut Kohl Regierungschef ist, so heißt es unter Beamten in Bonn, sind die Kollegen, die ihm zur Hand gehen sollen, nicht voll ausgelastet. Im Büro des Amtsleiters, des Universitätsprofessors Waldemar Schreckenberger – eines Jugendfreundes von Kohl – bleiben Akten und Briefe oft lange liegen. Der neue Kanzler weiß nun mal mit diesem Apparat vergleichsweise wenig anzufangen. Die Minister hält er an der langen Leine. Ein Mann des persönlichen Gesprächs sei er, sagen seine Leute, nicht des Aktenstudiums. In Unterredungen bereite er seine Entscheidungen vor, hole sich diesen oder jenen aus dem Kabinett, manchmal auch kleine Gruppen von Fachleuten zur Beratung ins Haus. Außerdem arbeite er auch „sehr viel mit dem Telefon“. Helmut Kohl regiert also weniger auf der Grundlage der administrativen Vorarbeiten; eher regiert er aus der Kraft seiner Partei. Das ist der Schoß, aus dem seine Macht kommt, das ist seine Basis. Nicht das Kanzleramt, das Präsidium der CDU ist für ihn das Nervenzentrum der Politik.

Die Aufgabe des Parteivorsitzenden nennt er denn auch sein „wichtigstes Amt". Auf die Fähigkeiten angesprochen, die er als Regierungschef braucht, fällt ihm keineswegs auf Anhieb seine Art und Weise, die Bonner Geschäfte zu lenken, ein. Vielmehr fängt er bei den Eigenschaften für die Führungsrolle in der CDU an: „Zähne zeigen" kann er, aber vor allem die vielen Gruppen in der Union zusammenhalten und zu Kompromissen bringen.

Helmut Schmidt nannte seine Partei schon mal einen „Sauhaufen" und sprang bisweilen wenig feinfühlig mit ihr um. Helmut Kohl hält sich etwas darauf zugute, daß er seinen „Weg" über die CDU und nicht etwa nur über die Junge Union gemacht, daß er dort „viel Kärrnerarbeit" geleistet habe. Wenn er aus seiner Lebensgeschichte berichtet, erzählt er noch mehr aus der Parteigeschichte. Mit der Union und ihrer Entwicklung ist er verwachsen und verwoben. Helmut Schmidt, obwohl durchaus ein Sozialdemokrat, war ein Einzelkämpfer, seine Energie speiste sich aus dem Glauben an die eigene Leistung. Dabei brauchte er immer wieder den Beweis seiner Tüchtigkeit; nur manchmal brauchte er auch einen Freund. Helmut Kohl hingegen glaubt sich in der Gruppe sicher, er hat gern Menschen um sich herum – „und um mich wohl zu fühlen, bin ich auch auf ein bissel Wärme angewiesen". Er ist kein Einzelgänger, „ich bin darauf net angelegt", sagt er, und deshalb hat er auch nie Probleme gehabt „ne Mannschaft zu bilden, das hat mir sehr geholfen in der Politik". Helmut Schmidt wollte vieles selbst tun. Helmut Kohl läßt gern andere machen, arbeitet eher im Team. Helmut Schmidt litt am meisten unter eigenen Fehlleistungen, wie etwa dem „Rentendebakel". Helmut Kohl schmerzt nichts so wie das Versagen der anderen, wie ihr Verrat, ihr Liebesentzug, die „Illoyalität".

Helmut Schmidt, die Gier seiner Gegner nach Genugtuung und wohl auch ihre Zahl unterschätzend, vertraute ganz der eigenen Überlegenheit – und unterlag. Helmut Kohl weiß und

wittert, was seine Leute wünschen. Er ist, und darin sicherlich ein Meister, hellwach für die Bedürfnisse, Empfindungen, Wallungen und Absichten der Mehrheiten, die ihn stützen. Das, nicht zuletzt, hat ihn weit getragen.

Das Herausragendste unter seinen Talenten, heißt es in seiner Umgebung, sei ein „Riecher für die Macht“. „Das ist sicher wahr“, gibt er ohne Abwarten zu und ergänzt, was seiner Meinung nach in dieser Gabe mit eingeschlossen ist: „Klugheit“, sinniert der Mächtige, „sie wächst aus der Ehe von Charakter und Intelligenz“. „Die Antike“ sagt es ihm und er setzt, sehr praktisch, sehr pragmatisch hinzu: „Intelligenz und Sachverstand können Sie sich beschaffen, Charakter nicht.“ Und noch etwas fällt ihm ein: „Man redet ja auch von Staatskunst und nicht von Staatsintelligenz.“

Was weiter gehört zu seinen Gaben? Fingerspitzengefühl, meint der Kanzler. Wenn er am Scheideweg stehe, wenn er in diese oder jene Richtung gehen müsse, wenn er für zwei Möglichkeiten auf beiden Seiten gleich gute Argumente vorfinde, dann dürfe er seinem „Instinkt“ vertrauen. Und dies versteht er auch: Menschen nicht nur um sich zu scharen, sondern sie auch in seiner Nähe zu halten und zu führen. Helmut Kohl ist stolz darauf, daß ihm noch niemand abgeworben worden ist: „Die gehen durch dick und dünn.“ Aus Mainz sind sie ihm nach Bonn gefolgt – Juliane Weber, die Frau in seinem Vorzimmer, und Waldemar Schreckenberger. Vom Bundestag ins Kanzleramt hat er sie mitgenommen: Eduard Ackermann, den ehemaligen Pressesprecher seiner Fraktion, der ihm die Abteilung „Gesellschaftliche und politische Analysen – Kommunikation“ leitet, und Philipp Jenninger, den einstigen parlamentarischen Geschäftsführer und jetzigen Staatsminister. Helmut Kohl, der freilich auch rüde mit seinen Leuten umgehen kann, der seinen getreuen Ackermann auch mal vor Dritten herunterputzt, zeigt ebenso oft den Menschenfreund vor. Er weiß halt genau – da preist er sich gern – worauf es wirklich ankommt. Wenn, zum Beispiel, einem Mitarbeiter die Frau weggelaufen ist, dann kann er ihn doch nicht so belasten wie jeden anderen, dann muß er mit ihm reden und ihm sagen, „daß er ein prima Kerl ist“. Obwohl er Untergebene auch abkanzeln kann, verbreiten Mitarbeiter in seinem Hause, Helmut Kohl sei ein „menschlicher Typ“. Da ist dann eingeschlossen, daß er im Essen und Trinken nicht gerade als Asket auftritt, daß er es gern gesellig hat und nicht zuletzt, daß er seine Seilschaften nicht verkommen läßt. Ganz im Gegenteil: Er pflegt und hegt sie aufs Sorgfältigste. „Wenn er nichts weiß“, sagt einer seiner Minister, „so hat er doch stets im Kopf, was der Bürgermeister aus Hintertupfingen und der Landrat aus Hinterjettingen am Sonntag zum Frühstück mögen“.

Er vermag nun einmal Politik nicht nur als eine Summe von Problemfeldern zu sehen, er faßt ihre Vorgänge und Verfahren nicht in abstrakte Kategorien, es fehlen ihm Detailkenntnisse, mehr noch vielleicht die Kraft zu dem, was Hegel die „Anstrengung des Begriffs“ genannt hat. Weil er sie – und das ist ja auch in dieser komplizierten und sich immer verwickelter gestaltenden Welt keineswegs einfach – nicht immer richtig begreift, sieht er kaum auf die Sache. Umso intensiver nimmt er Freunde und Feinde wahr. Mit Genscher ist er dick, mit Kiesinger fühlt er sich verbunden; zu Willy Brandt hat er ein gutes Verhältnis, an Schmidt – und der hat ihm ja reichlich ausgeteilt – schätzt er nur dessen Lebensleistung. So gliedert sich ihm die Politik der Bundesrepublik wie die der Welt vor allem zu einem Geflecht von persönlichen oder unpersönlichen, von guten und schlechten Beziehungen.

Helmut Kohl, wenn er aus dieser Sicht der Dinge an sein schwieriges Geschäft herangeht, hat ein Modell, eine Methode, um sich auf seine Art zugänglich zu machen, was ihm eigentlich verschlossen bleibt. Nicht umsonst sagt er bei jeder passenden und unpassenden Gelegenheit, es sei halt alles in der Politik „wie in der Familje“. Da kennt er sich aus. Auf dieses Maß, das heißt auf sein Maß, stutzt er sich Vorgänge und Verfahren, stutzt er sich auch die Menschen zurecht. Deshalb, nicht zuletzt, sitzt er so entspannt in seinem Kanzlerbüro, wo die „Größten aus der Welt" ein- und ausgehen. Es bringt ihn nicht aus der Fassung, denn – „da gewöhnen Sie sich dran – da ist das Menschlich-allzumenschliche genauso behaust". Und bisweilen fällt ihm, wie zur Bestätigung, ein klassisches Zitat ein. „Weißt Du nicht, mein Sohn", sagt sich in solchen Momenten der Kanzler gern, „mit wie geringem Verstand die Welt regiert wird?". Derart kopfschüttelnd vermag der Historiker Kohl, der als Student vom „Geist des Gesetzgebers" gelernt hat, auch im Deutschen Bundestag zu sitzen: „Da bin ich dann einer von fünfhundert Gesetzgebern, schau mich um und frag' mich: Wo ist denn jetzt der Geist?"

Helmut Kohl, der sich selbst einmal als Generalisten gepriesen hat, will auch heute, obwohl die Metapher schmerzlichschädigend auf ihn zurückgefallen ist, nicht von diesem Begriff lassen. „Wenn Sie bestimmte Führungspositionen haben, müssen Sie auch Generalist sein", rechtfertigt er sich, denn alle fünf Minuten muß er auf ein neues Thema eingehen. Außerdem verfügt er, wie er meint, über eine „möglichst breite Allgemeinbildung". Aber der Generalist Kohl ist eben auch ein Spezialist für die kleinen Welten, und wenn er mit diesem Fach nicht weiterkommt, steht ihm ja noch die historische Dimension zur Verfügung. Auch auf Geschichte versteht er sich, das hat er schließlich studiert.

Aus der kleinsten und der größten Perspektive leuchtet er sich die politische Materie an und leuchtet sie doch nicht aus. Immerhin behält er so einen Überblick, bestärkt sich in seiner Sicherheit. Wenn er nach Israel fährt, muß er – wie er einsieht – wissen, „was in Auschwitz war". Spricht er mit Reagan, dann ist ihm das nicht mehr und nicht weniger als ein Gespräch „unter Männern". Und die schwierigen Probleme, welche seiner Regierung aufgegeben sind, kriegt er alle in den Griff: „Da bin ich sicher, ganz sicher. Nicht in jedem Detail, aber daß die Generalrichtung stimmt."

Es ist nicht mangelnder Realitätssinn, den Kohl hier vorführt, sondern eher der Unwille, die ganze Kompliziertheit der Realität, und damit auch, viele Probleme in ihrer Unlösbarkeit zu begreifen. Die Welt erscheint ihm nicht völlig anders, sie erscheint ihm nur einfacher als sie ist. Und so will er sie haben; es soll eben auch alles wie in der „Famillje" sein. Und während die Vereinfachungen Adenauers, des „grand simplificateur", ihn zum Kern eines Problems und zum Handeln führten, verwischt, vernebelt sich Helmut Kohl mit seiner Schlichtheit Einsichten und lenkt dann auch von den daraus folgenden Notwendigkeiten zum Zupacken, zum Entscheiden ab. Was der vermeintliche „Enkel" des ersten Kanzlers der Republik zu sagen hat, klingt stets beim ersten Hinhören nach gesundem Menschenverstand, klingt allemal ein bißchen wahr. Er streift so oft den Kern einer Sache, aber er trifft ihn selten. So bewahrt er sich seinen Frohsinn, bewahrt sich den Genuß an der endlich errungenen Kanzlerschaft.

Helmut Kohl versteht gar nicht, daß andere meinen, er müsse sich eher beladen als beglückt fühlen. Gewiß, er hat Schwierigkeiten genug: „Aber ich kann net erkennen, daß es mir net gut geht. Was sind denn die Indikatoren? Mir geht's gesundheitlich gut, mir geht's zu Hause gut, meine Partei ist in einem Zustand wie nie zuvor in dreißig Jahren; im großen ganzen habe ich relativ wenig Ärger und Verdruß in meinem politischen Alltag. Warum soll ich mir 's Leben vergällen lassen?" Das erscheint ihm – und da hat er ja, der Kanzler, dem weder das Wort Verantwortung noch sonst etwas Nachdenkliches in diesem Zusammenhang einfallen will, auch wieder Recht im Unrecht – nicht sinnvoll. Wenn er diesen Job macht, muß er ihn „innerlich bejahen": „Natürlich gibt es viel Unangenehmes, viel Gemeinheit unter den Leuten. Es ist aber auch viel Positives da." So geht er, zum Beispiel, gleich nachher, nach dieser

Äußerung, hinunter vor die Tür des Kanzleramtes: „Da sind die Sternsinger. Es zwingt sie keine Macht der Welt herumzulaufen und Geld zu sammeln für arme Leute. Sie machen's aber. Sie sind symbolisch für die Mehrheit, die Mehrheit steht doch nicht in der Ecke und macht nichts, die Mehrheit macht doch was." Weshalb also soll er sich bekümmern? Sieh, das Gute liegt so nah: „Ich steh' doch net morgens auf und sag' mir als erstes, wie schrecklich ist das Leben. Da kann ich mir doch n' Strick holen und mich an den nächsten Baum hängen. Das ist net mein Leben."

Aber das ist seine Welt – im Bonner Alltag nicht anders, als wenn er ins Ausland, etwa nach Moskau, fährt. Dort mag dann im Garten hinter der Deutschen Botschaft, als hätte sie die Veranstaltung richtig einzustimmen, die Abendsonne zwischen den Blättern der alten Bäume hindurch auf den gepflegten Rasen und auf Blumenrabatten fallen. Männergesang plumpst in die Seelen der kleinen Gemeinde, die sich an diesem sonst so stillen Ort versammelt hat. Etliche – auch Helmut Kohl – legen die Hände vor den Bauch, gefaltet, versteht sich. Es herrscht Andachtsstimmung. Der Kanzler drückt die Augen ein, als der Chor zum „... find'st du deine Ruh'" anhebt, dann blinzelt der Mächtige wieder, wie er so oft blinzelt – als wolle er signalisieren, wieviel da hineinpaßt, in sein Inneres, an Empfindungen, und wieviel aus ihm herauskommt, an Gefühl. Fürwahr, es ist ein deutscher Moment, wie man da so nett beieinandersteht, wie man sich gemeinsam durch die Musik ins neunzehnte Jahrhundert und noch weiter zurücktragen läßt. Da darf man an Idyllen glauben, darf daran festhalten, sogar jetzt, an diesem Tag, da der deutsche Regierungschef mit den Herren der östlichen Weltmacht, mit den Bossen im Kreml, über die Lebens- und Überlebensfragen Europas spricht.

Aber der Männerchor „Harmonie" aus Limburg an der Lahn, der in diesen Tagen gerade auf Tournee durch die Sowjetunion unterwegs ist, bringt ihn mit seinem Ständchen keineswegs nur für den kurzen Moment in die Heimatgefilde zurück. Nein, dort ist dieser Kanzler allemal: Wie er da so beschaulich steht, Standbein rechts, Spielbein links, Spielbein rechts und Standbein links, wie er ganz wissend nach oben, Richtung Himmel, blickt und sich dort in irgendeinem jenseitigen Ernst verliert; wie er danach mit den Zuschauern auf Körperkontakt geht, wie er sich mit dem Botschaftspersonal und den Sängern ablichten läßt – gerade so als sei's der Oggersheimer Fußballverein; wie er die Zunge zwischen den Lippen hindurch- und hin- und herschiebt, solange er Autogramme schreibt, wie er fragt, ob er sich zum Fotografieren vorne querlegen soll: Jawohl, da ist er schlicht bundesrepublikanisch, einfach, frei, freundlich, nett, schulterklopfend und auch ein bißchen sentimental.

Helmut Kohl in Moskau: zum ersten Mal als Bundeskanzler auf diesem unübersichtlichen Feld, in diplomatischer Mission, mit einem der beiden mächtigsten Männer der Welt an einem Tisch, und also vor einer Aufgabe, die Feingefühl, Standfestigkeit, Sachkunde, Erfahrung und den ständig wachen Intellekt fordert. Der Kanzler geht das, was ihm abverlangt wird, wieder einmal auf seine ganz und gar persönliche Art an. Frieden, Freiheit, Vaterland, das fließt nur so von seinen Lippen. Von Brüdern und Schwestern, von Enkeln und Müttern redet er. Er lebe in einer typisch deutschen Familie, erzählt er den Russen, sein Bruder sei im Zweiten Weltkrieg gefallen. Ein Mensch wie du und ich. Helmut und Juri in einem Boot. Da bedarf es keiner komplizierten rüstungstechnischen oder politischen Details. Man versteht sich. Kohl glaubt zumindest zu verstehen, und er glaubt, verstanden zu werden. Derart unbefangen wirft er sich den Ereignissen in die Arme.

Auf dem Weg in den Kreml, die Protokoll-Huberei der Russen mißachtend, verläßt er auch den schußsicheren Wagen, geht über den Roten Platz zum Erlöser-Tor, vorbei an der Basilius-Kathedrale, vorbei an der Richtstätte der Zaren, vorbei an winkenden und ob dieser Begegnung geschmeichelten, erhobenen Passanten. Er mischt sich unter sie, legt seinen Arm um wen auch immer, lächelt siegreich. Wo kommen Sie her? fragt er die Deutschsprachigen, wo er sie antrifft. Wo gehen Sie hin? Wie lange sind Sie schon hier? Nicht als Staatsmann, als Wahlkämpfer ist er unterwegs, und jede Kulisse ist ihm recht. Die des Kreml, natürlich, gibt einen besonders schönen Hintergrund ab. Und spielt es denn eine Rolle, ob er hier oder anderswo strahlt und streichelt? Kommt nicht alles via Bildschirm unter die Wähler?

Helmut Kohl, wenn er im Garten der Botschaft in Moskau den Limburger Sängern lauscht, wenn er über den Roten Platz schreitet, ausgreifend natürlich, als ob er sich die Riesenschritte, das beständige Hin- und Herdrehen des Kopfes, die ausholenden Armbewegungen befehle, wenn er darauf wartet, daß seine Kolonne abfährt, dabei die Wagentür offenhält und – „Waldemar, komm' hierher" – seinen Kanzleramtschef in den Fond bittet: Stets schaut er, ob er Publikum hat und wieviel, schaut er, ob auf ihn geschaut wird, sucht er die Kameras wie die Kameras ihn suchen. Sogar auf dem deutschen Soldaten-Friedhof vergißt er nicht, was er der Presse schuldig zu sein glaubt. Erst zupft er die Schleife am Kranz zurecht, sieht dabei just so ergriffen aus wie er aussehen muß, geht dann an Gräbern vorbei. Und für einen Moment mögen ihn tatsächlich die Tragödien berühren, die sich in den wenigen Daten auf den Steinen ausdrücken. Noch über den Friedhof laufend ist er freilich schon weit weg und bespricht mit seinem Presse-Boenisch, welchen Auftritt er den Journalisten in der nächsten Stunde gleichsam als Brocken zum Fraß vorwerfen wird.

Jeder Staatsbesuch hat etwas Demonstratives, zielt auch auf Breitenwirkung ab. Dieser hier hat gleich so begonnen und wird so fortgeführt. Schon am Flughafen fängt Helmut Kohl mit dem Händeschütteln an, beglückt er die herbeigekarrten Fähnchenschwenker aus der Sowjetunion mit seiner Nähe.

Mit der gleichen Gemütsseligkeit schiebt er auch am Verhandlungstisch das Hauptproblem der Tagesordnung zur Seite: die Frage der Pershing-Stationierung, die Möglichkeit oder Unmöglichkeit, die festgefahrenen Ost-West-Verhandlungen über die Begrenzung atomarer Mittelstrecken-Raketen wieder flottzubekommen. Doch hat sich der Kanzler wirklich vorgenommen, einen Beitrag dazu zu leisten? Könnte er es überhaupt? Ist nicht von vornherein klar, daß die Standpunkte seiner Regierung wie die der Kreml-Herren im Moment unverrückbar sind? Ist nicht das gegenseitige Kennenlernen das einzige Ziel, das er wirklich zu erreichen vermag? Mit gutem Grund betont Helmut Kohl deshalb immer wieder, daß er weder als Vermittler noch als Dolmetscher auftrete. Ein Patriot will er sein.

Der neue Bundeskanzler fühlt sich ausschließlich als Deutscher, und er transportiert hier, was er für deutsches Interesse und deutsche Weltsicht hält. Da will er fast missionarisch überzeugen, scheut sich nicht vor einer Diskussion mit sowjetischen Journalisten über die Schuldfrage in den beiden Weltkriegen dieses Jahrhunderts, und besteht auf der Wiedervereinigung. Helmut Kohl mahnt Andropow, sich vorzustellen, die Sowjetunion sei geteilt. Würde der Kreml-Chef sich darauf einrichten? Und wenn nicht, warum sollen sich die Deutschen mit der Teilung abfinden? Doch um die Friedfertigkeit in der Bundesrepublik unter Beweis zu stellen, rühmt er unsere Päckchenpolitik via Polen. Und wie er mit diesen ganzen heiklen Themen umgeht, so unbekümmert, so ohne diplomatische Umschweife, hat er doch etwas sehr Überzeugendes an sich. Nicht das Staatsmännische, das er reichlich unvollkommen in seine sperrigen Gesten und seine schlichten Worte legt, aber doch die Standfestigkeit und der Wille, den Frieden zu wahren, werden ihm abgenommen.

Pressekonferenz zum Abschluß des Moskau-Aufenthalts. Der deutsche Bundeskanzler, vor ein paar hundert Journalisten aus aller Welt, spricht leise und ohne Betonung, sagt eher zuviel als zuwenig, weist die kritischen Fragen nicht mit Knappheit und Präzision zurück, bringt sie dafür mit langen Sätzen und Sentenzen vom Tisch. Ob er auf seiner Reise etwas gelernt habe, will ein Russe von ihm wissen. Und Kohl gibt zurück, was keinen verblüffen kann: Er hat viele Beobachtungen gemacht. Ist er bereit, bei den USA dafür zu werben, daß sie niemals Atomwaffen anwenden werden? Das versucht ein Vertreter der Prawda von ihm zu erfahren. Aber der Kanzler erzählt von der Freundschaft mit den Amerikanern. Wie lebendig ist der Revanchismus in der Bundesrepublik? Kohl antwortet mit einer Aufforderung, in den Westen zu reisen und sich die Leute hier anzusehen. Nein, er gibt nicht immer, was man geben könnte, aber er bleibt auch nichts schuldig. Und was er da sagt, sagt er lächelnd, sicher und sichtlich selig über das Interesse an seiner Person und seinen Ausführungen. Nur der Fuß unterm Tisch, der so unaufhörlich wie schnell während des Pressegesprächs hin- und herwackelt, zeigt an, daß da – bei aller Breite der Natur, bei aller Bonhomie, bei aller Unbeschwertheit – auch Spannungen angesammelt werden und abzuladen sind.

Am letzten Moskauer Abend, in der Residenz des Botschafters, beim Empfang für die deutsche Kolonie in der Hauptstadt der UdSSR, nimmt Kohl so etwas wie eine Parade ab. Hier ist er uneingeschränkt in allen Sicherheiten zurück; hier fängt ihn die Stimmung, die Enge, das Gedränge, fängt ihn auch die Begeisterung auf. Wir haben Sie doch gewählt, das bringt ihm eine Dame wie ein Blumengeschenk dar und: Ich danke Ihnen für Ihre Weitsicht, kontert Kohl geschmeichelt. Dann fragt er die Vertreter von Mannesmann und Höchst, den evangelischen Pfarrer und jeden, der sich sonst noch um einen Handschlag von ihm bemüht, nach dem Woher und Wohin. In dieser Stunde ist er wieder richtig zum Anfassen da – und doch noch lange nicht zu begreifen. Wer Helmut Kohl wirklich ist, vermag keiner auf Anhieb zu sagen. Aber an seiner Lebensgeschichte kann man es vielleicht ablesen.

Helmut Kohl wurde am 3. April 1930 als Sohn eines Steuersekretärs in Ludwigshafen geboren. Der Vater war ein Bauernkind, eines von dreizehn Geschwistern. Die Mutter stammt aus einer Lehrerfamilie. Helmut kam als Jüngster auf die Welt – nach einer Schwester und einem Bruder. Seine Eltern lebten als überzeugte Katholiken in einer überwiegend protestantischen Umgebung. Der Glaube wurde in der Familie hochgehalten, schloß aber auch Toleranz ein. Gegen den Nationalsozialismus blieben die Kohls gefeit: „Meine Eltern waren keine Helden", erzählt der Sohn, „aber sie waren auch keine Nazis". Seine Mutter nennt er eine „großartige Frau". Sie hatte es nicht leicht, „in diesem kleinen Beamtenhaushalt", mit den kärglichen Mitteln zurechtzukommen. Am Samstag ging sie mit den Kindern erst ganz spät auf den Wochenmarkt, wenn die Preise schon stürzten, „so ist gerechnet worden", erinnert sich Helmut Kohl. „Da sind zehn Pfennig rumgedreht worden." Für den Vater war es „fast ein Exzeß", wenn er am Wochenende ein Maß Bier trank und einen Villinger Stumpen rauchte. Urlaub kam nicht in Frage. Denn drei Kinder gingen aufs Gymnasium, und das kostete damals noch Schulgeld. Das Leben der Familie Kohl stand unter dem Zeichen des Mangels. Aber in einer „ausgesprochen warmen Atmosphäre" sei er trotzdem aufgewachsen, berichtet der weit hinaufgestiegene Sproß: „Ein prima Elternhaus war das."

Helmut Kohl erinnert sich an eine glückliche Kindheit. Das Haus in Ludwigshafen-Oggersheim, in dem er aufgewachsen ist und das der Großvater 1890 gebaut hatte, bewohnt er noch heute. Er hat es renovieren lassen, „wirtschaftlich nicht rentabel", wie er einsieht, „aber es ist mein Elternhaus. An dem Beispiel können Sie am besten erkennen, was da im nachhinein bei mir noch wirksam ist". Doch die Idylle – so wenigstens schildert er nicht nur seine Kindheit, sondern auch die frühe

Adoleszenz – blieb nicht ungestört. Die Gestapo verhaftete den Verlobten seiner Schwester, der ältere Bruder wurde erst als Fallschirmjäger schwer verwundet und fiel dann 1944. Helmut, der als Mutterkind gelebt hatte – der Vater war von 1939 bis kurz vor Kriegsende Soldat –, fühlte sich jetzt als der „übriggebliebene Sohn". Was das bedeutete, mag man ahnen, erst recht, wenn er erzählt, daß die Mutter schon 39 Jahre alt war, als er auf die Welt kam und wenn er zudem noch weiß: „Daraus ergaben sich bestimmte Beziehungen." Es lagen sicherlich Lasten auf seinen Schultern. Eine Zeitlang mußte er beide, den Vater und den Bruder, ersetzen – wieviele Väter haben damals wohl beim Abschiednehmen zu ihren Kindersöhnen gesagt, sie müßten nun gut auf die Mutter aufpassen? –, und später, als der Erstgeborene gefallen war, hatte er das männliche Erbe allein fortzusetzen. Der „übriggebliebene Sohn" zu sein, umso mehr als die Toten im nachhinein immer die Besten, als sie unerreichbar und unschlagbar sind, kann einen Anspruch enthalten, der ein Leben lang herausfordert und überfordert.

Etwas von dieser Art mag in Helmut Kohl angelegt sein. Es konnte ihn jedoch nicht gleich in ehrgeizige Bahnen lenken. Erst einmal war er ein ganz „normaler Junge". Aber auch in seiner normalsten Form verlief ein Bubenleben damals ja anders. Mit 12 Jahren, erinnert er sich, hat er in Ludwigshafen Tote ausgegraben. Es war schließlich Krieg. Seidenraupen züchtete er, zusammen mit einem Freund, um sich ein bißchen Geld zu verdienen. Und noch eine Marktlücke fiel diesen Schlaumeiern in den Jahren der Luftangriffe auf: Sie reparierten Fenster und deckten Dächer. Doch dann, als sich die Angriffe auf Ludwigshafen häuften, wurde Helmut Kohl mit anderen Kindern zusammen verschickt. Das Kriegsende erlebte er in einem Wehrertüchtigungslager bei Berchtesgaden. Von dort aus lief er zu Fuß nach Hause zurück. 15 Jahre war er damals alt und erinnert sich heute noch an das Lebensgefühl in jener Zeit: „Es ging uns nicht gut."

Helmut Kohl – gewiß kein Einzelschicksal – litt Hunger in den Nachkriegsjahren. „Dieses schreckliche, ausweglose Gefühl, nicht satt zu sein, und die depressive Grundstimmung, die daraus kommt" – es ist ihm bis heute gegenwärtig. Da in seiner alten Schule zunächst nicht wieder unterrichtet wurde, und es ihm, aus diesem wie dem Grunde der Entbehrungen in jener Zeit naheliegend erschien, Bauer zu werden, begann er eine landwirtschaftliche Lehre im Unterfränkischen. Er hat sie nicht beendet, kam zurück nach Ludwigshafen, ging doch wieder aufs Gymnasium und bestand 1950 das Abitur. In Frankfurt und Heidelberg studierte er Rechts- und Staatswissenschaften, auch Geschichte, und schloß, acht Jahre danach, mit der Promotion an der philosophischen Fakultät ab. Es war ein politisches Thema, das er sich für seine Doktorarbeit ausgesucht hatte, nämlich „Die politische Entwicklung in der Pfalz und das Wiedererstehen der Parteien nach dem Zusammenbruch". In der Politik war er damals bereits ein ganzes Jahrzehnt zu Hause und macht sie auch bald, nach einem Ausflug in die Wirtschaft, ganz zu seinem Beruf.

Schon als Schüler, siebzehnjährig, war er Mitglied der CDU geworden. Als Anreger ist ihm der Zentrumspolitiker Prälat Fink in Erinnerung, einer der Einflußreichsten in der Pfalz der Nachkriegszeit. In dessen Wohnung traf man sich jeden Sonntag. Zehn bis zwölf junge Leute kamen da zusammen. Einer hielt einen Vortrag, anschließend wurde diskutiert. Keiner in diesem Kreis war so jung wie Helmut Kohl, den freilich noch anlockte, „daß in dieser Zeit, in der man halb verhungert war, immer ein paar Brote angeboten wurden". Es war ein ungewöhnlich früher Einstieg in die Politik der vierziger Jahre, die doch politisch fast ganz den Älteren gehörten, den Verfolgten, den von Weimar Überkommenen. Die Jugendlichen hatten in erster Linie Leben und Durchatmen im Sinn. Es sei denn, es mußte einer älter sein, als er wirklich war. Helmut Kohl, der sich vielleicht vor seinen Eltern und damit vor sich selbst so zeitig als ganzer Mann und als Talent zu beweisen hatte, fand in der Politik ein Gewerbe, das ihm, viel eher als im normalen Arbeitsleben, den Beweis für seine Tüchtigkeit bringen konnte. Öffentlichen Beifall und Ämter konnte er erringen, Vorsitzender eines Kreisverbandes der Jungen Union durfte er werden, zum Mitglied im geschäftsführenden Vorstand der CDU der Pfalz stieg er schnell auf. 1955 saß er schon im Landesvorstand seiner Partei; 1966 hatte er sich in die Spitzenposition, hatte er sich bis zum Amt des Vorsitzenden der Union in Rheinland-Pfalz durchgekämpft. Wer hätte noch an ihm zweifeln mögen? So jung kam keiner so weit voran.

Helmut Kohl blieb in seiner ganzen politischen Laufbahn, was er zu Hause gewesen war, der Jüngste, mit dem Anspruch, so gut wie die Älteren, Erfahrenen, Begabteren zu sein. Er war der jüngste Abgeordnete im rheinland-pfälzischen Landtag. 1959, mit 29 Jahren, wurde er zum ersten Mal in ein Parlament gewählt. Er war der jüngste Fraktionsvorsitzende – nur eine Legislaturperiode nach diesem Einstand. Er war der jüngste Ministerpräsident. Als 39jähriger hat er sich diesen Platz gegen den Veteran Altmeier erkämpft, hat den Vorgänger auch reichlich rücksichtslos zum Abdanken gezwungen. Und natürlich: Der jüngste Bundeskanzler ist er auch.

Seine Karriere, obschon gelegentlich wechselhaft, hat ihn im Grunde über die Jahrzehnte hinweg bestätigt. Gewiß, da gab es Niederlagen. 1971 zum Beispiel, als er beim Saarbrücker Parteitag gegen Barzel im Kampf um den Vorsitz der CDU antrat und deutlich verlor. Das hat er bis jetzt nicht vergessen. Allerdings war er damals bereits über ein Vierteljahrhundert lang Mitglied der CDU und wußte, daß dies kein letztes Wort, sondern ebensogut ein erster vergeblicher Versuch sein konnte. Und so war es dann auch. Schon zwei Jahre später nahm er Barzels Stuhl ein, wurde er zum Bundesvorsitzenden der Christdemokraten gewählt, und 1975 auch zum Kanzlerkandidaten der beiden Unionsparteien bestimmt. Bald darauf, bei der

Bundestagswahl von 1976, erreichte er mit 48,6 Prozent der Wählerstimmen fast die absolute Mehrheit, verfehlte jedoch die Kanzlerschaft. Seinem Ruf und seinem Selbstverständnis haben diese Rückschläge nicht geschadet. Anders verhielt es sich mit einem Auftreten beim Düsseldorfer Parteitag der Christdemokraten im Jahre 1971. Es ging um ein vom linken Flügel der Partei eingebrachtes Papier zur Mitbestimmung. Kohl hatte den Antrag zunächst befürwortet, aber bei der Abstimmung befand er sich unversehens auf der Seite der Mehrheit. Und das waren die Gegner. Plötzlich erschien er als wenig standfest, als einer, der sein Fähnchen in den Wind hängt. Der „schwarze Riese" war auf einmal geschrumpft, sein Renommee, fürs erste, dahin. Den Schmerz darüber hat er offenbar immer noch nicht verwunden. Dabei, sagt er, sei er doch gar nicht umgefallen. Alles verhielt sich ganz anders: „Meine schwerste innerparteiliche Niederlage habe ich mir selbst beigebracht." Er war nämlich gerade nicht im Saal, als zur Abstimmung aufgerufen wurde, rannte dann hinein und hob ganz einfach im falschen Moment die Hand. „Es ist so blitzartig gegangen. Ich hab mich darauf verlassen, daß die anderen aufpassen, und erst als ich die völlig entgeisterten Gesichter meiner Pfälzer sah – da hab ich's eigentlich immer noch nicht begriffen. Nein, ich bin net umgefallen."

Von diesem kapitalen Ausrutscher abgesehen, blieben – nach außen hin zumindest – Helmut Kohls Anspruch und seine Wirklichkeit einigermaßen nahe beieinander. Vor allem hatte er sich in Rheinland-Pfalz als Ministerpräsident hervorgetan, als einer, der tüchtige Leute in sein Kabinett holt und Wahlkämpfe zu gewinnen versteht. Solange er in Mainz Regierungschef war, reformierte Heiner Geißler, sein Sozialminister, das Sozial- und Gesundheitswesen des Landes. Eine Gebiets- und Verwaltungsreform, die erste in der Bundesrepublik, wurde verwirklicht, und 1975 gelang es Kohl dann noch, die absolute Mehrheit seiner Partei von 50 auf fast 54 Prozent auszubauen.

Dieses Wahlergebnis gab vollends den Ausschlag, ihn auf Anregung seines damaligen Generalsekretärs Kurt Biedenkopf zum Kanzlerkandidaten für die Bundestagswahl des Jahres 1976 zu küren. Als Oppositionsführer von 1976 an, auf dem ungewohnten und glatten Bonner Parkett, setzte er sich, nach anfänglichen und beträchtlichen Schwierigkeiten und nachdem Franz Josef Strauß ihn 1980 als Anwärter auf das mächtigste Amt abgelöst hatte, wieder durch. Da war er ja auch, mit seiner personalisierten Vorstellung von Politik, ganz im ureigensten Element. Als unbeirrbarer Kämpfer, als „Supertechniker der Machtabsicherung und des Machterhalts", wie er in seiner Partei genannt wird, aber auch als einer, der viel einstecken und lange durchhalten kann, stellte er sich erneut unter Beweis. Daß er sich für kein Fach sonderlich zu erwärmen schien, daß seine Beiträge zur Sache nicht gerade brillierten, daß er sich so beharrlich auf seine Generalisten-Qualitäten berief, lockte zwar Kritik in den eigenen Reihen sowie in der Öffentlichkeit hervor, aber richtig auf die Probe gestellt wurde er in der Opposition nicht. Das Reden und Handeln blieb dort naturgemäß unverbindlich.

Doch was ihm in den ersten Bonner Jahren half, daß er Probleme gern „aussitzt", beginnt ihn im Amt des Bundeskanzlers zu behindern. Wie in Rheinland-Pfalz, so läßt er auch jetzt seine tüchtigen Minister vergleichsweise selbständig entscheiden. Stoltenberg hat die Finanzen im Griff, Genscher bestimmt die Außenpolitik, Zimmermann ist der innenpolitische Kanzler. Und Kohl? Kohl verkörpert die Wende. Er symbolisiert die Mehrheitsmeinung und das Mehrheitsgefühl. Reicht das etwa nicht? Muß denn nicht einer vorangehen? Denken nicht die meisten wie er denkt, nämlich einfach, sich aus ihren kleinen Welten die große erklärend? Empfindet er nicht, was so viele empfinden: Daß es ein Ende haben soll mit den besonderen Beziehungen zu Israel? Daß, wie er in seiner ersten Regierungserklärung sagte, die Ansprüche nicht stärker wachsen dürfen als die Leistungsfähigkeit? Daß wir „miteinander leben“, „zueinander kommen, weil wir zueinander gehören“?

Helmut Kohl steht für die „Erneuerung“, und da ist es ihm ganz selbstverständlich, daß auch die Wirtschaft davon profitiert, daß sich das Klima, welches er erzeugt hat, inzwischen in einem meßbaren Aufschwung niederschlägt.

Es versteht sich fast von selbst, daß so einer, der Zeichen setzen will, sich nicht mit Kleinigkeiten abgeben muß. Nicht als Aufgabe, als Sendung betrachtet Kohl offenbar sein Amt. Die Frage nach dem Anreiz, sich dafür zu bewerben, stellt sich ihm auch nicht anders denn als „Frage, warum lebe ich?“. Und den „religiösen Ausgangspunkt“ sieht er keineswegs als „irgendeinen Punkt“. Er spricht davon, was er „in der geschenkten Zeit“ noch vorhat – einen Beitrag zum Frieden zu leisten und dafür zu sorgen, daß die Freiheit erhalten bleibt. Demütig möchte er sein und dem Grundsatz des Papstes Paul Johannes XXIII nacheifern, der sich – Kohl nennt es den „vielleicht wichtigsten Satz, der in diesem Jahrhundert gesprochen worden ist“ – immer wieder ermunterte: „Giovanni, nimm dich nicht so ernst.“

Bisweilen begreift sich dieser Mächtige vielleicht tatsächlich als Werkzeug in des Allmächtigen Hand. Da kann er bescheiden sein vor dem höheren Thron, und da bleibt trotzdem wahr, was Christdemokraten aus seiner Umgebung behaupten: „Helmut Kohl interessiert sich nur für Helmut Kohl.“ Er hält sich eben für berufen. So stützt er seine Sturheit, zum Beispiel in den Affären um die Minister Lambsdorff und Wörner, welche er nicht nach sachlichen, sondern ausschließlich persönlich-machtpolitischen Gesichtspunkten entschied. Das erklärt auch sein altertümelndes Pathos, seine Vorliebe für Begriffe wie „Hoffahrt“, „geschenkte Zeit“ oder „Erneuerung“, die so merkwürdig von seiner sonst oft unkonzentrierten und undisziplinierten Art zu sprechen abstechen; das erklärt auch seine nach außen hin geradezu demonstrativ aufgeplusterte Selbstsicherheit. Den Anspruch, etwas Außerordentliches zu vollbringen, den er schon aus seiner Kindheit mitgebracht haben mag, hat er mittlerweile von ganz oben herab absegnen, bestätigen lassen. So darf er gar nicht wankend werden. Was Helmut Kohl tut, das ist wohlgetan.

Als Auserwählter, das versteht sich, ist er auch gegen die professionellen Kritiker gefeit. Entweder er lacht über sie, oder er nimmt sie gar nicht erst zur Kenntnis. Die Magazine „Spiegel“ und „Stern“, zum Beispiel, liest er nicht mehr, verweigert ihnen auch jedes Interview. Wenn Familienmitglieder ihn auf einen Artikel aufmerksam machen, dann weist er sie zurück: „Des könnt ihr net mit mir machen.“ Oft hat er freilich auch Grund, sich die Ohren zuzuhalten. „Der Spiegel“ schimpft ihn einen „Kanzler Tunix“, das Hamburger Wochenblatt „Die Zeit“ vermutet „Dilettantismus“ hinter seinen Schachzügen und moniert, „Instinkt“ allein reiche nicht aus. Der „Corriere della Sera“ mahnt, der „Immobilismus“ sei nicht immer eine gute Taktik. Die „Frankfurter Allgemeine“ spricht von „Instinktlosigkeit“ und „ewig gutgelaunter Indolenz“. Vier Stimmen von vielen. Auch wenn er sie nicht hören, nicht aufnehmen mag, Spuren des verbreiteten Unmuts über seine gelegentliche Entscheidungsschwäche im Innern und seine oft ungeschickten Auftritte im Ausland dringen doch zu Helmut Kohl vor.

Gegen die Bedrückungen, welche daraus resultierend, auf ihn zukommen, wappnet er sich nicht nur, indem er solche Kritiken am Ende doch wieder wegschiebt und sich mit der Beschwörung, daß er auf dem richtigen Wege sei, darüber erhebt. Auch mit Musik hält er sich im Gleis. Sogar in seinem Büro im Kanzleramt rauschen Mozart-Konzerte aus der Stereo-Anlage, besänftigt Vivaldi. Außerdem holt er sich – „ich habe die Natur eines Ochsen“ – auch aus leiblichen Genüssen Kraft, schiebt seinen massigen Leib dann wie zum Schutz vor sich her. Dahinter findet er Zuflucht. Aber findet er auch dauerhafte Geborgenheit? „Das ist nur physisch“, beschreibt er seine Konstitution, „nicht seelisch“. Und er weiß dabei, daß man das nicht unbedingt „wie Feuer und Wasser“ trennen kann. Gerät er körperlich in eine „miese Verfassung“, so spürt er, wie „Verfolgungswahn“ in ihm aufkommt: „Dann fangen Sie an, Gespenster zu sehen, dann verdächtigen Sie den und verdächtigen jenen.“ Ist er physisch fit, übersteht er alles „viel leichter“.

Einen „Chininpanzer“ hat er sich inzwischen zugelegt, hat die vielgepriesenen Nehmerqualitäten bewußt hochgezüchtet. Damit zumindest brüstet er sich gern und legt doch gleichzeitig offen, wie ungeschützt ihn jeder Zweifel treffen kann.

Hans-Dietrich Genscher
Welterfahrung und das Urdeutsche im Gepäck

Wo immer Hans-Dietrich Genscher auftritt, er gibt sich wie unter seinesgleichen: läßt die Arme lang herunterhängen, geht, den schweren Körper ohne Eleganz von einem Bein auf das andere wuchtend und stets weich in den Knien, geradezu mit Inbrunst über den großen Onkel. Oft hängt ihm eine Haarsträhne lose über dem Ohr, und allemal lächelt er – ein bißchen verlegen, ein bißchen triumphierend –, als ob er sagen wolle, er wundere sich zwar selbst, aber er sei es doch wirklich, er und kein anderer, der hier auf dem roten Teppich stehe, dem das Salutieren, die Blasmusik, das Hackenzusammenschlagen gelten. Nein, der Vizekanzler und Außenminister ist kein begnadeter Darsteller von Regierungsaufgaben. Er kommt als Jedermann in Bonner Szenen wie in die Szenen der Weltpolitik.

Er kommt als Durchschnittsdeutscher: mit einer Vorliebe fürs Biertrinken und Witzeerzählen, mit einem ausgeprägten Bedürfnis nach Stallwärme und Gruppenglück. In kleine Journalistenzirkel, zum Beispiel, gliedert er sich – und dies nicht ausschließlich der Werbung wegen – richtig wohlig ein. „Seid ihr alle da?" – sagt er dann in Richtung der vollbesetzten Stuhlreihen, und das Behagen ist ihm anzusehen, ist aber auch herauszuhören aus dem, was er berichtet und dem – eine rare Erscheinung unter Politikern –, was er zu Tagesproblemen und Personen zurückfragt. In der Sache und in den Sitten geht er auf Tuchfühlung. Nirgendwo schafft er Distanz um sich herum. Im Gegenteil, er selbst reißt alle Mauern ein.

Mit seinen Beamten sitzt er so locker bei der Arbeit wie mit den Regierenden der Welt auf irgendeinem Präsentiersofa. So einer erscheint nur als Kontrast, etwa neben dem kleinen haschemitischen König mit der großen Persönlichkeit – als Mensch neben einem Herrn. Oder in Kairo, an Mubaraks Seite: als Mensch neben einem veritablen Mann, dessen Worte aus breitem Mund mit aufgeworfenen Lippen kommen, einem Mund, der aussieht, als ob er beides könne: viel verschlingen und kräftig Feuer speien. Der deutsche Außenminister hält nur sein kleines, vorsichtiges Mündchen dagegen.

Taucht er, in Williamsburg, zusammen mit einer Kunstfigur wie Ronald Reagan auf, so wirkt er wie die schiere Normalität. Aber wenn er seinen neuerwählten und auf außenpolitischen Pfaden noch unsicheren Kanzler stützt, dann ist Hans-Dietrich Genscher nichts als Routine, Welterfahrung, Abgeklärtheit, Kompetenz und – gelegentlich auch dies: zur Maske geronnenes Politikerleid. Die Anstrengungen und Infragestellungen der „Wende" haben ihn sichtbar gezeichnet. Nach wie vor betreibt er zwar unermüdlich das politische Geschäft, aber immer wieder sieht er dabei einmal ganz entseelt, entleert, entrückt aus.

Und wie um zu belegen, daß dies gerade nicht seine Welt sei, schaut Genscher beim Sprechen dann an dem Partner vorbei, schaut in ferne Ecken und schafft es nur in den hehrsten Momenten – wenn die Nationalhymnen über ein Feld donnern, wenn es Zeit für die großen Worte ist –, den Kopf in die Höhe zu werfen, die Augen aufzureißen und einen blitzeblauen Curd-Jürgens-Blick in die Runde zu schmeißen.

Sonst aber hält er den Rücken zumeist leicht gekrümmt. Und immer ist er zu groß für die Sitzmöbel, immer stellt er seine Knie spitz in die Gegend, arbeitet er mächtig daran, die Arme ineinanderzulegen. Dieser Mann kommt von sich selbst nicht los, will es auch gar nicht. So steht er, als sei er schlicht mit Neckermann auf Weltreise, im Fahrstuhl irgendeines Nobelhotels – ganz bloß in der Badehose, die nackten Füße in den Straßenschuhen – und schwebt abwärts zum Schwimmen. Denn seit seinem Herzinfarkt Anno 77 schaufelt er sich die Arbeitstage nicht mehr mit Terminen randvoll, sondern sucht auch Ruhepausen. Er ist sich bewußt, daß er mehr aufladen, mehr auftanken muß, daß – wie er unter vier Augen bekennt – nach über vierzehn Amtsjahren der Einfallsreichtum nachläßt. Hans-Dietrich Genscher hat Probleme, noch „kreativ zu sein", er leidet zunehmend an „inneren Verkrampfungen", an „Verknotungen", und die Ausdauer, mit der er seinen unbehaarten Leib, wo immer sich die Gelegenheit dazu bietet, in die stechendste Sommersonne hält, lockt den Gedanken hervor, er wolle all das aus sich herausbrennen lassen.

Auch zu Hause verhilft ihm die Hitze zum notwendigen Abstand, das Schwitzen in der Sauna, danach das Schwimmen im eigenen Pool und Musik, von der er sich – „dann legt sich das wie ein weicher Vorhang zwischen den Tag und mich selbst" – berieseln läßt. Beschwörungsformeln und ein siegessicheres Lachen sind ihm ebenfalls dienlich, die Bedrückungen zumindest von der Oberfläche wegzuwischen: Die FDP gefährdet? I wo, sie hat immer wieder einmal „schwierige Phasen" gehabt. Da muß er nur an den Machtwechsel von 1969 und an die Jahre danach zurückdenken: „Auch damals war die Partei schwer erschüttert". Er selbst als schierer Taktiker verschrien? Ach jemine, solchen Etikettierungen kann man doch gar nicht entkommen; man trägt sie und erträgt sie, sofern man nur von der Richtigkeit seiner Handlungen überzeugt ist: „Wer in der Politik Verantwortung übernimmt, darf nicht davonlaufen." Gewiß, der „leichte Weg" in der alten Koalition wäre auch gangbar gewesen: „Nur, das hätte ich als Vorsitzender der FDP nicht verantworten können". Das ganze etablierte Parteiensystem über all der Wackelei und Pendelei in Mißkredit gebracht? Ja, vielleicht, aber am Schlagabtauschen führt nun mal kein Weg vorbei, auf einen harten Klotz gehört der ent-

sprechende Keil. Und schon ist er eitel Freude über den gelungenen Streich. Am Ende hat der Wähler doch beide Male – beim Wechsel von der CDU zu den Sozialdemokraten und von der SPD zurück zur Union – die Beweglichkeit der FDP bestätigt.

Hans-Dietrich Genscher, Possenreißer und Pralinenknabberer, bleibt trotz der Einsicht, daß immerhin junge Leute hierzulande denken könnten, solche Streitigkeiten unter politischen Parteien seien beileibe nicht ihr Problem, was er ist: ein Deutscher aus einer anderen, viel älteren Generation, einer, der aus schlimmen Kriegs- und Nachkriegszeiten kommt.

1927 geboren, zog ihn der nationalsozialistische Staat – da war er noch Schüler und gerade 16 Jahre alt – als Luftwaffenhelfer ein. Im Dritten Reich machte er sein Notabitur, in der DDR bestand er nach dem Jura-Studium auch die erste Staatsprüfung. Seine ganze Jugend verbrachte er also in Gewaltsystemen und erhoffte es sich doch so sehr, „in einer freien Gesellschaft leben zu können". Nachdem er die Diktatur von rechts und von links erlebt hatte, schien für den jungen Mann aus bürgerlichen Verhältnissen – der Vater war Syndicus beim Landwirtschaftsverband gewesen – politisch „der Weg der Mitte vorgezeichnet". Noch in der DDR wurde er Mitglied bei den Liberalen, nachdem er die Programme der ersten in der Zone zugelassenen Parteien studiert und ihre Versammlungen besucht hatte. Daß sich, zum Beispiel, die Union in seiner Heimat zum „Christlichen Sozialismus" bekannte, stieß ihn von ihr ab. Seine Entscheidung für die Liberaldemokratische Partei erscheint ihm im nachhinein „fast zwangsläufig". In ihr sah er „die einzige wirkliche Alternative zur Einschränkung der Freiheit, die für uns schnell, ja überraschend schnell, wieder aktuell geworden war."

Anfang der fünfziger Jahre floh er, „mit vierzig Mark in der Tasche", in die Bundesrepublik. Von den „182 netto", die er danach als Referendar in Bremen verdiente, galt es noch die

Mutter zu unterstützen: „Das war materiell gar nicht so einfach.“ Und es lenkte, Grunderfahrung der Aufbaugeneration, den Blick ein für allemal aufs Unmittelbare. Grundsätze wollte man, mußte man schon haben, Anleitungen zum Handeln wider den totalitären Geist, aber um Himmels willen nur keine weltverbessernden Konzepte, bloß nichts Ideologisches.

Außenpolitik, sagt Hans-Dietrich Genscher daher, muß pragmatisch sein, aber sie darf nicht der Moral entbehren. Daß er für den Frieden arbeiten, daß er „Initiativen“ anregen, daß er „Bemühungen zur Verständigung“ voranbringen will, gehört für ihn zu den großen Aufgaben. Die Bundesrepublik als freigebiger Waffenexporteur: Das wäre ihm eine schmerzliche Vorstellung. Die deutsche Teilung ist es.

Seine ersten Lebensjahre verbrachte er auf einem Bauernhof in Mitteldeutschland. Noch immer fühlt er sich dieser Landschaft verbunden. Dort hat er, und er erfährt es bei jedem Besuch in der alten Heimat aufs neue, „ganz eindeutig“ seine Wurzeln. Deshalb gelingt es ihm nach wie vor nicht, über die DDR „wie über einen anderen Staat“ zu reden, deshalb spürt er auch – obwohl die deutsch-deutschen Beziehungen nicht in seine Kompetenz gehören – so etwas wie eine besondere Verantwortung. Und also will er da an vernünftigen Regeln des Zusammenlebens mitwirken, Regeln, die „nichts verbauen und nichts erzwingen“. Doch konkreter wird er nicht gern, nicht einmal in diesem, dem gebürtigen Hallenser zu Herzen gehenden Punkt. Über solche Bekenntnisse hinaus sieht er Politik nur ganz unverbindlich als Möglichkeit zum Gestalten, das „Richtige durchzusetzen“ an.

Was aber ist richtig? „Die Wende“, die Umkehr vor allem in der Wirtschafts-, Sozial- und Haushaltspolitik, darauf beharrt er immer wieder. Wenn sie schon im Sommer 1981 eingetroffen wäre, dann, „ja dann hätte die damalige Regierung geschlossen dagestanden“. In der Tat: Hans-Dietrich Genscher zählt sich zu den hundertprozentigen Liberalen, zu den Überzeugungstätern in seiner Partei. Was damit gemeint sein soll, packt er jedoch nur in aalglatte Begriffe. Liberale Politik, sagt er, bedeutet ihm „möglichst viel Freiheit für möglichst viele Menschen", eine „Freiheit in Verantwortung". Und dazu gehört auch „die schwerste Aufgabe", für den Machtwechsel Sorge zu tragen. Aber die „Koalitionäre", die Prinzipienlosen, welche die reine Lehre hintenan stellen und nur noch in den Kategorien der Bündnispolitik zu denken vermögen – er sieht sie nicht in seiner Nähe, sieht sie ganz woanders in seinem Verein.

Das gibt er vor, sich selbst zu glauben, ebenso wie das schöne Geständnis, er möchte doch noch einmal in seinem Leben – wie in der kurzen Zeit, bevor er von Bremen nach Bonn und in die Politik ging – als Rechtsanwalt arbeiten. Genscher, der in allen innen- und weltpolitischen Winkeln mittlerweile zu Hause ist: Sollte es wahr sein, daß er wirklich mit dem Gedanken flirtet, irgendwann als einfacher Advokat und Parlamentarier Dienst zu tun, nur weil er findet, „daß zu wenig Leute im Bundestag sitzen, die ihren Beruf noch ausüben"? Schließlich ist er doch ein von der Pike auf gedienter Politiker. Schon zwei Jahre nach seinem Assessorexamen feierte er als wissenschaftlicher Assistent bei der FDP-Bundestagsfraktion Einstand. 1959 wurde er ihr Geschäftsführer, Mitte der sechziger Jahre übernahm er das erste Mal selbst ein Mandat, und seit Anbeginn der sozial-liberalen Koalition, seit 1969 regiert er nun schon. Er war – bis 1974 – dieser effektive und in den Medien allgegenwärtige Innenminister. Er ist jetzt der dienstälteste Außenminister der westlichen Welt. Sollte er sich wirklich mit Nebenrollen und einer kosmetischen Aufgabe am heruntergekommenen Parlamentarismus begnügen wollen?

Könnte er es überhaupt? Er lebt doch gerade von den Haupt- und Staatsaktionen. Und er sieht sich selbst als bestimmt von zwei Krankheitserlebnissen – jenem Infarkt, der ihm heute mehr Maß aufzwingt, und der Tuberkulose in seiner Jugend, die ihn dreieinhalb Jahre ans Bett gefesselt, die ihm alle Kraft, alle Sicherheit genommen, die ihn schließlich doch „ungemein angetrieben“ hat. Danach, als alles überstanden war, ist er nicht mehr davon weggekommen, sich selbst und anderen, aber doch vorweg immer wieder sich selbst zu beweisen, daß er vollständig ist, daß er funktioniert, einer wie alle anderen, angenommen und aufgenommen und nicht zuletzt: mittendrin im Leben – sich aufwärmend an allen seinen Sonnen und gleichzeitig standfest in jeder Zugluft.

Entsprechend biederbürgerlich und verbreitet sind seine Ansprüche an die angenehmen Seiten des Daseins. Er hängt an seiner Familie: „Ich bin ein Heimschläfer“; er hängt an seiner Mutter, die ihn großgezogen hat, nachdem der Vater noch vor dem zehnten Lebensjahr des Sohnes gestorben war; er hängt an seiner Tochter und an alten Freunden: „Die geben mir sehr viel.“ Und er freut sich über den Bierkeller im eigenen Heim, oder eine „Bloody Mary“ irgendwo auf Reisen. Dieser Mann, so kalt er bisweilen wirken mag, braucht Wärme, Anhänglichkeit, eine schützende und stützende Umgebung. Die Gefährdungen, denen er als junger Mensch ausgesetzt war, die Vaterlosigkeit, seine Krankheit, das Erlebnis zweier totalitärer Systeme, der bescheidene Anfang ohne Zukunftsgewißheit in der Freiheit: Das alles hat ihn strebsam und fügsam, es hat ihn aber auch – „ich bin sehr bewegt und sehr bewegbar; eine Elefantenhaut habe ich ganz sicher nicht“ – hochgradig verletzlich gemacht. Auf Erfolg und Bewährung, nicht auf Abenteuer ist er aus. Das Wildeste, wozu er sich aufschwingen mag, ist – wie unlängst einmal in Kairo – die, allerdings vergebliche, Suche nach einem Nightclub quer durch etliche Etagen seines Hotels.

So alltäglich er sich da in seinem Amüsiergeschmack zeigt, so überdurchschnittlich, nämlich ganz auf sein Bedürfnis nach solidem Untergrund, nach ungebrochener Einsatzfähigkeit, ist das Niveau seiner Arbeitsleistungen. Zwar läßt er mittlerweile manche Hektik, manche sterile Aufgeregtheit aus und ist bemüht, den „Prioritäten“ zu folgen. Doch nach wie vor gilt sein Arbeitsstil als „akribisch". Auf die inzwischen recht passablen Englischkenntnisse hat er im Verlauf der Jahre – nach anfänglichen Nervositäten – auch Fachwissen von der Art und dem Umfang gehäuft, daß seine Abteilungsleiter sich gut vorbereiten müssen, wenn sie nicht in Verlegenheit geraten wollen. Ihr Minister will alles aufnehmen, alles dirigieren, er hat jedes Detail im Kopf, hält es dort wohl sortiert, hält es stets abrufbereit. Hans-Dietrich Genscher, um seiner Sicherheit willen, ist ein Perfektionist. Nicht der große Wurf, nicht Brillanz, nicht Kühnheit, nicht Lautstärke sind seine Sache.

Er spricht leise, und seine Rede bleibt oft zu formelhaft, zu allgemein. Nur wenn er herausgefordert wird oder spontan sein darf, argumentiert er ohne Schwierigkeit ins Ziel. Ein „lautloser Drahtzieher" sei er, heißt es in seinem Haus. Der Außenminister arbeitet unauffällig, aber sehr, sehr gründlich.

So hat er zunehmend Einfluß gewonnen, nach innen – als Mehrheitsbeschaffer, als geschickter Handwerker im politischen Gewerbe – sowie nach außen. Beim Gipfeltreffen in Cancun, zum Beispiel, brachte er die zerstrittenen Großen der Welt einmal zur Einigkeit; beim KSZE-Folgetreffen in Madrid sorgte nicht zuletzt Genscher für den erfolgreichen Ausgang der Konferenz. Die „Umdrehungsgeschwindigkeit der Politik", zumal da sie, wie er beklagt, immer mehr zunimmt, hält ihn also weiterhin in Trab, hält ihn auch ganz gefangen. Derart aufgesogen ist er von seiner Aufgabe, daß er außer sich und dem Nächsten in der Politik kaum etwas sieht, daß er – so jüngst in Amman – auf einer Hotelterrasse steht, den herrlichsten Ausblick ignoriert, der Stadt den Rücken zukehrt und sich auf nichts als die längst bekannten Gesichter einstellt.

Da ist es wohl wahr, was seine Diplomaten berichten, daß der Vielgereiste und Vielreisende gern fremdelt. Vielleicht jagt er nicht zuletzt deshalb so eifrig um die Welt, um sich vorzuführen, daß er auch dies kann, daß er es aushält. Aber um ihn herum ist allemal, und nicht nur in dem ständigen Kontakt mit seinem Bonner Büro, eine Menge Heimat; sind seine Mitarbeiter, die er über Jahre an sich bindet, sind die anderen Regierenden der Welt, welche er in immer denselben Atmosphären immer aufs Neue trifft, ist nicht zuletzt ein Gefühl, mit allem und allen vertraut zu sein, ein Gefühl der Mitte.

Nicht einmal im Flugzeug, über fernen Ozeanen oder Kontinenten, ist er wirklich weit weg. Stets trägt er das zivile Urdeutsche im Gepäck: eine etwas tönende, aber durchaus echte Mitmenschlichkeit, einen kleinen Humor, Pfiffigkeit, auch Charme, Stammtischgemütlichkeit und Skatleidenschaft. „Flötääh", so kann er, wenn dann in seiner Kabine die Karten tatsächlich auf dem Tisch liegen, einen Partner schmähen, kann sich an den üblichen „Leichenreden" ergötzen, kann sehr geschickt und sehr vorsichtig spielen. Hans-Dietrich Genscher riskiert nichts. Aber Sieger bleibt dieses Mal doch ein anderer.

Gerhard Stoltenberg
Buchhalterisch – mit Geld und Gefühlen

Um sechzehn Uhr dreißig soll das Gespräch mit dem Finanzminister beginnen, und punkt halb fünf öffnet sich die Tür zum Allerheiligsten in seinem Bonner Ministerium. Eine Stunde danach will Gerhard Stoltenberg den nächsten Gast empfangen, und das – präzise auf die Minute – hält er dann auch ein. Dazwischen, solange das Frage- und Antwortspiel dauert, spricht er langsam und bedächtig, hält stets die Politik vor die Person: Nein, er will nicht öffentlich über seine Stärken oder Schwächen reflektieren; nein, er mag nicht auf Anhieb preisgeben, mit wem er sich gerne unterhält; nein, er hat nichts zu berichten von seinen Ängsten. So buchhalterisch wie mit den Staatsfinanzen geht dieser Minister – zumindest in dem, was er nach außen sehen läßt – auch mit seinen Gefühlen um. Allenfalls das Schweigen, aber beileibe kein Wort verrät ihn.

Auch keine überraschende, unkontrollierte Regung in seinem ohnehin meist unbewegten Gesicht. Nur ab und an, dabei oft ohne deutlich erkennbare Motivation, inszeniert er – Vorhang rauf, Vorhang gleich wieder runter – ein Lächeln. Aber es dringt kaum einmal bis in seine Augen vor. Gerhard Stoltenberg fängt eben ab, was immer aus ihm selbst heraus- oder heraufbrechen könnte. Weder die freudigen noch die kummervollen Erregungen seines Lebens – vorausgesetzt, daß es sie gab – haben sich in den Partien um Mund und Nase eingegraben. Die Jahre und alle Anstrengungen sind ohne sichtbare Spuren an ihm vorbeigegangen. Nur aus dem Hellblond seiner Haare ist längst, kaum wahrnehmbar, Hellgrau geworden. Sonst sieht er jung aus und glatt mit seinen mehr als 55 Jahren: Ein Mann wie ohne Alter.

Ein Mann wie ohne Widersprüche, ohne Zerrissenheiten, nur kühl und klar und norddeutsch. Ganz eins mit seinem Image. Und doch muß er lange selbst nicht gewußt haben, wer er nun ist und was er denn will. Die Laufbahn dieses vermeintlich so Geradlinigen, dieses auf den ersten Blick so eindeutig und so leicht Definierbaren hat um manche Ecken geführt, und daran sind nicht nur Parteischicksale, sind nicht allein die Machtwechsel in Bonn und in Kiel schuld. Schon ganz am Anfang seines Erwachsenenlebens versuchte er sich auf zwei Feldern: dem der Politik und dem der Wissenschaft – auf beiden erfolgreich.

1947, gerade achtzehnjährig, wurde er Mitglied der Jungen Union. Kurz darauf trat er in die CDU ein. Von da an ging's bergauf. 1951 stieg er zum Chef der JU in Schleswig-Holstein auf, und von der Mitte der fünfziger Jahre bis in die sechziger hinein leitete er den Jugendverband der Christdemokraten im ganzen Bundesgebiet. 1957 kam er zum ersten Mal in den Deutschen Bundestag und – 1960 habilitierte er sich als Privatdozent für Neuere Geschichte an der Universität in Kiel.

Gerhard Stoltenberg war zu jener Zeit, als er in der Politik bereits einen Namen hatte, längst auf dem Weg, daneben auch eine Universitätskarriere erfolgreich zu bewältigen. Von 1949 bis 1953 studierte er Neuere Geschichte, Wirtschafts- und Sozialwissenschaften sowie einen Schuß Philosophie. Er promovierte, arbeitete auch – zusammen mit Jochen Steffen, dem späteren parteipolitischen Kontrahenten –, als wissenschaftlicher Assistent, danach hielt er als Lehrbeauftragter an der Pädagogischen Hochschule in Kiel Vorlesungen. Das alles muß also ernst gemeint, mit Lebenszielen verbunden gewesen sein. Keine Durchgangsstation und kein flüchtiger Aufenthalt. Da war einer begabt und offenbar auch willens, mit dem Pfunde zu wuchern.

So tat er das eine und das andere und schließlich noch ein drittes. 1965, eben 36 Jahre alt, übernahm Gerhard Stoltenberg als Direktor die eigens für ihn geschaffene Abteilung für Wirtschaftspolitik in der Konzernleitung der Firma Friedrich Krupp. Doch auch dort hielt es ihn nicht. Ein halbes Jahr später sah ihn die erstaunte Nation bereits wieder woanders. Im Herbst des Jahres 1965 wurde er zum ersten Mal in ein Regierungsamt berufen, trat er als Chef des Bundesministeriums für Wissenschaft und Forschung in Ludwig Erhards zweites Kabinett ein.

Innerhalb weniger Jahre war er also für drei ganz verschiedene und doch jeweils höchst anspruchsvolle Positionen gefragt. Jedesmal zeigte er Neigung, sich darin zu beweisen. Stoltenberg hier, Stoltenberg da: ein Talent, das nicht weiß, mit welcher Herausforderung es zuerst fertig werden soll, eine Kraft, die überschießt. Mancher kann einfach alles, und dieser hier immerhin vieles. Doch was würde am weitesten tragen?

Auch wenn ihm Zerrissenheit – vergangene oder gegenwärtige – nicht anzusehen sind, wenn er sie weder in Gesten noch in verbalen Ausbrüchen vorzeigt, wenn seine Unentschlossenheit allenfalls in der Glätte seines Gesichts einen Widerhall findet, wenn Widerstrebendes weiß Gott nicht zu dem Bild gehört, das die Öffentlichkeit von ihm hat: gelebt hat er es schon. Das gilt sowohl für die Lehr – und Wanderjahre zwischen allen möglichen Welten. Und das gilt nicht minder für die Zeit, nachdem er sich schließlich doch – Wirtschaft hin, Wissenschaft her – endgültig für die Politik entschieden hatte. Denn erst war er in Bonn, dann ging er nach Kiel, danach ließ er sich – es war 1976 – wieder in den Bundestag wählen, gab das Mandat jedoch gleich wieder auf und verkroch sich erneut in der Provinz. Mal meldete er auch – sei es über kenntnisreiche Äußerungen im Bundesrat, sei es über geschiffene und mit geschickten Hinweisen gespickte Interviews – seinen Anspruch auf das Kanzleramt an, mal zuckte er deutlich davor zurück, sich in den Bonner Grabenkämpfen die Hände schmutzig zu machen. Da packte er nicht richtig zu und ist ja auch selbst nur schwer zu fassen, ist unantastbar, unangreifbar. Zumindest tut er alles, um es zu bleiben.

Hat er sich also nie tief hineingekniet? Hat er nirgendwo bis zu den Ellenbogen dringesteckt? In keinem Sumpf, das ist gewißlich wahr, aber in Arbeit schon. Darin immerhin war Gerhard Stoltenberg von seinen politischen Anfängen an auf schnurgeradem Pfad und konsequent. Und dies nicht nur, was seinen Fleiß, sondern ebenso, was die Richtung seiner Aufmerksamkeit und seiner Anspannung anging und angeht. Schon während seines Studiums nahm er an Seminaren des Kieler Instituts für Weltwirtschaft teil. „Mich hat immer der Grenzbereich zwischen Geschichtswissenschaft und Wirtschaftswissenschaft interessiert“ – so begründet der Historiker diesen Schritt. Als er mit 25 Jahren zum ersten Mal in seinem Leben in den Kieler Landtag einzog, begriff er schnell, „daß die Finanz- und Haushaltsausschüsse eines Parlaments zu den wichtigsten Gremien zählen“. Drei Jahre später tauschte er dann den Auftrag im Landtag gegen einen Sitz im Bundestag ein und ging „zielstrebig“, wie er heute noch weiß, in den Haushaltsausschuß: „Das war für mich die Schule in der Finanzpolitik.“ Ob ihn nun das schiere Interesse dorthin zog oder die begründete Einsicht, daß dies der Reizpunkt aller Politik sei: Gerhard Stoltenberg ist dem Sujet über die Jahre und auch über die anderen Ämter hinweg treu geblieben. Davon künden nicht nur die Seitensprünge mit der Firma Krupp, wo er Ende der sechziger Jahre, nach dem Einstand der sozialliberalen Koalition, ein zweites Mal Unterschlupf fand. Auch danach, auch während seiner Zeit als Ministerpräsident in Schleswig-Holstein – immerhin drei Legislaturperioden lang – meldete er sich zu ökonomischen und fiskalischen Themen zu Wort und war auch von Helmut Kohl, für den

Fall, daß dieser 1976 gesiegt hätte –, als Wirtschaftsminister vorgesehen. Franz Josef Strauß, vier Jahre später, wollte ihn als Finanzminister in sein Kabinett aufnehmen. Im CDU-Präsidium übernahm er den Aufgabenbereich Konjunktur – und Finanzpolitik. Da ist er nun heute – an einem Platz, auf den er sich lange vorbereitet hat. Was freilich seine Kompetenz als Politiker keineswegs vollständig beschreibt.

Denn keiner in diesem Kabinett hat eine vergleichbare Bildung und Ausbildung wie Gerhard Stoltenberg. Keiner hat soviel Regierungserfahrung gesammelt: drei Jahre als Minister in Bonn, zwölf Jahre als Ministerpräsident in der Provinz. Keiner hat, zusätzlich zu solchen Erfahrungen, auch noch in der Industrie gedient. Und keiner kommt im Auftreten an ihn heran, in der Darstellung seiner Person und seiner Rolle. Gerhard Stoltenberg – zu alledem noch ein Kunst- und Musikliebhaber – ist, was die meisten seiner Kollegen allenfalls sein wollen: ein Herr.

Doch das scheint nicht zu genügen – weder bei den Wählern noch in der Partei. Die Landtagswahlen in Schleswig-Holstein gewann er nicht immer überlegen, bei den Bundestagswahlen schnitt sein Land in der Regel sogar unter dem allgemeinen Niveau der Union ab. Niemals stand die CDU geschlossen vor seiner Tür, um ihn für die Kandidatur zum mächtigsten Staatsamt in der Republik auf den Schild zu heben. Stellt man ihn neben Helmut Kohl, der nun dort sitzt, wo – gemessen an der Intellektualität, der Sachkunde und der Statur – viel eher dieser Norddeutsche sitzen müßte, so scheint dessen Talent zum Edelmann nicht nur nicht ausreichend, es scheint sogar eher hinderlich zu sein. Derart schlank und schön, distanziert und kontrolliert, kühl und unberührbar will offenbar kaum jemand regiert werden. Es muß ein Politiker zwar nicht, wie Franz Josef Strauß, der Antipode, gleich aus dem vollen Menschenleben, aus aller Lust und etlichen Lastern bestehen. Aber den Stoff von jedermanns Stoff sollte er schon in sich haben.

In einem Herrn oder gar einem Heiligen kann niemand sich erkennen.

Aber nicht, daß er so elitär ist, hält von Gerhard Stoltenberg ab, sondern daß er so augenfällig nur dies ist. Das unterscheidet ihn, zum Beispiel, von Helmut Schmidt, auch einem Norddeutschen, der, bei aller hohen Begabung und Beherrschtheit, an seinem Temperament leidet und der auch leiden macht; der weinen, beleidigen und kämpfen kann; der Johann Sebastian Bach verehrt, aber ebenso den HSV liebt, der Karl Popper studiert und sich dennoch an albernen Witzen freut. Helmut Schmidt läßt sich auf vieles ein, Gerhard Stoltenberg auf weit weniger: vor allem nicht auf die bitterste Niederlage und auf den ganzen Sieg. Uneingeschränkt gehört er nur dem Anspruch seines jeweiligen Fachs. Mehr als 35 Jahre tummelt er sich nun schon in der Politik und ist darin doch so unpolitisch geblieben.

Deshalb blieb ihm der Zugang zu dem Amt, für das er so ausnehmend geeignet scheint, bis jetzt verwehrt, deshalb verlief aber seine Karriere auch ohne die schwersten persönlichen Rückschläge. Das Schlimmste, was ihm bisher widerfuhr, sind Wahlniederlagen, die er nicht einmal allein, sondern nur zusammen mit seinen „Freunden" zu verantworten hatte. 1969 etwa, als Brandt und Scheel sich überraschend zum sozialliberalen Bündnis zusammenfanden: Da fiel es ihm nicht leicht, „von einem Tag auf den anderen die Büros zu räumen". Als eine „etwas harte Umstellung" blieb ihm jener Machtwechsel in Erinnerung. Was aber ist dies, was auch sind die drei Prozent rauf oder drei Prozent runter bei den Landtagswahlen im nördlichsten Bundesland, gegen die Schwankungen im politischen Leben eines Helmut Kohl oder Helmut Schmidt? Welche Demütigungen waren ihm denn schon auferlegt im Vergleich zu dem, was Franz Josef Strauß, was Hans-Dietrich Genscher, was Herbert Wehner oder was mittlerweile auch Graf Lambsdorff zu tragen hatten und haben? „Einen wirklich tiefen Einschnitt hat es in meinem politischen Leben bis jetzt nicht gegeben", so sieht er sich auch selbst über die Jahrzehnte hinweg in einer vergleichsweise sicheren Bahn: „Ich kann nicht sagen, daß mich ein politischer Rückschlag so hart getroffen hat, daß ich mir ernsthaft überlegt hätte, diese Arbeit aufzugeben!" Immerhin hat er jedoch „Tage und Stunden" erlebt, nach denen er, und das sagt er nun endlich doch einmal mit Bewegung in seiner Stimme, „wirklich enttäuscht" nach Hause gegangen ist. In solchen Momenten rettete und rettet er sich, auf daß „Resignation nicht in Frage kommt", stets in „Festigkeit". Die hat er, wenn sie nicht nur in seiner Natur angelegt ist, auch aus dem Elternhaus mit ins Leben gebracht. Gerhard Stoltenberg, 1928 als Sohn eines Pastors in Kiel geboren und in Bad Oddesloe aufgewachsen, weiß natürlich von Kindesbeinen an, daß der Mensch seine Burgen in sich selbst bauen muß. Das ist ihm in diesem Erziehungsklima, welches er als „von christlichen und, im guten Sinne, bürgerlichen Traditionen bestimmt" kennzeichnet, gewiß in alle Poren gedrungen. Doch auch die Zeiten waren danach, und mochten einen Jungen, der ohnedies nicht gerade platzt vor Temperament, der nicht zu den Extremen neigt, in seinem Hang zum allzeit aufrechten Gang, zum Zähne zusammenbeißen wohl unterstützen. Wie so viele aus der Flakhelfergeneration wurde Gerhard Stoltenberg mit fünfzehn Jahren eingezogen und ins Erwachsenenleben hineingeboxt. Zusammen mit seinen Schulkameraden war er zur Flugabwehr an die Elbemündung, eine der Haupteinflugschneisen für die Angriffe auf Hamburg und auf Mitteldeutschland, abkommandiert. „Keine Woche verging dort", erzählt er aus jenen ungewöhnlichen Kindertagen, „in der nicht drei- oder viermal Bombengeschwader über uns hinwegflogen und wir im Einsatz waren." Er hat, sagt er, „den Krieg in seiner Härte durchaus erlebt".

Als er mit siebzehn Jahren nach Hause zurückkam, „waren die entscheidenden Jahre der Erziehung schon vorbei". Noch ganz am Anfang, hatte er doch schon etwas abgeschlossen: ein

Frühgereifter – auch dadurch, daß der Vater, wie die meisten Väter damals, seit Jahren ebenfalls unter den Soldaten war, und der Sohn folglich selbst, zusammen mit seinem älteren Bruder, einen Teil von dessen Autorität lebendig halten, ja leben mußte. Und ist ihm diese vorgezogene Reife nicht bis heute ins Gesicht geschrieben? Dieser schreckliche Ernst unter der jugendfrischen Haut?

Schon von 1940 an mußte die Familie ohne Vater auskommen. „Er hatte gewisse Schwierigkeiten mit den örtlichen Behörden", weiß der Sohn im nachhinein zu berichten, „er war wohl ganz froh, daß er Kriegspfarrer werden konnte". Pastor Stoltenberg hatte ein Schlupfloch gefunden. Weder für noch gegen das bestehende System wollte er sichtbar Partei nehmen. Bei den „Deutschen Christen", die Hitler zujubelten, fand er sich ebenso wenig ein wie bei der „Bekennenden Kirche". Wenn er zu Hause war, so gab der Nationalsozialismus, gab die doch bis in alle privaten Lebensbereiche eindringende Politik der Zeit nicht einmal ein Gesprächsthema ab. Pastor Stoltenberg hielt sich – einer von Millionen – bewußt heraus.

Seinen Sohn zog diese Abstinenz womöglich umso intensiver hinein: in das Nachdenken über Geschichte und Politik sowie in das eigene Engagement. Nicht nur, daß er, noch nicht einmal zwanzig Jahre alt, sofort Partei ergriff – für die neue Zeit, für den neuen Staat, für den eigenen Einsatz darin. Auch das Forschen nach dem Weshalb und Warum der deutschen Katastrophe ließ ihn lange nicht los. Noch in seiner Habilitationsschrift tauchte das Thema, das in seinem Elternhaus so bemüht ausgeklammert worden war, wieder auf, noch in dieser späten Arbeit erforschte er – unter dem Titel „Politische Strömungen im Schleswig-Holsteinischen Landvolk 1919 bis 1933" – was die Bauern seiner Heimat in Hitlers Arme getrieben hatte.

Aus alledem läßt sich gewiß Distanz, vielleicht auch eine versteckte Anklage gegen den Vater und gegen die ältere Generation herauslesen. Gerhard Stoltenberg hat immerhin nach außen signalisiert, daß er es anders machen will. Er ist seinen eigenen Weg gegangen. Er hat Aktivität gegen Passivität gesetzt. Und dennoch: Fehlt es nicht auch ihm am letzten Mut? Steckt in seiner Zurückhaltung etwa doch ein Quentchen von der des Vaters?

Er setzt sich nun mal nicht gern dem schärfsten Zugwind aus. Er braucht offenbar ein Gehäuse, in das er sich zurückziehen kann. Das mag nicht nur mit Anlagen und dem Vatervorbild zu tun haben, das kann ebenso an den Erlebnissen seiner Jahrgänge liegen. Zu früh in Gefahren, zu früh aus dem Nest gestoßen, ist bei etlichen in dieser Gruppe ein ausgeprägtes Sicherheitsbedürfnis gewachsen. „Ich war sehr froh, daß meine Mutter lebte, daß mein Vater einige Zeit später kam und wir wieder als eine Familie zusammenfanden“, bekannte Stoltenberg einmal in ungewohnter Offenheit, „daß wir das Haus wiederherstellen konnten. Und wenn man solche Jugenderfahrungen gemacht hat, dann weiß man Dinge wie Elternhaus, Familie, die Grundlagen einer sogenannten bürgerlichen Existenz intensiver einzuschätzen als eine Generation, die heute, erfreulicherweise, in einer weithin gesicherten und zum Teil auch vom Wohlstand bestimmten materiellen Welt aufwächst.“

Manchmal geraten ihm solche Einsichten in die eigenen Strukturen auch wieder aus dem Blick. Dann vergißt er, was ihn damals gequält und geprägt hat, dann sieht er nur noch Harmonie und ungestörte Entwicklungen, dann schaut er in die Vergangenheit und weiß, daß er aus dem Krieg zurückkam „ohne feststellbare Veränderungen, ohne Bruch in meiner Person“. Aber wie anders könnte es wohl sein, als daß die Jahre vor 1945 und ebenso die darauf folgenden bei dieser Jugend den stärksten Eindruck hinterließen? Es muß einer nicht gleich zerbrochen sein, doch geformt und verwandelt wurde jeder. Mancher, Manfred Wörner etwa, trat danach die Flucht nach vorn, ins Abenteuer, ins Risiko an. Andere, wie Gerhard Stoltenberg, richten sich stets Bastionen auf. Gemeinsam ist allen aus diesen Jahrgängen die Abneigung gegen Ideologie, die Unfähigkeit zum programmatischen Denken. Dazu muß man älter oder jünger sein, muß politisch aus der Weimarer Zeit oder aus der achtundsechziger Revolte stammen.

Die Nachkriegsgeneration aber hat ihre Zukunft schon hinter sich. Sie hat die phantastische Veränderung der Welt zum Guten hin bereits erlebt. Sie hat gesehen, wie aus der fürchterlichsten aller Diktaturen eine funktionierende Demokratie hervorging, wie aus Schutt und Asche blühende Städte wurden, wie aus der Verachtung gegenüber den Deutschen wieder Respekt, langsam auch Ansehen erwuchs, wie der Wohlstand in diesem Land sich, trotz aller Armut am Anfang und aller Krisen danach, auf einem vergleichsweise hohen Niveau einpendelte. Weshalb also in die Ferne denken?

Das Innovationsbedürfnis dieser Altersgruppe scheint ein für alle Mal gestillt. Möglichst wenig zu bewegen und möglichst viel zu bewahren, das ist ihr Ziel. Alle Sorge, aber kaum eine Hoffnung gilt der Veränderung.

Von dieser Grundhaltung weicht auch Gerhard Stoltenberg nicht ab. Nicht einmal dieser belesene Mann mit seiner behauenen Intelligenz zeigt viel Neigung zum weiten Vorausschauen. Seine Schreckensbilder bezieht er vor allem aus der Vergangenheit und zeigt sich – darin vielleicht auch ganz Historiker – besorgt, „daß die Lehren der deutschen Geschichte zu schnell vergessen werden, daß viele die Regeln der Verfassung nicht ernst nehmen“. Ihn bekümmert die Art, „wie über Gewalt und über außerparlamentarische Formen des sogenannten Widerstandes geredet wird“. Das ist es, was ihn ziemlich beunruhigt – die Furcht also, es könnte noch einmal werden, was unter Adolf Hitler war.

Die ganz anderen Gefahren, die aus der Überrüstung oder der Zerstörung der Umwelt, verschwinden erst einmal hinter dem, wovon man ja auch eine viel präzisere Vorstellung hat. Und wie seine Schreckensbilder aus der Zeit des Dritten Reiches kommen, so seine Vorbilder aus der ersten Zeit danach. Konrad Adenauer und Ludwig Erhard haben ihn „stark beeindruckt". Fritz Schäffer, den Bayern, der für die Republik einst den „Juliusturm" angespart hat, hält er für den „eindrucksvollsten" seiner Vorgänger. An dessen „Integrität der Haushaltsführung" will er auch die eigenen Ansprüche ausrichten. Denn: „Man muß einmal darüber nachdenken, daß in den ersten acht Jahren der Bundesrepublik Deutschland, unter wesentlich bescheideneren Lebensverhältnissen und während der großen Aufgabe des Wiederaufbaus, die laufenden Ausgaben des Bundes aus den Einnahmen bezahlt wurden und keine Schulden gemacht worden sind."

So weit wie Fritz Schäffer, das weiß Gerhard Stoltenberg, kann er nicht gehen. Der Juliusturm hat ja auch seine negativen Wirkungen gehabt, hat – nicht zuletzt bei den Regierungsfraktionen – „Begehrlichkeiten geweckt". Aber für den „Abbau der Verschuldung" wird der Minister, der sich bis jetzt wie keiner seiner Mitstreiter in diesem Kabinett durchgesetzt, der an einem ganzen Katalog von Sozialleistungen Kürzungen erzwungen und die Sanierung des Haushalts ein sichtbares Stück vorangebracht hat, weiter streiten. Dafür ist er gern bereit, die Kritik in den öffentlichen Diskussionen auszuhalten. Es erscheint ihm auch „sozialethisch nicht vertretbar", die Befriedigung der Bedürfnisse von heute immer mehr aus der Kraft der Erwachsenen von morgen zu finanzieren: „Je skeptischer manche Mitbürger die Wachstumsaussichten in zehn oder zwanzig Jahren betrachten, desto mehr müssen sie für eine konsequente Politik der Gesundung der Staatsfinanzen eintreten. Dieser Zusammenhang ist noch nicht voll begriffen."

So spricht er. So handelt er auch: Aus der Notwendigkeit des Tages, aus den Erfahrungen in Kriegs- und Nachkriegsjahren, aus der Wirklichkeit und dem Geist der Ära Adenauers. Er – als einziger unter den Top-Ministern – war damals schon mittendrin, war nicht nur Bundesvorsitzender der Jungen Union, sondern saß damit automatisch im Vorstand, dem engsten Führungszirkel seiner Partei. Auch von daher gesehen ist er also der Erbe unter den Erben. Und sieht er sich denn bisweilen nicht selbst in dieser Rolle? Sieht er sich nicht als Kanzler?

„Ich bin mit meiner Aufgabe als Bundesminister der Finanzen für die vorausschaubare Zeit nicht nur ausgelastet, ich bin auch zufrieden", sagt er, winkt also ab, weicht zwei Schritte zurück – und wagte sich doch zu gerne ganz weit vor.

Friedrich Zimmermann
„Mit fünfzig ein anderer als mit dreißig“

Schaut er nicht wie Mephisto – aus geschlitzten Lidern, mit dunklem, verschlagenem Blick? Spricht er nicht wie Jago – in Sätzen, die so griffig sind, daß sie vernebeln, verführen, täuschen? Handelt er nicht, der Ausländerschreck, der Polizeiminister, ausschließlich nach dem Muster Machiavells – der Macht nur um der Macht willen ergeben, gegen jede Menschlichkeit? Und sind seine Anläufe, die Luft zu säubern, den Wald zu schützen, wirklich etwas anderes als Tarnungsmanöver: grün über kohlrabenschwarz?

Wie immer Friedrich Zimmermann sich gibt, was immer er tut: Von seiner Geschichte kommt er nur schwer los. Er gilt als Strauß-Spezi, als Handlanger des Skrupellosen in Bauskandalen und der leidigen Spielbank-Affäre; er ist der Mann, welcher damals, Anno 1960, um den Christlichsozialen gegen die Bayernpartei zum Durchbruch zu verhelfen, einen fahrlässigen Falscheid schwor, und nur über ein wahrhaft menschenfreundliches Gutachten der endgültigen Verurteilung entging; er ist „Old Schwurhand“ – so wollen es seine Feinde mit großer Ausdauer –, ist der Buhmann der Bonner Politik. Kalt berechnend, ohne Moral.

Aber dann, an einem beliebigen Arbeitstag in der Bundeshauptstadt, kommt er auf einen kleinen Imbiß aus seinem Arbeitszimmer, sagt ein fröhlich-freundliches Grüß Gott, setzt sich an den gedeckten Tisch, breitet die Serviette sorgfältig über seiner Krawatte und seiner Hose aus, trinkt genüßlich sein

Bier, langt beim Essen kräftig zu, raucht, erkundigt sich nach der Arbeit seines Gegenüber, hört zu, nimmt Anteil, gibt zurück – lacht. Lacht, auch wenn er aus seinem Leben erzählt, dem persönlichen wie dem politischen, lacht nicht zuletzt über sich. Und läßt auch sehen, daß von den Wunden, die er sich einst selbst geschlagen hat, immerhin noch ein Narbenschmerz geblieben ist: Ja, er grämt sich, wenn er etwas falsch gemacht hat, er versucht, vorsichtig zu sein, Fehler zu vermeiden. Und „mit dem Fortschreiten menschlicher Erfahrungen" wird das auch zunehmend einfacher. Friedrich Zimmermann hat gelernt. „Mit fünfzig", sagt er, fast sechzigjährig, und zurrt den Tatbestand mit dem Gewicht der zusätzlichen Jahre noch einmal fest, „ist man ein anderer als mit dreißig." Für ihn haben nicht nur die lange Zeit, die über jenen fatalen Ausrutscher hinweggegangen ist, nicht nur der Bayerische Verdienstorden und das Große Bundesverdienstkreuz, mit welchen er mittlerweile seine Brust schmücken darf, den alten Friedrich Zimmermann ausgelöscht. Eine neue Wirklichkeit ist an die Stelle der alten getreten.

Und in der Tat: Die Republik hat ihn inzwischen nicht nur in Schurkenrollen kennengelernt. Von 1965 bis 1972 saß er dem Verteidigungsausschuß des Bundestages vor. 1976 wählte ihn die CSU-Landesgruppe in Bonn zu ihrem Chef. Er führte sie einfallsreich, führte sie auch zu mehr Einfluß. 1977, während der Entführung Hanns-Martin Schleyers und der Lufthansa-Maschine „Landshut", gehörte er dem „großen Krisenstab" an und verschaffte sich dort den Respekt des anspruchsvollen Kanzlers Helmut Schmidt. „Einen in vielen Affären gereiften Berufspolitiker" nennt ihn das Hamburger Wochenblatt „Die Zeit" 1982, als er den Posten des Innenministers übernimmt, einen „hochintelligenten, soliden politischen Profi, fleißig und effektiv ..."

Diesen Ruf hat er selber in Jahren bekräftigt, und steht auch nicht an, ihn mit eigenen verbalen Würdigungen noch mehr zu festigen. Wer also ist er heute? – „Einer der wichtigsten Mini-

ster des Kabinetts" – freut er sich über den Aufstieg. Friedrich Zimmermann, der Sünder von einst, der Gefallene, der Geschmähte, steht nun aus seiner Sicht nach dem Bundeskanzler und dem Außenminister an „dritter Stelle". Und welche Lasten sind ihm da aufgetragen? Die schwersten, versteht sich. Er hat das „weitgefächertste Amt", und genießerisch geradezu zählt er die Fülle seiner Kompetenzen auf: Für den Umweltschutz ist er zuständig und für die innere Sicherheit, für Verfassung und Denkmalschutz; die Ausländerpolitik fällt in sein Ressort und die Asylantenproblematik, der Sport wie der Zivilschutz. Kein anderer Minister muß sich so drehen und wenden. Keiner muß wie er an einem Tag zu zwei verschiedenen Themen im Bundestag Stellung nehmen. Aber gerade, daß er derart gefragt ist: „das ist der Reiz".

Ach, er läßt sich ja so gerne herausfordern, auf viele Proben stellen. Denn er besteht sie alle. Schließlich mangelt es ihm nicht an Talenten, und er ziert sich kein bißchen, sie vollständig aufzureihen. Was also bringt er mit, um den mannigfachen Anforderungen gerecht zu werden? Da schießt es dann – halb amüsiert und ganz überzeugt – aus Fritze Zimmermann heraus: „Akkuratesse, Pünktlichkeit, Disziplin, eine analytische Begabung, die Fähigkeit, schnell zu denken, schnell zu lesen, und das Wesentliche vom Unwesentlichen zu unterscheiden ..."; da berauscht sich der Bayer richtig an dem unnachahmlichen Bundesminister, baut ihn als Festung der Wohlanständigkeit und Ehrbarkeit aus, als uneinnehmbare. Jawohl, er hat den „Blick für Menschen und Mitarbeiter", und er behandelt sie „anständig"; er ist zu Hause im parlamentarischen Leben der Bundesrepublik, er kennt es seit 26 Jahren, er hat es unter allen seinen Kanzlern „aktiv miterlebt"; er duzt sich mit dem Präsidenten des Bundesverfassungsgerichts und mit Gerhard Stoltenberg – mit beiden saß er vor Jahrzehnten im Vorstand der Jungen Union –, duzt sich auch mit den meisten Mitgliedern der Bundesregierung. Er gehört nun einfach ganz dazu.

Aber das ist immer noch nicht alles. Hinzu gesellt sich der Erfolg in seinem niederbayrischen Wahlkreis Landshut, den er, der Münchner, seit 1957 hält, und wo er Anno 83 sogar bei den Erststimmen, also für seine Person, noch mehr Stimmen ergatterte als für die CSU. Vor allem aber betrachtet er sich gern als höchstwirksamen Minister, als eisernen Besen, als einen, der dreinfährt und durchzieht. Zwar gilt das Amt, das er jetzt hat, immer wieder mal als unregierbar. Kaum einer, sagen die Kenner der schwierigen Materie, hielt es ganz im Griff. „Aber ich“, renommiert der Politiker, dem schon so viel aus dem Ruder gelaufen ist –: „Ich hab's.“

Wie anders könnte er sich jetzt auch sehen? Der Chefposten im Bonner Innenministerium, wo ihm sogar die innere Sicherheit und der Schutz der Verfassung obliegen, tilgt per institutionem alles Vergangene. Daß er soweit voran und hinaufgeklettert ist, krönt seine Laufbahn. Und wahr ist wohl auch, daß es ihm an Entscheidungsfreude nicht gerade mangelt. Ja eher – und vielleicht bricht da etwas von der alten Unbedenklichkeit durch – handelt er zu schnell, Friedrich Zimmermann, ganz anders als sein Anreger und Beweger Strauß, ist kein Zauderer. Kaum im Amt, feuerte er den liberalen Ministerialdirektor Mencke-Glückert, einen hochangesehenen Experten, von dem es heißt, er habe recht eigentlich die Bonner Umweltschutzpolitik erst erfunden. Friedrich Zimmermann, zum Ärger seines Kanzlers, lud auch kurzerhand und ohne Rücksprache den UN-Flüchtlingskommissar Poul Hartling erst einmal wieder aus, nur weil in dessen Behörde ein Papier kursierte, das die Asylanten-Praxis der Bundesregierung kritisch unter die Lupe nahm.

Der neue Innenminister, in seinem ersten Amtsjahr, preschte mit dem Plan vor, den Zuzug der schulpflichtigen Ausländerkinder in die Bundesrepublik zu stoppen. Und er knallte der erschreckten Republik auch gleich einen Entwurf zur Verschärfung des Demonstrationsstrafrechts und zum Vermummungsverbot auf den Tisch. Mit beidem ist er an den Liberalen gescheitert, mußte er dort auch scheitern. Aber geduldig vorbereiten, abwarten, Stimmungen ausloten, Situationen feinfühlig und mit langem Atem erfassen: Das ist nicht nach seiner Art.

Bei ihm muß alles fix gehen. Nicht nur, daß er jetzt den politischen Nachholbedarf seiner Partei decken will; nicht nur, daß er die wahre Wende im Sinne des Strauß-Vereins durchzusetzen gedenkt: Nein, so ist er. Schneidig, zupackend, und weiß Gott keine Seele von einem Menschen. Nichts nervt ihn mehr als „Krampf", „Schmus", „Drumherumreden" oder „Schmäh". Für ihn gibt es „nichts Schlimmeres", sagt er, gerade so als ob einem da nicht doch noch etwas anderes einfallen könnte, „als nicht getroffene Entscheidungen".

So rasch, wie er nach außen seine Konzepte durchzusetzen versucht, so konzentriert hantiert er mit dem ministeriellen Apparat im Inneren seines Hauses. „Mein Führungsstil setzt konstruktive Mitarbeit voraus", charakterisiert er, was dann nach seiner Schilderung wie das Katzelmachen abläuft: Erst liest er, was vorgeschlagen ist, danach beurteilt er es „kritisch", anschließend kommt der Entwurf in die „Leitungsbesprechung" – die Staatssekretäre und der Pressesprecher sitzen mit ihm da einmal in jeder Woche zusammen –, und am Ende entscheidet er doch oft allein. Aber einsam, gesteht er, einsam fühlt er sich niemals dabei.

Da ist er nun ganz oben und einer der ersten in der Republik, da gleicht er sich selbst und scheint doch auch ganz verwandelt. Daß er den Türken das Familienleben hierzulande nicht mehr gönnt, paßt ins alte Bild, und ebenso, daß er den Demonstranten Rechte nehmen will. So kennt man ihn – einen Techniker der Macht und einen unsentimentalen Exekutor nur-staatlicher Interessen. Überrascht hat er als Grüner, der die Umweltsünden keineswegs nur als Erblast der Sozialliberalen betrachtet, sondern noch viel weiter zurückdatiert. Zwanzig Jahre zu spät sei damit angefangen worden, die Luft zu reinigen, klagt der Minister, der hier durchsetzte, woran sich die Vorgänger vergeblich versuchten: die Einführung des bleifreien Benzins, schärfere Auflagen für die Autoindustrie und für die großkalibrigen Luftverschmutzer der Wirtschaft. Und gleich bedauert er, da ein drastisches „Fallieren, Abschwimmen der Wirtschaft“ nicht mehr, sondern weniger Umweltschutz bedeutet: „Schneller wie jetzt geht es kaum.“

Friedrich Zimmermann ist einfach für alle Deutungen seines Charakters und seiner Möglichkeiten gut. Er gibt den antiliberalen Dämon ab in der bundesdeutschen Politik und den guten Waldgeist. Er wirkt so preußisch – mit seinem glatten Gesicht, der strengen Hornbrille, den zurückgezogenen Haaren, dem straffen, sportgewohnten Körper und nicht zuletzt: mit seiner schnurrenden Arbeits- und Entscheidungsweise –, und er betont gleichzeitig das Bayrische. Bei Volksmusik verschwimmt sein Blick, auf Gamsen sitzt er an, und alljährlich, um die Weihnachtszeit, liest er seinen Freunden Ludwig Thomas „Heilige Nacht“ vor. Er preist seine Selbstdisziplin und bekennt sich dennoch zu seinem cholerischen Temperament: „Das ist eben das Spiegelbild der Medaille.“

Als einen Politiker aus Leidenschaft stilisiert er sich: „Sie hat mein ganzes Leben bestimmt.“ Doch in einem Atemzug mit solchen Geständnissen gefällt er sich als gemütvoller, als geselliger Mann, „der gern sitzt, gern was trinkt, gern lustig ist“. Was noch alles kann er genießen, ausleben? Im Winter saust er, und das seit fünfzig Jahren schon, auf Skiern über die Pisten der Alpen, im Sommer spielt er Tennis. Klassische Musik, Opernmusik vorweg, zählt er zu seinen Vergnügungen. Die Stimmen aller Sänger der Welt behauptet er zu kennen, und weder Bayreuth noch Salzburg mag er jemals auslassen. Wo soll man den wahren Zimmermann nun suchen – bei den Machtmenschen oder bei den Musischen?

Ist er ein Gauner, wie so viele meinen, oder steckt ein Geradliniger in ihm? Friedrich Zimmermann zeigt sich auch da voller Widersprüche. Mit dem politischen Geschäft, wie es nun mal ist, mit den „Konstellationen in der Welt“, mit dem „üblichen Pokern, wo man nicht in jeder Stunde die Wahrheit sagen kann – selbstverständlich!“, das gibt er unsentimental und freimütig zu, hat er „zu leben gelernt“. Es berührt ihn nicht, wie er vor Jahren einmal bekannt hat, daß man sich in diesem Gewerbe bisweilen die Finger schmutzig macht: „Dann muß man sie sich eben wieder waschen.“ Ganz anders reagiert er jedoch auf „jede Art von menschlicher Gemeinheit“. Und wie er aufzählt, was er meint – „echte Ungerechtigkeit, Falschheit, Niedertracht“ – kommt er mit seiner Stimme gefährlich nahe an Zitter-Zonen. Unter die Haut gehen ihm „menschliches Leid“, „Gewalttätigkeit“, und wenn Friedrich Zimmermann von Kindesmißhandlungen liest, dann ist ihm dies tatsächlich „physisch unerträglich“.

Was führt er hier nun vor: die erforderliche Rigorosität eines jeden Profis neben der noch intakten, menschlichen Empfindsamkeit? Oder entlarvt er nur ein Syndrom: die kalte Natur, welche Sentimentalität für Gefühl ausgibt?

Er leuchtet in vielen Farben, dreht sich, wendet sich lustvoll, so daß keine mehr klar zu erkennen ist. Friedrich Zimmermann liebt sich als Alleskönner und Allesempfinder, als Kopf, Körper und Gefühl, als eine abgerundete Natur. Gibt er sich nur so originell oder ist er es am Ende wirklich? Will er damit von seinen Abgründen ablenken? Oder hat er soviel Standfestigkeit, daß er all seine Ungereimtheiten freimütig sehen lassen kann? Verwischt er die Spuren, oder verweist er auf Wahrheiten?

Immerhin: als Mehrzweckwaffe bleibt er sich ziemlich treu, und seine politischen Selbstoffenbarungen klingen manchmal nicht weniger ungereimt als die persönlichen. „Ich bin ein konservativer und echt bayerischer Liberaler“, das gibt er als sein Credo aus, aber dann knallt er wieder Sätze hin, Grundsätze, einen nach dem anderen, um seinen Standort doch noch deutlicher zu machen. „Ich bin gegen jede Art von Systemveränderung! Ich bin für jede der bestehenden Möglichkeiten des Bürgers, sich zu artikulieren. Ich bin gegen eine weitergehende, eine schrankenlose Öffnung des Systems – wie zum Beispiel durch die Verbandsklage. Ich gehöre zu denen, die sagen: Ich traue dem Staat! Ich gehöre nicht zu denen, die sagen: Ich mißtraue ...!“

„Ich bin ein Analytiker und ein Pragmatiker“, setzt er noch hinzu. Visionen hat er nicht, obwohl er sie für notwendig hält, Pläne schon. Das perspektivische Denken überläßt er getrost dem Franz Josef, der es reichlich betreibt. Friedrich Zimmermann hingegen, ganz nüchterner Jurist, handelt. Der Staat ist für ihn dabei weder nur Mittel zum Zweck noch ein Wert an sich. Das eine wäre ihm „zu wenig“, das andere „zu viel“. „Die Antwort liegt in der Mitte.“ Jetzt kommt er, der gefühlvoll Unsentimentale, der preußische Bayer, der kontrollierte Choleriker – also auch noch als das wandelnde Maß daher.

Gewachsen ist dieses schillernde Talent in einer unruhigen Zeit. Er stammt, 1925 in München geboren, aus einer Stadt mit vielen Gesichtern und aus Verhältnissen, die geordnet und ungeordnet zugleich waren. Der Vater, ein Holzkaufmann, war selten da – „so selten wie ich jetzt“, erinnert sich Friedrich Zimmermann. Die Mutter, von Beruf Lehrerin, die „eigentliche Bezugsperson“, starb früh. Da war der Sohn gerade siebzehn Jahre alt. Schon vorher, während ihrer langen Krankheit, lebte er vorwiegend bei seinen Großeltern. Sie vor allem boten ihm wohl die Geborgenheit, aber kaum ausreichend Orientierung. Offenbar wuchs er für die damaligen Verhältnisse ziemlich frei auf. Das Erziehungsklima im Elternhaus empfand er nicht als streng. Trotzdem spürte er – ein Einzelkind übrigens – gewiß den Anspruch an ihn, und brillierte mit Leistungen. Sie sind ihm freilich nicht sonderlich schwer gefallen. Er war ein guter Volksschüler, „mit lauter Einsern“, wie er wieder mal sieghaft verkündet, und auch später, auf dem „Wittelsbacher Gymnasium", blieb er erfolgreich: „Das hat man gar nicht von mir verlangen brauchen."

Der Vater, obwohl abwesend, wurde dennoch – vielleicht auch gerade deshalb? – als „Autorität" empfunden. Für dieses Erlebnismuster – das Hinaufschauen, das Suchen und Sehnen, das Sichanpassen, das Unterordnen – blieb der Sohn noch lange anfällig. Andere mußten ihm immer wieder die Lücke füllen und ließen ihn doch gleichermaßen unbefriedigt zurück. Die Desillusionierung über Adolf Hitler und seinen „verbrecherischen Weg" am Ende des Zweiten Weltkrieges zum Beispiel – „die größte Enttäuschung, die denkbar war" –, ist ihm als etwas in Erinnerung, das lange nachgewirkt hat.

Jahre zuvor, 1932, hatte ihn der eigene Vater, als ihm die Entlassung drohte, zum ersten Mal auf den Anführer der Nationalsozialisten aufmerksam gemacht: „Jetzt bleibt uns nur noch, Hitler zu wählen", vernahm Friedrich Zimmermann. Da war er gerade sieben Jahre alt. Doch die Bemerkung haftet immer noch. Ebenso lebendig sind ihm Bilder von der Olympiade in Berlin, 1936, die er als Elfjähriger während eines Verwandtenbesuches erlebte. Noch immer hat er die Parade auf der Ost-West-Achse vor Augen, sieht er die französischen Sportler dort mit der zum Hitlergruß erhobenen Hand. Auf diesem Nährboden, auch auf der Vorstellung, daß die „andere Politik" in der Weimarer Zeit gescheitert war, wuchs seine Begeisterung, wie sie in einer ganzen Generation gewachsen war. Er tummelte sich mittendrin, beim Jugendkult, bei Führerverehrung, bei Gemeinschaftsromantik, beim Sport. Der junge Zimmermann spielte Handball, Tischtennis und bewies sich als Leichtathlet auf Mittelstrecken.

Kurz darauf mußte er sich – von 1943 bis 1945 – auch im Krieg beweisen. Das hat ihn ernüchtert. Als er dann 1946 in der umgefärbten Uniform im kalten Hörsaal der Münchner Universität saß und auf sein juristisches Referendarexamen hinbüffelte, wollte er sich nie wieder politisch engagieren. Aber dann kam Strauß, zehn Jahre älter als er, wieder eine Autorität – „eine faszinierende Persönlichkeit“. Friedrich Zimmermann lernte ihn an einem politischen Abend in der Schwabinger Brauerei kennen. Ein Freund hatte ihn dorthin mitgenommen und verhalf ihm so ganz unverhofft zum Erlebnis dieser „enormen politischen Kraft und Begabung“. Strauß, der aus einem streng katholischen Elternhaus mit einem sehr distanzierten Verhältnis zum Dritten Reich stammte, war für Friedrich Zimmermann freilich nicht allein einer, zu dem er wieder mal aufschauen konnte; er repräsentierte auch das Neue, das ganz andere, eine Möglichkeit, die ihm bislang verschlossen geblieben war. Er galt dem Jüngeren als ein „bayrischer Liberaler“, und er wurde für ihn zum „ersten, wichtigsten und weitaus interessantesten Gesprächspartner“.

1948 trat Friedrich Zimmermann in die CSU ein. Er hat ihr und ihrem Vorsitzenden zum Wohle beider gedient. Nach ersten Erfolgsstationen bei der Jungen Union wurde er Hauptgeschäftsführer und ließ sich als Beamter – inzwischen hatte er es zum persönlichen Referenten des bayerischen Justizministers und CSU-Gründers Joseph „Ochsensepp“ Müller gebracht – beurlauben. 1956 übernahm er das Amt des Generalsekretärs und baute die CSU organisatorisch zu dem aus, was sie heute ist: eine moderne Massenpartei, mit einem gesunden Unterfutter an Kreisgeschäftsstellen und dem Bayernkurier als Kampfpostille. Ein Jahr später ging er als Abgeordneter des Wahlkreises Landshut zum ersten Mal nach Bonn, blieb aber dennoch für insgesamt acht Jahre der Cheforganisator seiner Partei in München. Von Straußens Leine kam er auch in seiner Bonner Laufbahn nicht los und bewegte sich dort in den „Fußstapfen“ des Meisters. Wie dieser mauserte er sich zum Verteidigungsexperten, wie dieser übernahm er die Führung der Landesgruppe und war, nach dem eigenen Urteil, ein „begabter, intelligenter, loyaler, wichtiger Mitarbeiter und – ein politischer Freund“.

Ist er da nie wankend geworden? – Als er 1977 mit Helmut

Schmidt im Krisenstab zusammenarbeitete, stürmten lauter „neue, umstürzende, prägende Erlebnisse“ auf ihn ein. Es war wohl nicht nur die „Schicksalhaftigkeit der abgeforderten Entscheidung“, die ihn so erregte, es war wieder einmal die Begegnung mit einem Ungewöhnlichen, einem Übergeordneten. Doch dieses Mal faszinierte nicht so sehr die Andersartigkeit, sondern das Gemeinsame. In Schmidt erkannte er, was er an sich selbst schätzen gelernt hatte, sah er den besseren Zimmermann. Vielleicht auch den besseren Strauß? „Schmidt und Zimmermann“, die Formel weicht ihn nach wie vor auf, wenn er sie in den Mund nimmt: „Er ist wie ich von einer großen sprachlichen Akribie“, schwärmt er und lobt auch den Gleichklang der Reaktionen in Krisensituationen: „Analyse, Entschluß, Ausführung, Formulierung – das hat auf Punkt und Komma gepaßt.“ Noch heute wärmt sich der Innenminister des Wende-Kabinetts an der „intellektuellen Übereinstimmung auf einem hohen Niveau“ mit dem gestürzten Kanzler: „Das hat mich sehr befriedigt.“

Es hat ihn erhoben und ausgezeichnet. Es hat auch dazu beigetragen, seinen Nachholbedarf an Ansehen aufzufüllen: Er, Zimmermann, war es – und nicht Strauß –, der mit dem damaligen Kanzler zusammen nach den richtigen Worten suchte, der sich mit Helmut Schmidt in der Nacht nach Mogadischu in „gemeinsame Formulierungsarbeit“ vertiefte. Und wieder einmal verschwimmen die Konturen dieses Mannes. Ist er wirklich nach wie vor Handlanger? Gelüstet es ihn nicht – und der Verfall des großen Vorbilds mag dazu beitragen – zunehmend nach Macht aus eigener Vollkommenheit? Zwar hat er sich als Straußens Knappe einen Namen gemacht, als „gesinnungstreuer zweiter Mann“ (Der Spiegel), als „Hausknecht“ (Die Zeit). Und er selbst spricht bis auf diesen Tag – wenngleich, wie jedermann in der CSU weiß, nicht ganz aufrichtig – von seiner „unumschränkten Bewunderung“ für Strauß. Aber er stellt sich nicht mehr hinter, sondern neben ihn, rückt auch die Beziehung ins Licht des „gegenseitigen Respekts vor der Leistung und Begabung des anderen“. Niemals hat er versucht wie Strauß zu werden: „Ich hab’ immer gewußt, daß ich ganz anders bin.“

Doch mit den Jahren hat er wohl gespürt, daß er ihm mittlerweile in manchem ebenbürtig ist. Und er hat dies – bescheiden in Worten zwar und Forderungen – dennoch in Taten umgesetzt. Friedrich Zimmermann war es, der 1976 den CSU-Aufstand von Wildbad-Kreuth ausbrechen ließ, der über die Androhung, die beiden Unionsfraktionen in Bonn zu trennen und die bayrische Schwester bundesweit antreten zu lassen, seiner Partei zu einer neuen Durchsetzungskraft verhalf. Friedrich Zimmermann boxte Strauß in das Abenteuer einer Kanzlerkandidatur 1980 und verschaffte ihm zwar die Ehre der Anwartschaft auf das mächtigste Staatsamt, aber auch die Demütigung einer absehbaren, katastrophalen Niederlage. Und Friedrich Zimmermann – nicht Strauß – regiert heute als der CSU-Mächtigste in Bonn.

Wechselhaft und wandlungsbegabt wie er ist, paßt dieser Diener gefährlich gut auch in den Schuh des Herrn.

Otto Graf Lambsdorff
Nicht nur aus Eisen gebaut

Otto Friedrich Wilhelm von der Wenge Graf Lambsdorff hat alles, was ein Mann von Geblüt haben muß: die kaiserlichen Vornamen, den erlauchten Adelstitel, eine Familiengeschichte, die er bis ins dreizehnte Jahrhundert zurückverfolgen kann, und die schulische Bildung von der „Ritterakademie auf dem Dome zu Brandenburg“ an der Havel, jenem Internat, das der Soldatenkönig Anno 1705 als Drillplatz für die künftigen Offiziere und Beamten des preußischen Staates gestiftet hat. Otto Graf Lambsdorff, seiner Herkunft und solcher Erziehung gemäß, hält mit Gefühlen zurück, fordert sich bewußt Härte und Ausdauer ab. Ganz aufrecht steht er da. Mit klarblauem, wimpernumflorten Knabenblick. Die Zähne zusammengebissen. Der Pünktlichkeit, der Präzision, der Pflicht ergeben. Ausgerechnet so einer wird wegen Bestechlichkeit angeklagt.

Das berührt ihn. Allen Schimpf darf man ihm anhängen. Den „Marktgrafen“, wie Herbert Wehner ihn einmal genial gescholten hat, verkraftet er so gut wie den „Unternehmerknecht“. Jeden politischen Angriff nimmt er vergleichsweise leicht hin. Er weiß schließlich, daß die harten Auseinandersetzungen zum Alltäglichsten in der Politik gehören. Aber der Vorwurf, er lasse sich „Entscheidungen abkaufen“, die Zweifel an seiner „persönlichen und charakterlichen Integrität“ gehen ihm unter die Haut, treffen ihn mitten ins Mark. Gewiß, er vermag den Eindruck zu erwecken, als sei er „aus Eisen gebaut“, als sei er nur harte

Schale, mangelnde Empfindsamkeit. Aber: „So ist das natürlich nicht“, gibt er leise zu, „bis zu welchem Grade, das will ich mal dahingestellt sein lassen.“

Eines freilich ist er bestimmt: das wandelnde Dennoch, fleischgewordenes Jetzt-erst-recht. Es mag schon früh in ihm angelegt gewesen sein; es ist gefördert worden in jenem brandenburgischen Internat, wo nicht nur der fachliche Lernstoff, sondern auch die sprichwörtlichen Tugenden des Landes zum Pensum gehörten. So eine Erziehung, ohne jeden Komfort und jede Bequemlichkeit, reich an Forderungen und mit dem Mangel aller Verwöhnungen ausgestattet, hätte er, wenn er sich heute zurück erinnert, seinen eigenen Kindern nicht zumuten wollen. Aber geschadet, sagt er, hat sie ihm nicht und nicht seinen Mitschülern. Als alles überstanden war – gelobt sei nun mal, was hart macht – wußte er sich durchzusetzen und zu behaupten, „aber in fairer Weise“. Denn dort hat man nicht von „hinten geschossen“ –, es wurde nicht „Italo-Western“, sondern „Ameriko-Western“ gespielt. Und wie er das sagt, wie er es auf berlinisch hinschnoddert, da klingt es, als ob er immer noch im Bubenglück zurückschaut. Aber war's nur Preußen? War's nicht auch die Zeit mit alledem, was aus Preußisch-Allzupreußischem, was aus den Deformationen jenes Tugendsinns hervorquoll. Von 1941 bis 1944 ist das dem jungen Grafen eingebleut worden: die Welt als Schlachtfeld.

So war das Klima. Dazu kamen jedoch auch Fakten, Fälle von außen herein ins abgelegene Internat: Nachrichten von den älteren ehemaligen Mitschülern, die verwundet worden oder gar gefallen waren; dann die Mitteilung, daß die elterliche Wohnung in Berlin nach einem Bombenangriff nicht mehr stand. Daraus kochten Widerstände und kochten Aggressionen, kochten auch Vaterlandsgefühle immer wieder auf. Mit Nationalsozialismus hatte das gar nichts zu tun. Im Elternhaus Graf Lambsdorffs zumindest hing niemand dem Unglauben dieser Zeit an. Ganz im Gegenteil, der Vater war dem herrschenden System, so erinnert sich der Sohn, „im hohen Maße abhold". Auch die Mutter neigte nicht zur Hitler-Verehrung. Dennoch reihte sich der älteste Sohn – er hat noch zwei jüngere Geschwister – mit klopfendem Herzen in die Phalanx seiner Klassenkameraden ein, als es darum ging, sich zum freiwilligen Dienst zu melden. „Krieg ist Krieg", in solche Formeln gerann ihnen das Zeitgefühl und: „Gegen äußere Feinde muß man sich verteidigen." Und natürlich freuten sie sich an den anfänglichen militärischen Erfolgen. Daß sie daran teilhaben mußten, daß sie hinein wollten ins Getümmel, Deutschlands Grenzen sichern, Mütter und Schwestern schützen, es blühte auf in diesen Mißbrauchten, Verführten. Flink wie die Windhunde rannten sie in die Gefahr. Viele kamen – wenn überhaupt – wie Otto Graf Lambsdorff als Lahme zurück.

Am 31. März 1945, kurz vor dem Ende also, während seiner Ausbildung auf einem Offiziersbewerberlehrgang in Thüringen, wurde er von den Geschossen amerikanischer Tiefflieger schwer verwundet. Eine Oberschenkelamputation war die Folge für den Achtzehnjährigen. Die Welt als Schlachtfeld – so hat sie ihn gelockt, so hat sie ihn auch entlassen. Was das für den jungen Mann bedeutete, kann man vielleicht, vielleicht nachempfinden. Anmerken läßt er sich nichts mehr davon, hat damit zu leben gelernt. Nur ein kleines, irritiertes, mit Versprechen angereichertes Zögern bei der Antwort, als er gefragt wird, ob er freiwillig in den Krieg gegangen oder eingezogen worden sei, deutet auf einen immer noch vorhandenen schmerzenden Rest. Der ist ihm wohl geblieben. Dazu aber das Bewußtsein seiner Kraft. Er steht halt da – „das kommt von Teilen meiner Erziehung, meiner persönlichen Erfahrungen und ganz gewiß von der Tatsache, daß ich nicht ganz unbeschädigt aus dem Krieg nach Haus gekommen bin und damit fertig werden mußte" –, und kann gar nicht mehr anders. Otto Friedrich Wilhelm von der Wenge Graf Lambsdorff kämpft inzwischen, weil er kämpfen muß.

Die Jugend im Dritten Reich, die preußische Erziehung – spartanisch zu Hause, drakonisch auf dem Internat – und der Verlust eines Beines im Krieg mögen das in ihm hervorgelockt und verstärkt haben. Aber mittlerweile fordert diese Natur auch ihr eigenes Recht. Lambsdorff stößt gern an, fordert mit Wonne heraus, pflegt nachgerade liebevoll seinen Hang zu unbequemen Wahrheiten. Eckig ist er und mit Lust. Stets erlebt er sich dabei aufs Neue als Überwinder, als Sieger. Otto der Starke, der die Welt mit all ihren Unbillen und Ungerechtigkeiten in die Schranken fordert. He will overcome.
So rührte er 1980, gerade von einer Japanreise zurück, ans Heiligste der Deutschen, an ihren Eifer und an ihre Präzision. Made in Germany – das war dem Wirtschaftsminister nicht mehr gut genug. Fleißiger sollten sie sein, die Arbeitnehmer hierzulande, das rief er ihnen zu, und weniger krank feiern. Lambsdorff war es auch, nicht Genscher, der auf dem Höhepunkt des Gezerfes um Fortbestand oder Untergang der sozialliberalen Koalition mit seinem „Papier" – worin er drastische Kürzungen der Sozialleistungen und eine investitionsfreundliche Strategie in der Wirtschafts- und Finanzpolitik empfahl – der SPD endgültig den Fehdehandschuh hinwarf. „Was ich als wahr und richtig erkenne", verkündet er denn auch als Grundsatz, „darf ich den Leuten nicht vorenthalten". Und wenn er dabei, wie er meint, Auseinandersetzungen nicht gerade sucht, ja, wenn er keineswegs überall in der Bundesrepublik nach Feinden Ausschau hält, so geht er doch Herausforderungen, die ihm angetragen werden, niemals aus dem Weg: „Das nehme ich auf."

Otto Graf Lambsdorff stellt sich, und natürlich „mit offenem Visier". Niemand soll sich jemals fragen müssen, wo der Mann nun eigentlich steht. Nach diesem Muster, also vergleichsweise zielstrebig und offen, hat er sich auch von den Sozialdemokraten lange vor der offiziellen Scheidung abgelöst: „Die haben gewußt, wo ich hin wollte, und daß ich raus

wollte." Deshalb, im Gegensatz zu manch anderem seiner Parteifreunde, verfügt er, und es scheint ihn zu wärmen, auch heute noch über „eine große Zahl persönlicher Verbindungen aus jener Zeit".

Der Bundeswirtschaftsminister hat damals nicht gelogen. Und in der Spendenaffäre? Da verfügt er ebenfalls über ein reines Gewissen. Ja, mehr, er ist sich ganz sicher, daß er auch mit dieser Herausforderung fertig wird: „Es fragt sich nur, in welchem Stadium des Verfahrens und zu welchem Zeitpunkt. Aber ich habe überhaupt keinen Zweifel, daß hier am Ende auch gerichtsnotorisch feststehen wird, daß die Vorwürfe zu Unrecht erhoben worden sind."

Ganz einfach und klar ist das für den Grafen. Derart eindeutig unverrückbar erscheint ihm vieles, was anderen verschwimmt oder sich in feinste Problematiken verliert. Und nicht nur den Bundesbürgern insgesamt, auch den Wählern in seinem Wahlkreis wie den Parteifreunden platzt er bisweilen mit unliebsamen Einsichten ins empfindsame Gemüt. Vielleicht hat Helmut Schmidt deshalb von ihm einmal gesagt, er sei zwar ein exzellenter Minister, aber leider ein unpolitischer Mensch. Dafür hat er denn auch immer mal wieder, und das ist ihm durchaus bewußt, „eins auf die Nase bekommen". 1978 etwa, als er sich um einen Sitz im Präsidium seiner Partei bewarb und gegen den reichlich unbekannten Bremer Landesvorsitzenden Lahmann deutlich unterlag. Das hat ihn „getroffen", aber es hat ihn nicht gehindert, wie er gleich und fast begeistert weiter berichtet, am Nachmittag auf der Vorstandstribüne, als wäre nichts passiert, wieder Platz zu nehmen". Als Steher gefällt er sich, und im Angesicht solcher Qualitäten wird er gleich noch einmal standfester.

Insofern hemmt, quält, schwächt ihn die Anklage wegen Bestechlichkeit nicht nur; sie nimmt ihm nicht bloß Kraft, sie gibt ihm auch welche. In all der Zeit, während der er nun im Gerede ist, hat er die eine Koalition zu Grabe getragen und die andere aus der Taufe gehoben, hat – und dies nicht zuletzt – am 6. März 1983 mit seiner angeschlagenen Partei den Sieg über die Fünf-Prozent-Hürde errungen. Auch der hilft weiter. Deshalb gedenkt er nun keineswegs – nachdem er vom Amt lassen und vor den Kadi treten soll – einmal gefaßte Ziele aufzugeben. Sollte er jetzt untergehen, so wird er wieder auferstehen: „Wenn sich die Sache klärt, wie ich die Klärung erwarte, dann wird das unter gar keinen Umständen ein Grund sein, irgendwelche Abstriche zu machen."

„Ich schaff' das schon", sagt er gern. Dabei war ihm eigentlich von allem Anfang an überhaupt nichts leicht gemacht. Nicht nur wegen seiner Verwundung, auch wegen der Umstände der Zeit. Otto Graf Lambsdorff, 1926 in Aachen geboren, kommt zwar aus einem sehr harmonischen Haus. Die Eltern lebten in einer ungewöhnlich glücklichen Ehe. Dafür fehlte es nicht an Stürmen, die von außen eindrangen. Der Vater, Sproß eines baltischen Adelsgeschlechts – er hatte noch als Kadett des Zaren gedient – war Bankkaufmann von Beruf, wurde während der Weltwirtschaftskrise arbeitslos und kam später, für den Rest seines Berufslebens, bei der Nordstern-Versicherung unter. Erst lebte die Familie im Rheinland, dann zog sie nach Berlin, wo der Ernährer Arbeit und Auskommen gefunden hatte. Zu Reichtümern brachte er es freilich nie. „Er war doch als Flüchtling gekommen und mit nichts", erinnert sich der Sohn, „und meine Mutter, als Tochter eines preußischen Offiziers, war auch nicht mit Gütern gesegnet. Wir wurden immer zu Bescheidenheit, zu Sparsamkeit und zum vorsichtigen Umgang mit Geld erzogen."

Nach Kriegsende, als die Amerikaner ihn aus der kurzen Gefangenschaft entlassen hatten, mußte der Graf das Abitur nachholen. Die Familie eines Freundes aus dem Internat – sie lebte auf einem Landsitz in Unna in Westfalen – nahm ihn solange auf. Danach war erst einmal kein Studienplatz für ihn frei. Aber von 1947 an brachte er dann doch seine sechs Semester

Jura hinter sich. Mehr war damals, unter den Heimkehrern, die doch schon so viel Zeit verloren hatten, nicht üblich.

1950 war er Referendar, 1952 Doktor juris, 1955 Assessor. Seine berufliche Laufbahn begann er danach im Bankfach, und ist seit Beginn der sechziger Jahre auch als Anwalt zugelassen. Aber neun Jahre zuvor war er bereits Mitglied der FDP geworden und hatte sich dort früh vorgenommen, politisch aktiv zu sein: „Immer schon wollte ich aus einer wirtschaftlich abgesicherten Position auch politische Verantwortung übernehmen."

Beides lockte ihn: der berufliche und damit auch der materielle Erfolg und daneben das Basteln an der neuen, an der ganz anderen politischen Welt. Den Anreiz auf der einen Seite bot – nach der entbehrungsreichen Jugend – das plötzliche Aufblühen des Wirtschaftswunders. Daß am Tage nach den Jahren der Kargheit, also am Tage nach der Währungsreform, plötzlich alle Schaufenster voll waren, ist dem Grafen als ein „Schlüsselerlebnis" in Erinnerung. Ludwig Erhard, dessen Politik er den unverhofften Wohlstand zuschrieb, erschien ihm als großes Vorbild und ist es wohl, was die Generallinie des Nachfolgers im Amt des Meisters angeht, bis heute geblieben. Zur FDP kam Lambsdorff, weil er dort, neben der Anlehnung an die Erhardsche Wirtschaftspolitik, das Festhalten an zentralstaatlichen Vorstellungen und – das war ja noch in der Zeit der Bekenntnisschulen – aufgeschlossene, aufgebrochene bildungspolitische Konzepte antraf.

1953 kandidierte er im Wahlkreis Aachen-Stadt und auf Platz 19 der FDP-Landesliste in Nordrhein-Westfalen zum ersten Mal für den Bundestag. Ohne Erfolg. Erst 1972, also 19 Jahre später, erreichte er das Ziel, welches er damals anvisiert hatte. Und während er sich politisch recht mühselig vorwärts bewegte, während er nur innerhalb der Partei zu Würden und Ämtern kam, etwa dem des FDP-Landesschatzmeisters, machte er im Bankfach Karriere – bis hin zum Generalbevollmächtigten des Düsseldorfer Hauses Trinkaus. Von 1971 an arbeitete er dann als Vorstandsmitglied der Victoria-Rückversicherungs AG und als Mitglied verschiedener Aufsichtsräte.

Aber die Karriere außerhalb der Politik förderte schließlich auch, was er dort einmal ins Auge gefaßt hatte. Nicht als ein Irgendwer, sondern von Anfang an als wirtschaftspolitischer Sprecher – „das war die Vereinbarung" – zog Otto Graf Lambsdorff ins Bonner Parlament ein: ein Rechtsliberaler und ein Interessenvertreter: „Ich hatte nicht die Absicht, Minister zu werden, ich wollte die Verbindung des Mandats mit der Ausübung einer wirtschaftlichen Tätigkeit im Vorstand einer Aktiengesellschaft." Kein Zweifel, daß er auch nach dem Überwechseln an die Spitze des Ministeriums derjenige geblieben ist, der er vorher war. Gleichwohl setzte er die Akzente nun doch auch anders: Wenn er schon der Vertreter der Wirtschaft genannt werden sollte, so, bitte sehr, war und ist für ihn zu beachten, daß die Wirtschaft nicht nur aus der Arbeitgeberseite besteht, sondern auch aus Arbeitnehmern, aus Hausfrauen und Rentnern – also den Konsumenten. „Ich begreife eine marktwirtschaftliche Wirtschaftspolitik nicht nur als das In-Ordnung-Halten eines Systems, das ökonomisch effizient ist – es gibt sicherlich kein effizienteres System –, sondern auch als das Bewahren eines Systems, das seiner sozialen Verpflichtung Genüge tun muß. Deshalb heißt es ja auch soziale Marktwirtschaft." Und, so fügt er dem Bekenntnis zu Ludwig Erhard noch ein Stück vom höchstpersönlichen Credo hinzu: „Dafür bin ich ein Liberaler, der den Freiheitsraum des einzelnen in größtmöglicher Weise wahrt."

Den hat er für sich selbst und sehr weitgehend erkämpft; den hat er während seiner Amtszeit auch seinen Mitarbeitern zugestanden. Manche in Bonn sagen sogar, er habe eher zuviel dieses Guten getan, habe die Zügel zu locker gelassen. Lambsdorff gilt als angenehmer Vorgesetzter. Er schont zwar niemanden mit dem, was er für wahr und wichtig erkennt, aber er erbittet und akzeptiert auch Ratschläge.

Seiner selbst so gewiß und bewußt, ist er fair in der Auseinandersetzung und fair in der Macht. Das ist seine Art. Aber natürlich hält er sie auch hoch. Seht her, dies sind seine Farben: Nicht Macchiavell, der Pflicht will er ergeben sein.

Sie hat ihn auch nach dem 6. März 1983 im Sessel des Wirtschaftsministers gehalten, obwohl er damals schon nicht mehr bequem darin sitzen konnte. Aber gegen die Vorwürfe, er habe Geld für seine Partei genommen und dem Flick-Konzern dafür fast eine halbe Milliarde Mark an Steuern erspart, setzten die Wähler – so zumindest interpretiert er das FDP-Wahlergebnis auch – ein deutliches Zeichen. Eigentlich wollte er den „männermordenden Job“, der ihm bereits einen Hörsturz abgefordert hatte, nach sechs Jahren aufgeben. Für die Familie wäre dann mehr Zeit übrig gewesen, auch für seine Liebe zur Musik. Vor allem aber hätte er in der Wirtschaft noch einmal „eine Reihe von Jahren eine interessante Aufgabe übernehmen können“: „Ich war absprungbereit, ich erwarte doch meine Pensionierung nicht im Amt des Wirtschaftsministers.“

Die Wähler haben es also anders gewollt? Er selbst, Otto Graf Lambsdorff, preußisch, pflichtbewußt und geradezu notorisch die Zähne bleckend, hat es so gewollt. Er muß nun mal aufrecht und unbequem, bewährungssüchtig und tatendurstig sein. Die Welt ist ihm nach wie vor ein Schlachtfeld, das Leben ein Kampf. Oft ist er als Sieger heimgekehrt, aber oft auch schwer geschlagen.

Franz Josef Strauß
Das eigene Rätsel nicht gelöst

Vollkommen in sich gekehrt hockt er in seinem Stuhl, ganz versammelt zwischen den steifen Holzlehnen am Rücken und an den Sitzen. Die Arme preßt er eng an den Leib, die Hände liegen brav im Schoß. Schenkel und Knie hält er sittsam beieinander. Wie im Chorgestühl sitzt er da. Soll ihn der Rahmen stützen? Soll er ihn zügeln? Oder soll er ihm nur genehm und gemäß sein?

Franz Josef Strauß hat eine erstaunliche Ruhe in seinem Körper. Auch ist er nicht groß, und die Fülle, welche sein mächtiger Kopf, das fleischige Gesicht, der viel zu kurze Hals und die breite Brust signalisieren, verliert sich nach unten. Einen Kugelbauch trägt er vor sich her, aber der wölbt sich vor einer dahinter fast schmal erscheinenden Statur. Sonst quillt da nichts, strotzt nichts, bricht nichts aus.

Der ehemalige Radsportler und süddeutsche Jugend-Straßenmeister des Jahres 1934 hat sein Muskelleben offenbar längst hinter sich. Sogar seine Gestik verausgabt sich nur in kleinen und kurzen Bewegungen der Hände. Schnell stößt er damit mal was weg, dann faltet er sie gleich wieder zusammen. Manchmal, wenn er steht, wippt er sacht vor und zurück – wie Juden in Andacht, im Gebet. Als Temperament, als Unruhiger, als Treibkraft, als Sprengsatz hat er einen Namen. In seiner Körpersprache findet sich so gut wie nichts davon.

Alle Dynamik bei Franz Josef Strauß ist dort versammelt, wo sie ihr Zentrum hat: am Kopf. Der nickt und nickt, bestätigt unablässig den Mann und das, was er zu sagen hat. Aber selbst diese Bewegung hat noch Gleichmaß, hat etwas Eintöniges, fast Rituelles. Unruhig sind die Augen, die, wachsam und zwei Weberschiffchen gleich, zwischen den Lidern hin- und herfahren. Hektische Lebenszeichen in einem eher statischen Umfeld. Aber der Mund: der platzt und blubbert, spuckt und speit, der lebt, der explodiert. Ein Wortvulkan. Die Gedanken, Assoziationen, Analysen des Franz Josef Strauß, seine Sprachströme ergießen sich unablässig in alle Richtungen. Heiß und feurig. Erhellend und verbrennend.

Auch er selbst wird davon erfaßt, mitgerissen, durchglüht. Ja, er hat es nun getragen, doch er kann, will, darf es nicht verbergen: „Daß der eine oder andere sich zu Ämtern berufen fühlt, zu denen ihm alle Voraussetzungen fehlen. Denn nach Richelieu ist das schlimmste Laster, das ein Mann für ein öffentliches Amt mitbringen kann, die Selbstüberschätzung." Er, Franz Josef Strauß, verlangt von Mandats- und Amtsträgern ein volles Engagement. Sie sollen sich nicht nur mit den Problemen an der Oberfläche, sondern auch in der Tiefe befassen, sollen sich mit den Einzelheiten abgeben. Quält es ihn, daß solche nichtswürdigen Ehrgeizlinge in höchste Staatsämter gelangen? „Im harten Leben des politischen Berufes" – so unbarmherzig geht er mit sich und anderen um – „muß man derart sentimentale Fragen der Privatsphäre überlassen. Ich pflege mich nicht in der Öffentlichkeit als Exhibitionist zu betätigen." Aber empfindet er es nicht doch als die Tragik seines Lebens, daß ihm, dem Hochbegabten, dem Einsatzbereiten, dem Politikkünstler aus der ersten Garnitur versagt blieb, was anderen jetzt vergleichsweise leicht zugefallen ist? Gott bewahre, wenn die FDP damals, Anno achtzig schon zu den Einsichten gelangt wäre, die ihr Handeln heute bestimmen: „Dann wäre das anders gelaufen. Doch das ist nicht mein Pech, das ist eher das Pech der Bürger in der Bundesrepublik." Kann er es denn verwinden, daß nicht nur Geringere, sondern daß auch ein ähnlich Befähigter wie er, daß Helmut Schmidt acht Jahre lang das Zepter schwang, welches er so gern gehalten hätte? Darüber wird er dann „im Ruhestand nachdenken", patzt er nun endgültig zurück: „Gehn ma zur nächsten Frage über."

Es ist wie es immer war. Franz Josef Strauß kommt als er selbst daher und begreift sich auch so: „Ich bin mir immer treu geblieben", sagt er und fügt in demselben Atemzug hinzu: „Ein Mensch stirbt ab, wenn er sich nicht entwickelt." Zwischen diesen Fixpunkten seiner heutigen Existenz, zwischen unwandelbarer Ungebärdigkeit und dem immer noch reifenden Fast-Siebziger, haben viele Verfassungen des bayerischen Ministerpräsidenten Platz: die Aggression und die gelassene Weltbetrachtung, das Sich-Wehren und Sich-Fügen, Vergessen wie Verdrängen, die gelöste neben der angespannten Rückschau, der abgebrühte politische Profi und der Kränkbare, der Verkannte, der Sensible.

Was ist er wirklich? Oder was am meisten? Das schwerste Rätsel gäbe er sich selbst auf, hat Franz Josef Strauß einmal gesagt. Seither ist er nicht viel weiter gekommen, „wenn ein Mensch sein eigenes Rätsel löst, dann hat er seine Entwicklung schon beendet." Franz Josef Strauß – und wer könnte es übersehen? – ist noch im Werden. Sein politisches Wachstum, wohin auch immer, ist keineswegs abgeschlossen. Und dies seit nunmehr fast vierzig Jahren.

Da reicht keiner an ihn heran. Von denen, die seit 1948 und von allem demokratischen Beginnen an mitgewirkt haben, ist er der Ausdauerndste. Konrad Adenauer, Hermann Höcherl, auch Herbert Wehner – sie alle sind mittlerweile abgetreten. Nur Franz Josef Strauß ist noch da. So verläßlich er für Affären und Skandale gesorgt hat, so beständig ist seine Wirkung auf das politische Leben der Bundesrepublik, sein Einfluß, seine Macht. Sein Name steht in diesem doppelten Sinne für Kontinuität: als Markenzeichen für Unberechenbarkeit wie für

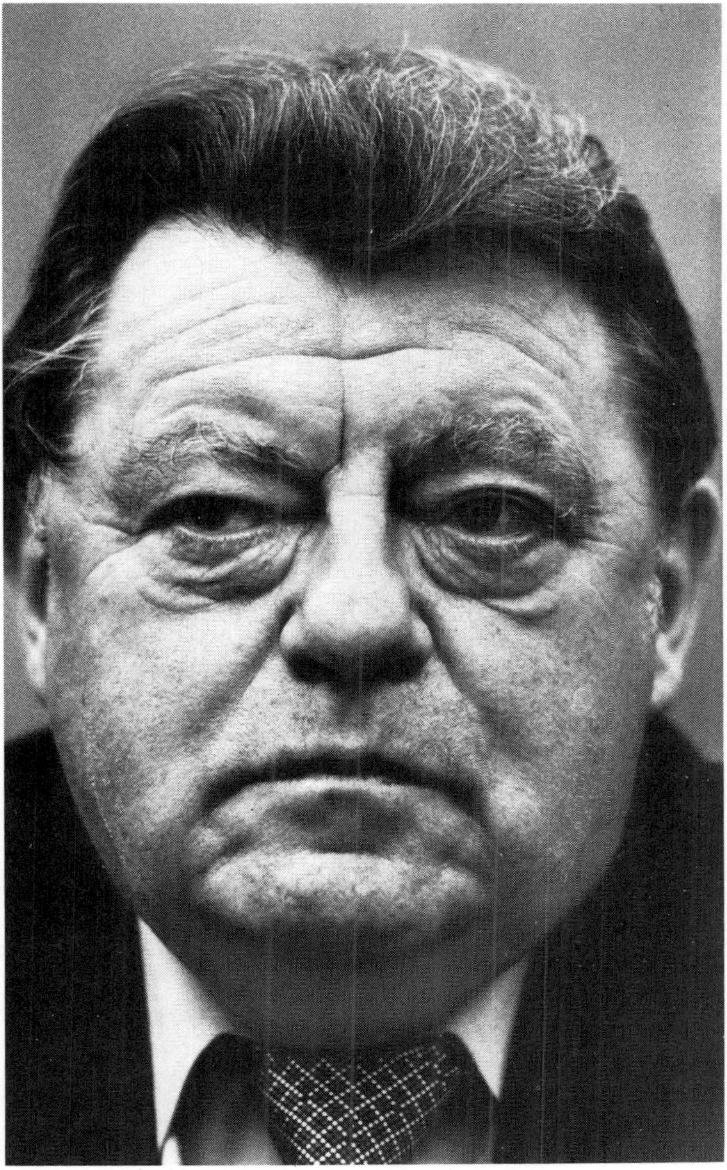

politische Präsenz und Leidenschaft schlechthin. Franz Josef Strauß war dabei – „von der Stunde Null an". Das ist ihm selbst in vielen Einzelheiten gegenwärtig, und voll Stolz zählt er auf, wann und wo er in jener Zeit zunächst die kleinen, bald auch die größeren Welten bewegt hat. Auf einen Nenner bringen läßt sich seine Rolle, wie er sie über die Jahrzehnte dieser Republik hinweg sieht, nicht, „allgemeine Kennzeichnungen bringen keine Erleuchtung".

Aber die Summe der bedeutsamen Einzelheiten macht's. Wenn er sie nacheinander vorführt, hört sich das wie eine Reihe von Pioniertaten an: Und das war es wohl auch. Er war ganz vorn. 1946 schon wurde er als demokratisch gewählter Landrat im Kreis Schongau auf den Schild gehoben. Monate zuvor hatte er bereits mit Freunden eine lokale CSU-Gruppe gegründet. Bei der Landesversammlung seiner Partei, im März 1946, trat er als beredter Streiter für mehr Einigkeit auf. Und im Dezember darauf war er bereits Mitglied im geschäftsführenden Vorstand der CSU. Der erste allenthalben bei den ersten Ereignissen. So saß er 1948 auch im bizonalen Wirtschaftsrat, der den Grundstein für die Bundesrepublik legte, führte dort – wie später im Bundestag – die CSU-Landesgruppe an und wirkte folglich „in einer führenden Funktion", wie er gern heraushebt, an einer der wichtigsten Entscheidungen für die Entwicklung Westdeutschlands nach dem Kriege mit: am Abbau der Zwangswirtschaft und an der Einführung der Marktwirtschaft.

Auch Abgeordneter war er von der Geburt der Republik an. 1949 wurde er in den Bundestag gewählt und blieb dort, bis er 1978 ins Amt des bayerischen Ministerpräsidenten überwechselte. Unter Adenauer leitete er das Atom- und später das Verteidigungsministerium, unter Kiesinger hielt er die Finanzen des Bundes in Ordnung. Insgesamt gehörte er 29 Jahre dem Bundestag an und zwölf Jahre der Bundesregierung. „Ich habe zunächst in der Verantwortung, dann auf den Bänken der

Opposition, an allen größeren politischen Entscheidungen teilgenommen – durch positive Mitwirkung und durch oppositionellen Widerstand.“ Und jetzt? Jetzt amtiert er gerade als Präsident des Bundesrates in Bonn, und außerdem führt er eine der drei Koalitionsparteien an. Da ist es seine Aufgabe, und alles andere als ein „angemaßtes Recht“, wenn er sich um Bundespolitik kümmert, wenn er dort mitreden will; denn was in Bonn geschieht, „was dort richtig oder falsch gemacht wird“, das wirkt sich auch auf die Wähler der Koalitionsparteien aus. Es ist also seine „Pflicht“ – ach daß er sich immer verteidigen, daß er abwehren, sich behaupten muß – „meine Stimme zur Geltung zu bringen“.

Da hat er nun, 1915 geboren, Geschichte und Altphilologie, Volkswirtschaft und Archäologie studiert, hat die junge Republik mitgestaltet, hat ihre Armee aufgebaut, hat ein unverwechselbares Element in ihrer Geschichte abgegeben; hat länger ausgeharrt als jeder andere; ist immer noch mit von der Partie; bewegt und erregt die Bonner Szene. Und kann doch, so kurz vor dem siebzigsten Lebensjahr, die Ernte nur zum Teil einfahren.

Er mag also ruhig weitersammeln, und viele Früchte sind ja auch gereift. Die CSU, unter seiner Führung, ist voll aufgeblüht. Bei den Landtagswahlen Anno 1950 errangen die Sozialdemokraten noch mehr Stimmen als die Christlich-Sozialen. Heute steht seine Partei für Bayern, steht Bayern – als Koalitionspartner – für Bonn. Wo aber steht er? Wenn schon nicht an der Spitze der Bundesregierung, so doch im Licht von sehr viel Liebe: „Die Popularität, die ich nicht nur in Bayern, sondern auch außerhalb genieße, die herzliche Zustimmung der Menschen“, das alles ist ihm Lohn für seine Lebensleistung, das hat er verdient. Den Fibag-Strauß, den Strauß der Spiegel-Affäre hingegen hat er verdrängt. Dieser Unberechenbare, Unzulängliche taucht allenfalls in einer Jedermanns-Gestalt auf, so, wenn der Bayer von seinem Glauben spricht, sich einen

„katholischen Christen" nennt, auf seine „sittliche Überzeugung" zeigt und doch eingesteht, „daß man den strengen Anforderungen dieser Überzeugung nicht immer gerecht wird". Ein bißchen erinnert er sich da an sich selbst, wenngleich vermutlich in ganz anderen Zusammenhängen. Dieser Mann, der weniger über die FDP, über die Tücke des Hamburger Nachrichtenmagazins oder die Uneinsichtigkeit von Delegierten und Wählern als über sich selbst gestolpert ist, der den eigenen Erfolg oft fast selbstzerstörerisch wieder eingerissen hat, sieht rein gar nichts, wo jeder ihn doch klar erkennen kann. Er ist die Lichtgestalt, den Schatten-Strauß hält er weit von sich weg. Der Beste, der er – fast ein Wunderkind, ein hochbegabter Metzgerssohn, ein Steilaufsteiger – immer sein muß, kann unmöglich gleichzeitig der Schlechteste sein. Er will ihn nicht haben in seiner Person, jenen anderen, den Unkontrollierten, den Spezi, den zu Exzessen neigenden Strauß. Eine Erfindung ist er und sonst gar nichts. Insofern kann er ihn aber doch akzeptieren und als Bestandteil einer – nicht seiner! – Wahrheit betrachten; insofern vermag er es sogar als „beglükkendes Erlebnis" preisen, daß es „zwei verschiedene Strauß" gibt: „Das eine ist das Klischee der Negativmaler, das andere ist die Wirklichkeit." Und der Unterschied zwischen beiden, wobei er sich keinesfalls mit dem preußischen König vergleichen will, ist so groß wie zwischen Friedrich II. und seinem Darsteller im Film, Otto Gebühr.

Wer also ist Franz Josef Strauß heute für Franz Josef Strauß? „Ein normaler Bürger, mit einem für den politischen Beruf unentbehrlichen Maß an Intellektualität und Intelligenz, fundierten geschichtlichen Kenntnissen, einem echten politischen Engagement, das manchmal leidenschaftlich werden kann, mit einer klaren Zielrichtung, einer klaren Rangordnung der Werte und im übrigen der Fähigkeit zu erkennen, was möglich ist und hinzunehmen, was nicht möglich ist." So gezeichnet paßt er vorzüglich in Max Webers idealtypisches Politiker-Bild, ist er mit nichts als Augenmaß, Verantwortlichkeit und Leidenschaft ausgestattet. Was darüber hinausgeht oder dahinter zurückbleibt, kommt vom schiefen Blick des Betrachters. Und wo ihn seine politischen Primus-Eigenschaften nicht ausschließlich und wie eigentlich zu erwarten in höchste und allerhöchste Positionen getragen haben, fällt das in andere Verantwortungen. Schuldige und Schurken gibt es reichlich im Weltbild des Franz Josef Strauß. Da bleibt es keineswegs bei der FDP, die 1980 der „falschen Koalition" zur Mehrheit verholfen hat. Gleich fällt ihm auch die „jahrelange Hetze" etlicher Medien, vor allem der „Hamburger Mafia" ein, die, was ihn angeht, ihren „kritischen Verstand durch eine Gehirnprothese ersetzt hat", die sich nur der „präfabrizierten Klischees" bedient. Täter wollen sie sein? Opfer sind sie – „Opfer ihrer seelisch-geistigen Verkrüppelung".

Stereotyp, wie die Angriffe aus Hamburg, erfolgen auch die Reaktionen aus München. Anwürfe und Antworten finden aus dem schrillen und stets gleichen Geschrei nicht heraus. Eine Hysterie hilft der anderen auf immer neue Sprünge. Feindfixierungen sind es hüben wie drüben. Das Magazin hat – über die Jahrzehnte und manche Nachrichtenflaute hinweg – ein schaurig-schönes Thema, und der Bayer einen Sündenbock. Und wenn er heute auf den vorläufig letzten Skandal in seinem einstigen Stammhaus blickt, wenn er auf den Fall Wörner–Kießling schaut, dann fällt ihm sofort schmerzlich ein und ins Gemüt, was seine Verfolger – die an der Alster, mitsamt allen anderen Böswilligen in der Presse und der Politik – ihm angetan haben; dann weiß er: „Die Umstände des Verfahrens der sogenannten Spiegel-Affäre sind immer noch nicht so weit aufgeklärt, daß mir auch nur annähernd das notwendige Maß an Gerechtigkeit zuteil geworden wäre."

Finstere und finsterste Mächte sind es, die seine Niederlagen auslösen, verursachen, verschulden; die verhindern, daß Strauß erreicht, was er eigentlich erreichen muß. Aber auch die

Natur hat ihn benachteiligt, ein für allemal und unabänderlich: Franz Josef Strauß findet sich nicht schön genug; und er hält es im Zeitalter der Demokratie, ja mehr, der Telekratie, für ein unüberwindliches Handicap. Voll Bitterkeit sieht er auf die „große Gefahr", daß allein „äußere Merkmale zum Erfolg führen". Mit geradezu selbstquälerischem Eifer beißt er sich in der Gewißheit fest, es genüge schon, „groß, schlank, blond" zu sein: „Ob einer ein Dummkopf ist, gerät darüber leicht in Vergessenheit."

Sie muß lange zurück liegen, diese Kränkung. Der telegene Politiker, den er da zeichnet, trägt weder Helmut Schmidts noch Helmut Kohls Züge. Viel eher vermag man darin das Gesicht des Herrenmenschen zu erkennen, das Idealbild des rassisch-reinen Deutschen, wie es in der nationalsozialistisch überschatteten Jugend der Generation des Franz Josef Strauß von Staats wegen propagiert worden ist.

Aber wem auch immer, vielleicht sogar nur sich selbst, der junge Strauß damals nicht blond, nicht groß, nicht schlank genug war, den Schmerz über diesen Mangel hat er offenkundig längst in Lust verwandelt. Er weidet sich mittlerweile nach dem Motto: „Geschieht meiner Mutter grad recht, wenn sie mir keine Handschuh gibt und es mich an der Hand friert" an seiner unverdienten Unzulänglichkeit. Welch ein Genuß, gleichzeitig so gut, so einzigartig, so unerreichbar und doch auch so verkannt zu sein. Noch schmäht sie ihn, die schnöde Welt, aber dereinst, nach seinem Tode, wird sie wissen, was sie an ihm verloren hat. „Solange ich lebe", sagt er und hat vermutlich sogar Recht bei diesem wehleidigen Ausblick, „wird man von meinen Schwächen reden, und die Grabrede wird einmal von meiner Stärke künden."

In diesem Satz hat er nun doch einmal zusammengerafft, was er gewöhnlich mit großer Anstrengung trennt, was er gar nicht in sich vereint sieht: den guten und den bösen Strauß, den schwachen und den starken, den hochqualifizierten und den unbeherrschten, den charmanten – unbedingt! – sowie den abstoßenden, den primitiven und den bildungsstrotzenden, bildungsprotzenden. Ja, nicht zuletzt auch den. Allemal zaubert er doch einen Zeugen her, einen Dichter, Philosophen, Denker für das, was ihm gerade einfällt und was er ausdrücken will. Welche Ereignisse, neben den zahlreichen Rückschlägen, zum Beispiel, sieht er denn als seine schönsten Siege an? Schon holt er Rainer Maria Rilke aus seiner Zitatenkiste und schießt los: „Wer spricht von Siegen? Überstehen ist alles." Gibt es etwas, wovor der brüllende bayerische Löwe auch Angst hat? Die Dummheit fürchtet er mehr als die Bosheit, weil er sich da an das Wort von Anatol France hält, „daß die Dummheit schlimmer sei als die Bosheit. Bosheit setzt manchmal aus, Dummheit nie". Und ist er denn nun der Zauderer, der Unentschlossene, für den ihn viele halten? Um darauf die passende Antwort zu finden, will er sich geschichtlicher Beispiele bedienen: „Es war Fabius Maximus Cunctator, der Hannibal bezwungen hat. Es waren heißblütige Feldherren, welche die Niederlage von Cannae einstecken mußten." Und ein Wort von Bismarck fällt ihm noch ein, als er klar macht, daß in der Politik beides seinen Platz hat – zupacken und abwarten: „Man kann die Uhr zwar vorstellen, aber deshalb geht die Zeit nicht schneller."

Zwei Strauß? Es gibt viel mehr. Jenen kindlichen noch, der den übergroßen Teepott – keine Tasse, kein Glas – mit beiden Händen hält, wenn er daraus schlürft. Kurz darauf jedoch vermag er richtig Hof zu halten, läßt die zweitausend Gäste eines Empfangs in der Münchener Residenz an sich vorbeidefilieren, schüttelt alle Hände, strahlt leutselig, strahlt begeistert, hält eine kurze Ansprache an sein Volk, sagt nicht zu viel und nicht zu wenig, plauscht hier über die Welt und dort über die menschlichen Geschicke, ist König, Kaiser, Kurfürst.

Was ist er noch? Neben aller Hybris: ein nüchterner, ein realistischer Politiker. Schließlich hat er Geschichte reichlich studiert und zudem reichlich erlebt. Der Bürgerkrieg zwischen weiß und rot im München der Zwanziger Jahre ist ihm in Erinnerung, mehr noch der Tag der Machtübernahme 1933, als der Vater ihn nach der Schule mit den Worten empfing, jetzt sei nun der Hitler Reichskanzler, das bedeute Krieg, und der Krieg bedeute das Ende Deutschlands. Als er 1939 dann ausbrach, wurde Franz Josef Strauß gleich eingezogen, erlebte und überlebte Stalingrad – „am äußersten Ring der Einschließung" –, erlitt Erfrierungen und kam nach Hause mit der Sehnsucht aller Vernünftigen in seiner Generation, mit dem Traum vom einigen Europa – „nicht nur von einer Zollgemeinschaft". Diesem „begeisterten Ziel" aus seiner Jugend strebt er immer noch entgegen. Er hätte es gerne erlebt und dazu selbst beigetragen, „daß ein wiedervereinigtes Deutschland in einer gefestigten europäischen Architektur seinen Platz hat". Franz Josef Strauß ist nicht bereit, die Teilung in eine kapitalistische und eine sozialistische Nation hinzunehmen: „Das sind Kunstkonstruktionen." Aber natürlich weiß er sehr wohl, daß er da fast an Utopia rührt: „Diese Frage kann nur durch In-Gang-Kommen eines langen historischen Prozesses gelöst werden."

Ein „langfristiges Konzept" für die Deutschlandpolitik hält er also für notwendig, ein Konzept, das die gesamte Ostpolitik einschließt, das zudem nicht isoliert von der Bundesrepublik, sondern nur im Rahmen einer gemeinsamen Strategie des Westens erarbeitet werden kann. Das sind Entwicklungen, die noch ausstehen. Und Franz Josef Strauß hat sich vorgenommen, das seinige dazu beizutragen: „Meine geschichtlichen Kenntnisse und meine Erfahrungen."

So blickt er – nicht gerade mit außergewöhnlichen Ergebnissen, aber doch mit großem Ernst – über den deutschen Tellerrand, blickt voraus und zurück, denkt über den Frieden nach, der ihm gegenwärtig gesichert erscheint – „1961 vor Errichtung der Mauer war er gefährdeter" –, stellt ihn neben die Freiheit als „höchstes Gut" und ist sich doch ganz gewiß, daß diese Themen jetzt nicht irgendwelcher Entscheidungen bedürfen: „Die sind gefallen.“ Dafür muß die Bundesrepublik ihre wirtschaftliche Leistungsfähigkeit wieder voll herstellen und die Bemühungen, Europa zu einigen, sollen einen „neuen Anlauf“ nehmen.

Strauß als Staatsmann? Auch der ist kein reines Phantasieprodukt. Sowenig wie dieser Unbegreifliche, der sich, nur Stunden, nachdem er die „Hamburger Mafia“ im Verlauf eines Gesprächs verdammt hat, in aller Öffentlichkeit von einem ihrer herausragendsten Vertreter, vom Chefredakteur des „Spiegel“, umschmeicheln und von Frau Chefredakteur um die Taille fassen läßt. Da stehen sie, während jenes Empfangs in der Münchner Residenz, lange und eifrig redend beieinander – die alten Feinde, als wären sie gute Freunde. Es sind eben doch Mitglieder derselben ehrenwerten Gesellschaft.

Norbert Blüm
Minister mit Show-Wert

Schwupp. Plötzlich steht er da. Eine Viertelstunde später zwar als angekündigt, aber dafür quicklebendig, so erscheint er in der Haustüre seines Ministeriums. Breitbeinig, breitarmig, breitköpfig. Mit dem Boden verwachsen, mit dem Nächsten verbunden. Wer sonst ist so wirklich wie Norbert Blüm?

Schnell fragt er noch einen seiner Beamten, der hineinstrebt, wo er gerade herausgekommen ist, wer denn Personalratsvorsitzender geworden sei. Dann, hops, rein ins Auto, und los fährt er zu einer Good-will-tour für seine Politik und seine Partei. Noch ein kurzes Kommando an den Persönlichen, er solle in die Rede, die am Abend zu halten sein wird, freundliche Worte über Eugen Loderer aufnehmen. Gewerkschaftspflege muß schließlich sein. Schon kuschelt sich der Arbeitsminister in seinen Sitz und schläft ein; schläft sich – nachdem er Aktenstudium, ein Interview und eine Abteilungsleiterbesprechung bereits hinter sich hat – an das noch zu erledigende Pensum des Tages heran.

Zwanzig Minuten später, in der kleinen Cessna, die ihn nach Norddeutschland transportiert – denn wenn er für die Partei unterwegs ist, bedient er sich nicht der Flugbereitschaft der Bundeswehr, da ist er „ganz pingelig" –, gähnt er aufs neue, streckt die Beine unter den Vordersitz, hängt den Kopf zwischen Fenster und Rückenlehne ein. Und wieder ist er weg. Norbert Blüm kann sich ein- und ausschalten.

Die Maschine brummt, die Piloten parlieren über Sprechfunk,

doch erst am Ende der einstündigen Reise – als das Flugzeug unvermittelt über den linken Flügel in die Schräglage sackt, läßt er ein kleines, erschrockenes „Ach" hören: „Ach, was ist denn das?" Der Minister, noch nicht vollkommen wach und ein bißchen schwach, dafür jedoch ganz Mensch. Und wie er gleich darauf durch die Flughafenhalle marschiert, die Vorbeigehenden grüßt, anstrahlt, ihnen zuwinkt, als ob er sie allesamt seit langem kennt – da ist er nicht nur Mensch, da ist er der Mensch von nebenan.

Blüm gehört einfach jedem. Und ihm kann keener. „Ich bin wie ein Seemann, kein Sturm wirft mich um", solche Einsichten schenkt er sich und anderen, bevor er, der kleine Mann, mit großen Schritten zu den Geschäften seines Tages eilt. Wo sind die Zeitungsleute, denen er jetzt, in einem der Nebenräume des Flughafens, ein Interview geben soll? Vorne rechts und nochmals rechts und nichts wie rein.

Auf dem clubweichen Niedrigsofa, in einem der Räume, wo die sehr wichtigen Personen Kaffee trinken oder einen Longdrink schlürfen, werkelt er die Beine ineinander, setzt den Kopf tief in den Nacken, nimmt, sozusagen, Anlauf beim Reden und legt los. Keine Antwort bleibt er schuldig, entwirft auch gleich die Gesellschaft der Zukunft. Mehr Investitionen für neue Produkte wird sie wahr werden lassen, aber erst, leider Gottes, muß man den Schutt der SPD wegräumen. Das „große Simsalabim", schränkt er jedoch ein, „das gibt es nur bei den Gebrüdern Grimm".

Alles gefragt? Jawohl. Alles beantwortet? Ganz gewiß. „Bist du Bremer?", so wirft er sich zwischen den Terminen dem Parteifreund, der ihn da hin und her chauffiert, mal schnell an die Brust. Und im Vorbeifahren zeigt er auf ein Plakat, welches den Besuch des Kanzlers für den nächsten Tag ankündigt: „Sachsch ihm n' schönen Gruß", lacht der Minister, ganz selig über diesen großartigen Einfall: „Johannes der Täufer wär' hier gewesen."

Blüm, meldet er sich wenig später bei der Nordsee-Zeitung, im Zimmer des Chefredakteurs, während einer Telefonstunde, in der jedermann – sofern die Leitung frei ist – den Mächtigen an die Strippe kriegen kann. Und: Guten Tag Frau Müller, sagt er hinterher, Tag Herr Dörgel, Tag Herr Berkhan, Tag Herr Dedel. Einen riesigen Bekanntenkreis hat der Mann, wie er da redet; und so sieht er auch aus, wenn er über dem Schreibtisch hängt, mit der Faust auf der Platte herumhaut oder in die Bäume vor dem Fenster schaut: ganz der Aufsteiger, der doch unten bei allen anderen geblieben ist. Wenn er viel Zeit hätte, verspricht er glatt, käme er vorbei und tröstet einen anderen Anrufer mit „mir-sehn-uns-später". „Machen Se's gut" und „Gruß zu Hause" – das sind seine Adieu-Floskeln. Ja, tatsächlich, „Gruß zu Hause" – damit beglückt dieser Arbeitsminister eine unbekannte Stimme in der Telefonmuschel. Er traut sich, nachgerade schamlos volkstümlich zu sein.

Diskussion mit den Redakteuren der Provinz-Zeitung, nachdem die Telefonstunde abgelaufen ist: Immer noch wirkt sich der Vorschlaf vom Vormittag nachhaltig auf Blüms Regbarkeit aus. Auch daß die Stimmung hier eher gegen ihn ist bedrückt ihn nicht. Es stimuliert ihn allenfalls. Politik bedeutet ihm nicht nur – was immer das heißen mag – „bewegen" und „gestalten". Der ehemalige Pfadfinder lechzt auch richtig nach der Herausforderung, die dieses Metier jeden Tag für ihn bereit hält, nach der Bewährung – „man muß dem Teufel vor die Hütte" –, in der er sich findet.

Ein klares Konzept der christdemokratischen Sozialpolitik sei bisher nicht erkennbar, mosert der Chefredakteur ihn jetzt an. Und „für Sie nicht, für mich schon", platzt Blüm ihm gleich entgegen. Gehen die Kürzungen, die der Arbeitsminister verantwortet, nicht zu Lasten ausgerechnet der kleinen Leute? Gottbewahre: „Sone Reform gibt's mit dem Norbert Blüm nicht."

Noch ist er nur kregel; schlagfertig und in der Sache beschlagen. Am Abend, vor großem Publikum, vor ein paar hundert

Rentnern, wird er dann richtig zum Rhetoriker. Am liebsten, gibt der Arbeitsminister zu, spricht er im Plenum des Deutschen Bundestags. Doch auch jede andere Versammlung ist ihm recht, sich so gut zu zeigen, wie er nun mal sein kann. Und je mehr Zuhörer an so einer Übung teilhaben, desto schöner ist sie eben, desto beglückender für ihn, für die Zuhörer und, na klar, wieder für ihn.

„Ja, wir sparen, aber wir sparen nicht aus Lust und Laune, sondern um Schulden abzubauen“, schreit er in den Saal, „wir sparen als Mittel zum Zweck, um soziale Ziele zu erreichen.“ Und wenn er gleich darauf eingesteht, er könne keine Politik gegen die Wirtschaft machen, wenn er alle linken Ansprüche zurückweist, wenn er rechtfertigt, was er nicht gerade leicht rechtfertigen kann, dann umarmt und umtanzt er das Pult, zieht sich an seinen Gesten hoch, landet mit seinem Zeigefinger am lang ausgestreckten Arm förmlich selbst mitten im Auditorium. Und mal laut, mal leise, mal eindringlich beherrscht, mal leidenschaftlich explosiv, setzt er seine alterprobten Pointen.

Norbert Blüms Redekunst, nicht zuletzt, hat ihm den Ruf der Originalität eingetragen in dieser Regierung. Er wird zu den Talenten in Kohls Mannschaft gezählt. Aber er ist wohl doch eher eine Bütten- als eine Kathederbegabung. Keiner im Kabinett kann solche Sprüche klopfen. „Im Neandertal war'n die Arbeitsplätze billig“, sagt er, um das innerpolitische Hauptproblem einzukreisen, und fügt hinzu, „so ne Keule hat nicht viel gekostet.“ Darauf wäre kaum einer gekommen. Und auch die Erkenntnis, mit Sonnenöl könne man die Klöckner-Werke nicht antreiben, wird nicht jedem gleichermaßen leicht von den Lippen gehen. „Wir sind durch ein sozialistisches Eiapopeia in den Schlaf gesungen worden“, brüllt er gern, und wenn er auf die Trostbegriffe aus der sozialliberalen Ära zu sprechen kommt, auf die „Auszubildenden“ oder die „Raumpflegerinnen“, dann weiß er doch wirklich: „Etiketten sind was für Flaschen und nicht für Menschen.“

Das hält er lange durch. Von Müdigkeit zeigt er in solchen Stunden keine Spur. Die Bewunderung, die ihm hier so unmittelbar entgegenschlägt, macht ihn noch lebendiger als er ohnedies ist. Und rosig aufgeglüht, wie er da tanzt und turnt, schürt er die Verehrung weiter an, bringt er sich selbst zunehmend auf Touren. Norbert Blüm ist Opium für Norbert Blüm.

„Ich bin ich", erklärt er auf dem Rückflug in das Motorengeräusch der Cessna hinein und führt auch aus, was ihn, wie er glaubt, im Lot hält: daß er „die Augen zumacht" vor den Stimmungen in der breiteren Öffentlichkeit, daß er sich immunisiert gegen das Hosianna – wirklich? – genauso wie gegen das Kreuziget-ihn.

Zweiundzwanzig Uhr. Die gemietete Propellermaschine tuckert wieder in Richtung Bonn. Der Minister, an einem Keks knabbernd, ist auf sein bescheidenes Selbst zurückgeworfen. Hier trägt nur die Luftkraft und sonst gar nichts. Da schaut er, beim Gespräch über seine Politik und seine Person, über seine Siege und Rückschläge, immer schnurgeradeaus und am Fragesteller vorbei. Nur ab und an, wie man so nebeneinandersitzt, dreht er den Kopf schnell nach rechts, zeigt die Zähne, reißt die Augen auf, schaltet – wie am Morgen das Wachsein – jetzt den fröhlichen, den sympathischen Norbert ein; schaltet ihn auch gleich wieder aus, läßt jedes Lachen ohne Nachglühen in sich zusammenfallen. Ein Knopfdruckmensch.

Die Lebensfreude sitzt bei ihm locker. Aber sitzt sie auch tief? Seine Kontaktfähigkeit, auf den ersten Blick gesehen, scheint unbegrenzt. Und doch gibt er sich dürr in jedem echten Gespräch. Er sprudelt und zischt im großen Kreis, wo seine Ausbrüche unverbindlich bleiben, wo sie nicht wirklich verpflichten. Doch unter vier Augen zeigt er sich ängstlich vor dem Gegenüber, ja erschrickt sogar vor sich selbst. Hinter seiner Leutseligkeit verbirgt sich auch Leutescheu. Nur weil er offenbar schwer warm werden kann, ist er so leicht überhitzt.

Deshalb, nicht zuletzt, besitzt dieser Minister Show-Wert.

Aber das ist nun doch nicht seine einzige Qualifikation. Und davon allein lebt er auch nicht, sondern mindestens ebenso sehr von einer ungebrochenen Identität. Er ist ein Arbeiterkind, und er geht gern mit dieser Abstammung hausieren. Daß er nicht gut schreiben kann, erzählt er in diesem Zusammenhang, daß seine Hand immer noch ungeübt und die eines Handwerkers sei. Norbert Blüm merkt sich im Kopf, so sagt er zumindest, was er sich merken muß.

Der Vater war Kraftfahrzeugschlosser. Auch der Sohn begann sein Berufsleben mit einer Lehre. Er lernte Werkzeugmacher bei Opel in Rüsselsheim, besuchte dann aber doch das Abendgymnasium in Mainz. Die praktische Arbeit allein befriedigte ihn nicht, sie machte ihm nicht ausreichend „Spaß". Ein Stipendium der VW-Stiftung ermöglichte es ihm nach dem Abitur, in Köln und Bonn Geschichte, Philosophie, Germanistik und Theologie zu studieren. Beim Moraltheologen Franz Böckle promovierte er 1967 mit einer Dissertation über „Willenslehre und Soziallehre bei Ferdinand Tönnies" zum Dr. phil. Der Weg zu einem Engagement in der Sozialpolitik war also auch über die Ausrichtung seines Studiums vorgegeben.

Einfach kann dieser Ausstieg aus dem Arbeiterleben, kann auch der Aufstieg nicht gewesen sein. Dennoch: Norbert Blüm ist nicht trotz, sondern wegen und mit seiner Herkunft so gut vorangekommen. Von dort hat er den Stallgeruch, der ihm als Gewerkschaftler, später als Hauptgeschäftsführer der Sozialausschüsse, danach als deren Vorsitzender und schließlich als Arbeitsminister zustatten gekommen ist, und der ihm weiterhin zustatten kommt. Von dort hat Norbert Blüm – der nicht nur bei Opel in der Halle stand, der zudem als junger Werkzeugmacher durch Europa und durch den Orient trampte, der in Griechenland Straßen baute und sich in der Türkei als Kunstschmied verdingte – auch Erfahrungen mitgebracht, die durch keinen noch so leidenschaftlichen ideologischen Anlauf zu ersetzen sind.

Nicht im Gefolge großer Gedanken oder mannhafter Entscheidungen, sondern ganz allmählich ist er auch in die Politik geraten. Es ergab sich einfach so. Blüm hatte, was er hier „Konstellation" nennt, und was er nur ganz verkürzt darzustellen vermag, nicht für sich ausgesucht. Ein Wahlkampf um die Besetzung der Jugendvertretung bei der Firma Opel, den er mit seinen Pfadfindern gegen die Jusos führte, markiert den Einstieg. Von da an wurde er gewählt und gewählt. Zunächst in die Betriebsgruppe, über die kam er zu den Sozialausschüssen, über die Sozialausschüsse in den Bundestag und, hopplahopp, über den Bundestag in die Regierung.

Norbert Blüm will nicht gelten lassen, daß er da – von Station zu Station – und die entsagungsvolle Interimsaufgabe als Berliner Senator für die Angelegenheiten des Bundes von 1981–1982 dient ihm als Beweis dafür – auch Ehrgeiz investiert hat. „Ich nehm's wie's kommt" faßt er die Lage wieder mal in einem kernigen Spruch zusammen, der bescheidene Scout, der allenfalls für die guten Taten belohnt wird. Aber hat er nicht seinen Förderer und Vorgänger bei den Sozialausschüssen, hat er nicht Hans Katzer mit seinem Anspruch auf dessen Amt Anno 1977 aufs Altenteil abgedrängt? Hat er sich nicht doch, obschon vergleichsweise unauffällig, gleichwohl zielstrebig durch die Niederungen der Politik gefunden?

Entsprechend erdgebunden sehen auch seine Grundsätze aus. Er nimmt, bekennt er, „stets die Praxis zum Test". Niemals holt er sich Ratschläge aus Büchern und nimmermehr will er „die Ideologien" zur Maxime seines Handelns machen. Norbert Blüm, obwohl er von der katholischen Soziallehre, vor allem von Nell-Breuning, beeinflußt ist, und obwohl er für die CDU doch so etwas wie das Ressort Ideologie zu verwalten hat, denkt pragmatisch. Am Möglichen und nicht am Wünschbaren richtet er seine Unternehmungen aus. Darin erweist er sich aber nicht allein als der mit dem wirklichen Leben wohl vertraute Sohn einer „klassischen Arbeiterfamilie". Darin zeigt er sich, 1935 geboren, zudem als Kind der Nachkriegsgeneration. Er hat, als Junge noch, Bomben- und Kellererfahrungen reichlich gesammelt. Und nach 1945 war er, wie jedermann aus jener Jugend, von Anspruchshaltungen erst einmal weit entfernt. Von Sirup, erzählt er, hat die Familie damals gelebt. Brot gab es schon, aber immer ohne Butter. Der Vater mußte „schrotteln", verkaufte auch Seife an Bauern, und die Kinder waren froh, wenn sie dafür Kirschen pflücken durften.

Wer so aufgewachsen ist, in einem notgedrungen bescheidenen Elternhaus und in einer notgedrungen bescheidenen Gesellschaft – der neigt in der Politik nicht zum Träumen. Wer derart langsam, auch mühsam, Wohlstand und Erfolg erreicht hat, der mußte Durchhaltevermögen entwickeln, der wird den großen Risiken gern aus dem Wege gehen, der weiß das Vorwärtskommen in kleinen Schritten zu schätzen. Aber Blüm ist zudem auch in seiner politischen Laufbahn selbst abgebremst und zur langsameren Gangart gezwungen worden. Das gehört ebenfalls zu seinen Grunderfahrungen. Denn immerhin – so wirklichkeitsnah er denkt und handelt – ist er im Spektrum, das die Union zu bieten hat, doch ein Linker. Und in dieser Rolle sind ihm Niederlagen nicht erspart geblieben: zum Beispiel auf dem Hamburger Parteitag der CDU, im November 1973, als die Delegierten den von ihm mitverfaßten Mitbestimmungsentwurf abschmetterten. Auch mit seiner vermögenspolitischen Initiative, mit dem obligatorischen Beteiligungslohn für alle Arbeitnehmer, scheiterte er, und im Kampf um die Tarifrente mußte er sich mächtig bescheiden.

Politisch zurückgeschlagen, kam er persönlich dennoch voran, stach er den einstigen Mentor Katzer – Anno 76 – bei den Sozialausschüssen aus, wurde er Senator für die Angelegenheiten des Bundes in Berlin und sitzt nun im Chefsessel des Arbeitsministeriums. Ein Widerspruch? Wohl kaum. Die Union braucht ihn nun mal, er steht für ihren sozialen Impetus, er repräsentiert ihr Arbeitnehmergewissen. Und es ist eben eins, ein solches Gewissen vorzeigen, und ein anderes, ihm folgen zu können. Ja, je weniger die Unionsparteien in der Lage sind, Blüms Politik zu verwirklichen, desto mehr sind sie auf ihn angewiesen. Sein schönes, ungebrochenes, edel-proletarisches Selbstverständis ist Teil auch ihrer Identität. Daß er an sich so unverwandt festhalten kann, trägt dazu bei, daß Kohls ganze Mannschaft ihr sozialpolitisches Ansehen nicht aufgeben muß. Genau an diesem Punkt gerät der wiefe und gewitzte Norbert Blüm aber schließlich doch in Gefahr. Er ist das soziale Aushängeschild einer überwiegend konservativen Regierung – was etwas anderes ist als das soziale Aushängeschild einer ohnmächtigen, konservativen Opposition –, er soll Arbeitnehmerinteressen vertreten und zur gleichen Zeit die Sanierung des Haushaltes mittragen. Er muß für die Schwachen streiten, und er hat zu verantworten, daß der Staat ihnen gegenwärtig weniger hilft als zuvor. Er soll der Vorkämpfer für die Lohnabhängigen sein, und steht als Erfüllungsgehilfe der Wirtschaft da. Jetzt trägt er, was vormals die Sozialdemokraten zu tragen hatten.

Da hat er es auch nicht leichter, sich herauszureden. Daß er die Renten sicher machen wird preist er an; daß er über die Verkürzung der Lebensarbeitszeit das Beschäftigungsproblem meistern will, damit macht er Schlagzeilen; daß ohne seinen Kampf, ohne die Kraft des linken Flügels die Politik „ganz anders aussehen würde", das beruhigt ihn. Norbert Blüm muß in seinem Amt vereinen, was er nicht leicht vereinen kann. Er spürt es wohl und läßt es gleichwohl nicht an sich heran. Noch redet er sich rein, noch schnappt er sich schnell einen seiner Sprüche, noch setzt er sich flugs die Maske des Volkshelden, des Publikumslieblings auf.

Und wenn er spätabends, am Ende eines Reisetages in Bonn-Wahn, heißa aus der Maschine springt, und wenn er, weil da noch ein paar Leute herumstehen und ihm zuschauen, strahlend zum Auto strebt, dann macht er nicht nur glauben. Dann glaubt er wieder mal sich selbst.

Manfred Wörner
Auf Handeln angelegt

In Wäscherhof, jenem Flecken im Schwäbischen, wo die Historiker die Wiege des Staufergeschlechts vermuten, ist der Sonntagmorgen noch ganz, was er einmal war: Im Garten der einzigen Wirtschaft am Platz, im Schatten von Lindenbäumen – und wovon denn sonst? – sitzen ein paar Bauern beim Frühschoppen. Es riecht nach Heu und nach Kuhstall. Hühner gackern, ein Hahn kräht. Vom nächst größeren Dorf her läuten die Kirchenglocken. Auch jene Doppelhaushälfte, unmittelbar am Rande des Weilers, bringt keine Unruhe in diese Stille. Geranientöpfe schmücken den Eingang. Drinnen stehen die Möbel – vorwiegend antike – brav an ihrem Platz. Auf der Terrasse brät der Hausherr in der Sonne, schaut selig auf die wellige Landschaft um die Dreikaiserberge, erzählt einem Besuch aus seinem Leben, streichelt Nachbars Katze, grüßt auch über den Zaun: ein Sonntagsmann wie viele, nicht mehr ganz jung und noch lange nicht alt, die Freizeitjeans auf den Hüften, das Hemd offen bis zu den Brusthaaren, ganz gelöst und reichlich beschaulich. Er gehört durchaus in diese Idylle.

Denn hier wohnt er nun seit neun Jahren, hier verbringt er seine freien Wochenenden, hier ist er nicht nur in seinem Wahlkreis, hier ist er tatsächlich ganz daheim: Manfred Wörner, der politisch Verantwortliche für 500 000 Soldaten, 180 000 Zivilbedienstete und eine Unmenge alptraumerregendes Kriegsgerät. Aber der neue und mittlerweile schon fast verschlissene Verteidigungsminister fühlt sich eben nicht nur in schwäbischen

Idyllen, er fühlt sich – als Pilot und Reserveoffizier der Bundeswehr mit den 1200 Flugstunden, die er schon hinter sich gebracht hat – auch im Cockpit von Düsenjägern wohl. Und so lässig er an einem Wahlkreis-Wochenende gegen elf Uhr dann über das Pflaster der Gassen in Wäscherhof schlendert, nach links ein „Grüß Gott" und nach rechts einen „Schönen Tag" verschenkt, so selbstverständlich schreitet er drei Tage später die Stufen zum Weißen Haus in Washington und zum Handschlag mit seinem amerikanischen Kollegen hinauf.

So behäbig er sich zu seinen Schwaben an den Stammtisch setzt, so schnoddrig kann er mit jungen Soldaten umgehen, wenn er ihnen während einer Fragestunde für Vertrauensleute erklärt – „O. k., ham Se ne Tafel da? Nee? Dann muß ich's so versuchen" –, warum manchmal auch ein Göppinger in Hamburg dienen oder ein Kieler nach Ulm einrücken muß. So hingegeben er sich an dem Wiesenblick hinter seinem Sonntagshaus freut, so nüchtern verhandelt er danach mit den Managern eines großen Lastwagenwerks über mögliche Bundesaufträge: „Problem erkannt, entscheiden kann ich darüber im Moment noch nicht"; und so geschickt entzieht er sich auch den Vorwürfen einer Bürgerinitiative gegen die Erweiterung eines Truppenübungsplatzes, erscheint ganz als der Dienende, Bescheidene, Verständige, kommt als Vermittler von Berufs wegen daher.

Der Verteidigungsminister ist in etlichen Rollen und an vielen Orten zu Hause. Aber wo auch immer er sich gerade aufhält – vor allem wohnt er bei sich selbst.

Wenn Helmut Schmidt am Beginn der siebziger Jahre und als Herr auf der Hardthöhe eine Ehrengarde abschritt, dann sah das allemal nach schierer Pflichterfüllung und ein wenig verbissen aus. Wenn Hans Apel vor seinen Soldaten auftauchte, sah man einen gelangweilten Zivilisten, der tat, was er nun mal tun mußte; gewärmt, begeistert, angeregt hat ihn die Übung nicht. Wenn jedoch Manfred Wörner solche Rituale absolviert, dann

erfährt er, wie das Ganze, das er repräsentiert, in ihm gerade seinen markantesten Ausdruck findet, ja, ist selbst Staat, Macht, Männlichkeit schlechthin und feiert folglich bei alledem durchaus auch einen erotischen Moment.

Manfred Wörner fühlt sich erhoben durch seine Aufgabe, er genießt sie, genießt sich in ihr, und entsprechend große Worte sucht er, um dies einzugestehen. „Ich bin nun mal auf Handeln angelegt", sagt er und setzt sein Temperament gegen das bedächtigere Naturell anderer, eher nachdenklicher Parlamentarier ab. Er also will mittendrin und ganz oben sein. Dann spürt er – und läßt mit der Art, wie er es zugibt, auch mit dem sanften Pastorenbeben in seiner Stimme dabei, an letzte Dinge, an Krieg und Frieden, an Untergang und an Errettung denken –, daß er „mit dem Schicksal seines Volkes eng verbunden ist"; ja, dann kann er „Geschichte förmlich greifen". Nach der Aufgabe des Verteidigungsministers, und also nach solch intensivem Lebensgefühl, hat er folglich lange „gestrebt", danach hat er sich sogar „gesehnt". Und jetzt, da er endlich als Herr auf der Hardthöhe sitzt, bekennt er sich, allen „riesengroßen Überanstrengungen zum Trotz", fast jungenhaft zu einer „kolossalen Freude" und zum „Reiz der Macht"; jetzt hält er auch geradezu verbissen daran fest.

Aber es fällt schwer, hinter dieser Verliebtheit in sein Amt den Machiavellisten zu wittern. Gewiß, sie hat ihn schon in Gefahren gebracht, hat ihn – im Fall des erst gefeuerten und anschließend rehabilitierten Generals Kießling – den kühlen Kopf gekostet. Aber Wörner erfährt nicht aus der Unterwerfung oder dem Unterworfensein anderer Genugtuung. Eher schon ist er anfällig für das, was rein oberflächlich wärmt und schmückt an seiner Rolle, für die Ehrungen und Annehmlichkeiten, welche dazugehören. Da dreht und wendet er sich gern pfauenhaft, blitzt mit den Zähnen, zieht die Augen – ach wie männlich, wie gefährlich – zum Schlitz zusammen, läßt sich von Kameras und der ganzen öffentlichen Aufmerksamkeit sein durchaus abgerundetes Ich – gern, liebend gern – zurückspiegeln. Und gewiß ist seiner Lust auch ein Schuß Bubenspaß beigegeben, jenes Vergnügen an Turbulenzen, an Herausforderungen, an Ungewißheiten, am Sichreiben und Sichbewähren, an dieser beständigen, vom Apparat – und eben nicht von der schieren Macht – erzeugten Erregtheit, welche ein Regierungsamt im demokratischen Staat ja in der Tat viel eher vermittelt als das nackte Herrschaftserlebnis, anderen Menschen den Fuß in den Nacken setzen zu können.

Der neue Bundesverteidigungsminister ist ein Mann der Bewegung. Vor allem in der Aktion erfährt er, daß es ihn wirklich gibt und wie es ihn gibt. Je außergewöhnlicher seine Handlungen, desto intensiver erlebt er sich selbst. Er liebt das Abenteuerliche in der Politik, findet dort auch etwas von der eigenen Wandelbarkeit. Und wo wäre das alles eher zu finden als in der Männerdomäne des Verteidigungsressorts? Womöglich reizt ihn aber auch hier, wie bei der Fliegerei, die Gefahr des Abstürzens. Da kann er – wie nach dem Tief der Kießling-Affäre – am intensivsten spüren, daß er noch oben, daß er am Leben ist.

Schon früh traute sich Manfred Wörner, der als Kind während eines Bombenangriffs verschüttet gewesen war und danach noch viele Jahre lang Angst vor Gewittern hatte und von der Großmutter in den Keller gebracht werden mußte, so weit hinaus. Während des Jurastudiums, das er zum Teil in Frankreich absolvierte, bereiste er die ganze Welt. Monatelang war er „trampartig" durch den Orient unterwegs, durch Ägypten und Syrien, durch Persien, Pakistan, Nepal, Afghanistan und Rußland. In Südamerika folgte er, zusammen mit einem Freund, den Spuren Alexander von Humboldts. Seit er jenes Kriegstrauma überwunden und seit er seine „religiöse Phase", samt dem Wunsch, Pfarrer zu werden, ausgewachsen hat – „da kamen dann mit sechzehn die Mädle dazwischen" –, ist ohne Zweifel etwas Ausgreifendes an ihm.

Derart hochgestimmt und gleich die fernsten Ziele im Sinn,

kam er auch, damals gerade 31 Jahre alt und als jüngster unter den Abgeordneten, 1965 nach Bonn: nämlich „mit der Gewißheit, nun sei etwas Großes, mit sehr viel Ehrgeiz und mit der Hoffnung, eines nahen Tages in eines der Regierungsämter zu gelangen". Doch der Weg zur Erfüllung solcher Wünsche war entschieden weiter, als er sich ursprünglich gedacht hatte. Insgesamt mußte er siebzehn Jahre auf der Wartebank durchhalten, ein Zeitraum, während dem sein Ehrgeiz, sein Ungestüm, allmählich zu nicht viel mehr als leeren Erfolgs- und Eroberergesten geschrumpft zu sein schienen. Lange schillerte und brillierte er auf eine etwas hülsenhafte Art durch Bonn, war er weit mehr mit seiner zunehmenden unbefriedigten Eitelkeit, als mit dem in den Jahren der Anwartschaft ebenfalls ständig gewachsenen Ernst und Sachverstand in der Öffentlichkeit.

Das Ziel, der Chefposten auf der Hardthöhe, den ihm schon Rainer Barzel im Jahre 1972 für den Fall eines geglückten konstruktiven Mißtrauensvotums gegen Willy Brandt in Aussicht gestellt hatte, schien nach der Wahl von 1980 noch einmal auf weitere vier Jahre und vielleicht darüber hinaus, unerreichbar. Da blieb dem Aspiranten – „bei all der Frustration" –, wie er in jenen Monaten schon resignierend und an der Vergeblichkeit gereift einzugestehen verstand, nur der schnöde Trost eines „Dienstes am Volke" und der „Zustimmung im Wahlkreis", sowie die Gewißheit, auch als Oppositionsexperte für das Fach der Verteidigung eine Luft zu atmen, die würziger ist als alles, was der Durchschnittsbürger einsaugt. Denn kein anderer Bereich bietet „soviel Abwechslung", hier wollen „die großen Herausforderungen unserer Tage" angenommen werden; hier wartet doch allenthalben „das Erlebnis des Kampfes" auf den Wagemutigen.

Niemals hat Manfred Wörner bereut, dem politischen Gewerbe treu geblieben zu sein. „Keine Sekunde", auch nicht in den Jahren der anhaltenden Kränkung, nur ein Oppositionsabgeordneter zu sein. „Ich bin der Politik mit Leib und Seele verfallen" – in solche Liebesworte kleidet er dieses Verhältnis gern oder wirft sich auch zu einem „Ich bin nun mal mit Leidenschaft Politiker" auf. Aber was sonst könnte er eigentlich sein?

Vor allem ist er es doch von Beruf und von allem Anfang an. Da gleicht sein Werdegang durchaus jenem der viel jüngeren Parlamentarier. Er war Schülerratsvorsitzender, und er hat den ersten Wahlkampf seines Lebens um den Posten des Schulsprechers ausgefochten. Über Freunde kam er zur Jungen Union, auf dem CDU-Parteitag von 1951 hatte er – und ganze Heerscharen von Unionspolitikern sind so oder ähnlich erweckt worden – sein politisches Vatererlebnis, begegnete er Adenauer, dessen „Erscheinung und Autorität" ihn „ungeheuer beeindruckten". Später, nach dem Abschluß seiner Ausbildung, arbeitete er in der Innenverwaltung des Landes Baden-Württemberg und half den parlamentarischen Hilfsdienst bei der CDU-Fraktion im Stuttgarter Landtag aufbauen. Das alles war also schon lange auf den Sprung nach Bonn angelegt.

Aber Wörner, wie die Gleichaltrigen, die auch 1965 so erwartungsvoll in der Bundeshauptstadt auftauchten, ist doch noch von ganz anderen Erfahrungen geprägt. Er hat den Krieg immerhin erlebt und die Nachkriegsentbehrungen erlitten. Er hat, obgleich als Kind, doch eine Ahnung von Unfreiheit und Totalitarismus und eine Gewißheit von den Folgen mitbekommen; er hat, anders als diejenigen, welche von den satten Jahren, von den systemkritischen Gedanken und von der beginnenden ökonomischen Krise berührt und geprägt wurden, zunächst einmal das Glück, frei und tief durchzuatmen, verspürt; er ist mit dem Wachsen und Werden der Republik selbst groß geworden. Seine Jugend fiel mit dem politischen und wirtschaftlichen Aufschwung zusammen. Gemessen an dem bedrückenden Mangel und den vielen Beschränkungen zuvor standen jetzt alle Horizonte offen. Das Leben war nichts als ein Angebot.

Manfred Wörner, Jahrgang 1934, Schwabe, Cannstatter, Sohn eines Textilkaufmanns, eines Selfmademans und Besitzers einer Ladenkette, eines Aufsteigers – Manfred Wörner hat es angenommen. Das mag neben den Wirkungen, die aus der Zeit kamen – aus der Diesseitigkeit, aus der Lebensgier, aus dem Pragmatismus der Nachkriegsepoche –, auch in diesem Milieu und in dem darin herrschenden, vergleichsweise liberalen Erziehungsklima begründet gewesen sein. Der Vater war selten da, den beiden Söhnen gelang es allemal, die „Klopfpeitsche" der Mutter zu entwenden und zu verstecken. „Wir haben gemacht, was wir wollten", freut sich der Zögling solcher Verhältnisse heute noch. Und nicht zuletzt von offenbar glücklichen Lausbubenjahren her ist er noch immer offensiv und offen. Kaum ein Bonner Politiker redete derart frei und geradeheraus. Wörner sagt, was er denkt, und er zeigt, was er fühlt – die belohnte wie die verletzte Eitelkeit, Erfolg oder Rückschlag. Er läßt sehen, wie das bei ihm ankommt, gibt den Blick auf eine breite Natur frei: „Mal himmelhoch jauchzend, mal zu Tode betrübt."

Aber so hoch hinauf und so weit hinaus er sich tatsächlich oder in seinen Empfindungen auch tragen läßt: Einen intellektuellen Kosmopoliten sucht man vergeblich in ihm. Was er von seinen außerpolitischen Interessen sehen läßt, daß er Schiller liest, sich als „Stefan-Zweig-Fanatiker" versteht, an Historischem und an Biographien seine Freude hat, reicht über die verbreiteten bildungsbürgerlichen Anstrengungen – sofern er sie wirklich auf sich nimmt – nicht hinaus, und zeigt ihn als den bemühten Mittelschichtschwaben, der er eben auch ist. Und sicherlich bezieht er Maßstäbe aus dieser bürgerlichen Ecke seiner Person, etwas Solides, bei allem Hochglanz, Begrenzungen für die Abenteuerlust.

Er kann ein gewandter und ein eleganter Mann sein. Ein feiner Mann ist er nicht. Er liebt den einfachen Ausdruck, liebt es, Distanzen zu verringern, spielt den handlichen Kerl, den

Kumpel aus; und manch einer, den er so mit seiner unausgesprochenen Duzfreundschaft mit einer vermeintlichen Gleichrangigkeit beim doch greifbaren Abstand beschenkt, geht danach ganz beseligt davon.

Auch weil er diesen Ton so perfekt beherrscht und weil er das „Ich-bin-einer-von-euch" überzeugend darzustellen und vorzuleben versteht, ist er eher der Soldatenminister als der überlegene Sicherheitsstratege. Auf die Vertracktheiten von Nachrüstung und Abrüstung angesprochen, bietet er gewiß keine Seminararbeit, sondern nur, was er „klare Grundwahrheiten" nennt, an. Nämlich, „daß wir zum ersten Mal an der Seite der freien Völker der Welt stehen, daß die anderen sechs Jahre lang Rakete um Rakete aufgestellt haben, und daß Schwäche noch nie in der Geschichte den Frieden gesichert hat". Natürlich ist er für Abrüstung – „aber auf beiden Seiten". Und auf gar keinen Fall darf der Wankelmut in der Bundesrepublik die Amerikaner verärgern: „Der Schaden wäre nicht zu überschätzen."

Er bestreitet tatsächlich, „daß die Dinge kompliziert sind", und muß es besser wissen. Er gebärdet sich gelegentlich als Falke, zum Beispiel, wo er die Verschärfung des Demonstrationsstrafrechts fordert, aber nimmt dann doch im Angesicht der Raketenschwemme ein „unruhiges Gewissen" für sich in Anspruch: „Wenn ich die scheußlichen Dinger seh', ist das auch kein Lustgewinn für mich." Manfred Wörner sieht sich sogar als einen Mann, der es nicht erträgt, „Menschen leiden zu sehen". „Mitleid", sagt der Bundesverteidigungsminister, und fällt dabei in den Gebetston, der aus religiösen Kindertagen stammt, „ist mein stärkster Charakterzug".

Aber ganz soweit muß man diesem Vielseitigen vielleicht doch nicht folgen.

Ignaz Kiechle
Ein Allgäuer in der Welt

Wie draufgestempelt hockt Ignaz Kiechle auf seinem Stuhl. Deckt ihn auch ganz ab. Haftet dort unverrückbar, bewegt nur den Oberkörper ein wenig hin und her, läßt ihn leicht in der Taille abfedern. Hält das Gesicht immer wieder über die Papiere auf dem Tisch. Schaut auf zu seinen Beratern, schürzt sein Mündchen, schaut wieder hinunter auf die Akten. Leckt jedes Mal den Finger ab, bevor er umblättert. Schreibt langsam und bedächtig, was er zu schreiben hat. Ist nichts als Aufmerksamkeit, Wißbegier, Lernbereitschaft, ist Sitzfleisch schlechthin.

Das muß er auch sein, an diesem Brüsseler Arbeitstag, zwei Stunden vor Beginn des Ministerrats. Ein ganzes Rudel von Fachbeamten – aus Bonner Ministerien sowie aus der ständigen Vertretung der Bundesrepublik bei der Gemeinschaft in der belgischen Hauptstadt – drängelt sich um ihn herum. Treffpunkt ist das deutsche Delegationsbüro im zehnten Stock des Charlemagne, des Ratsgebäudes der EG. Der zuständige Ministeriale für die Eier ist da, und der für die Milch. Einer kümmert sich um den Wein, ein anderer um die Veterinäre. Dieser kennt sich bei Schweinen aus und jener bei Schafen. Jeder von ihnen weiß Seins, nur der Herr Staatssekretär weiß von allem etwas. Er gibt den Auftakt zu dieser Vorbesprechung, er gibt auch die Richtlinien für die folgenden Verhandlungen aus. Da kann einem richtig die Luft weg bleiben, wie er mit den kleinsten Einzelheiten, wie er mit „follow up“, mit „roll over“ und einem offenbar unvermeidlichen, weil ständig wiederholten „telquel" um sich wirft. „Semikolon", wirft Ignaz Kiechle zaghaft dazwischen, „das heißt doch auf deutsch Strichpunkt?" Er fragt es, sagt er wie entschuldigend hinterher, nur weil er es „nicht so genau weiß".

Da ist freilich noch mehr, wonach er sich erkundigen muß: „Welchen Weg gehen wir denn nun?" Das will er sich, zum Beispiel, in einer Unterproblematik der Zuwendungen für die Milchwirtschaft erzählen lassen. „Wir müssen es im nächsten Rat machen", bescheidet ihn der Allwissende aus dem Ministerium. Und die Bedingungen für die Förderung so und so zu ändern? „Ist das überhaupt machbar?", hakt der Minister nach. Es ist. „Gibt es eine lose Absprache über den Import der Neuseelandbutter?", meldet er sich beim nächsten Tagesordnungspunkt. Ja, gibt es; so locker vereinbart funktioniert manches oft am besten. „Sollen wir verfahren wie die Kommission es vorschlägt?" Jawohl, wir sollen, befindet wieder mal der Beamte. Dann fragt der Minister noch nach Zahlen und Aberzahlen und beruhigt sich schließlich mit einem Blick auf seinen Chefberater: „Wenn es andiskutiert wird – Sie sitzen ja neben mir". Unter „Verschiedenes", so geben ihm seine Leute am Ende mit auf den Weg in die Sitzung, möge er die Kollegen aus den anderen EG-Ländern formell zur Grünen Woche nach Berlin einladen. Und abermals ist Ignaz Kiechle sich nicht vollkommen sicher: „Soll ich das Wort „formell" ausdrücklich gebrauchen?" An diesem Morgen, kurz bevor er in den Ring muß, sitzt der Bundesminister für Landwirtschaft, Ernährung und Forsten auf der Schulbank.

An diesem Mittag, im Kreis seiner Helfer, also abgepuffert durch einen ganzen Ring sachverständiger Beamten, harrt er dann Stunde um Stunde im Rat aus – noch einmal verwachsen mit seinem Sessel, wiederum hochkonzentriert. Wenn er redet, hält er sich streng an den Sprechzettel, setzt seine Worte sorgfältig eines hinter das andere, verschluckt nichts, und sprudelt auch nicht zuviel heraus; wenn er schweigt, läßt er sich keinen Satz entgehen, gestattet sich keinen Plausch zwischendurch, gehört ausschließlich seiner Pflicht. Zehn Delegationen drängen sich um den viereckigen Konferenztisch, zehn Minister sind hier für ihre Regierungen in allen Disputen vorn – darunter so geschliffene wie der Franzose Rocard. Zur Linken des Präsidenten und oben auf der Ecke hat Ignaz Kiechle seinen Platz: ein Bauer unter lauter Experten und Diplomaten, ein Allgäuer in der Welt. Die saugt er sichtbar wie ein Schwamm in sich hinein.

Aber dann kann er plötzlich auch abgeben, ausspucken, informieren. An diesem Abend, zwischen lauter Europageprüften Brüsseler Journalisten, ist es Ignaz Kiechle, der unterrichtet, der ins unbekannte Detail geht, der den verblüfften Zuhörern Fachausdrücke wie „Citrus-pellets“ oder „Förderschwelle“ um die Köpfe wirbeln läßt. Unverhofft tritt er als der Souverän – zumindest fürs Grobe – auf, führt durch die Irrungen und Wirrungen der Weltmärkte, erklärt, warum die Amerikaner der Gemeinschaft dieses abpressen, warum sich die Europäer jenes gefallen lassen. Ignaz Kiechle weiß Bescheid über die Getreideanteile im Rind- und Geflügelfutter, er zieht aus dem nackten Hut, für wieviel Milliarden die EG Produkte importiert und für wieviel andere Milliarden sie exportiert. Die Probleme der Milchwirtschaft läßt er der Reihe nach auftanzen; was mit dem Beitritt von Spanien und Portugal auf die Zehn zukommt – die Olivenschwemme neben dem Butterberg –, er hat es parat.

Hängt er nun am Faden der Ministerialbürokratie oder zieht er doch selbst die Strippen? Der Aktenberg, welcher vor jedem Beamten und auch vor dem Minister in dieser Sitzung liegt, gibt die Antwort. Es ist das Beratungspensum für einen einzigen Tag, und in der Kurzfassung der Tagesordnung, der 893. der Landwirtschaftsminister, liest sich das unter Punkt neun zum Beispiel so: „Vorschlag für eine Verordnung des Rates zur Festsetzung der Auslösungspreise für Tafelwein für die Zeit vom 16. Dezember 1983 bis zum 31. August 1984 (dok. 5561/83 agriorg 543 agrifin 434)". Und unter zehn steht: „Vorschlag für eine Verordnung des Rates zur Änderung der Verordnung (ewg) nr. 2772/75 über Vermarktungsnormen für Eier (dok. 556./83 agriorg 127, 8128/83 agriorg 399)". Jeder einzelne der insgesamt vierzehn Punkte, welche die Tagesordnung den Mitgliedern dieses Rats zur Lösung aufgibt, lesen sich so oder ähnlich, schneiden filigranfeine Problematiken an, reihen Zahlen auf, Aktenzeichen, Geheimchiffren. „Das kann keiner alles beherrschen, auch kein Minister", sagt einer von Kiechles Ministerialen, „und dieser hier ist fast ein Preuße, so gründlich bereitet er sich vor".

Im Gegensatz zu Josef Ertl, dem – wenigstens für die zweite Hälfte seiner langjährigen Amtszeit – eine gewisse Nonchalance im Umgang mit der Kleinarbeit nachgesagt wird, heißt es über Ignaz Kiechle in seinem Haus: er sei präzise, unglaublich genau, lasse sich niemals mit Floskeln abspeisen, und er lese auch Akten. Ein ruhiger, ein disziplinierter, ein kontrollierter Mann. Gegen Ertls barocke Natur, die gelegentlich zu Ausbrüchen neigte, setzt Ignaz Kiechle, der von der Statur her ebenfalls einen Feudalfürsten abgeben könnte, seine Behutsamkeit und Bedächtigkeit.

Das schimmert durch, wenn er Wissen sammelt, wenn er sich Fakten sorgfältig zusammenholt. Schweigen kann er auch dabei, solange die anderen reden. Ein wachsamer Zuhörer ist dieser Berufspolitiker, was selten noch vorkommt bei seiner Spezies. Er scheut sich nicht, die Blößen zu zeigen. Über diesen Mut zur eingestandenen Unkenntnis gelangt er zum Ziel. Je länger er fragt und schweigt, und schweigt und fragt, desto mehr holt er alle greifbaren Informationen zu sich her, verschafft er sich Übersicht. „Ist eigentlich die Mutterschafprämie auch am Schlachtpreis orientiert?", so schürft er tiefer, und „wieviel kriegen dann umgerechnet die Engländer?", so will er

Aufwendungen im Zusammenhang sehen. „Ich fasse noch einmal zusammen“, so rafft er, was er bis zu diesem Punkt gelernt hat, und, „das ist aber doch totaler Unsinn?“, so kommt er am Ende zu seinem eigenen Schluß.

Ignaz Kiechle tritt auf, wie man es von ihm erwartet: zurückhaltend, vorsichtig, wissensdurstig und ein bißchen wacklig. Er heißt, wie einer auf diesem Posten nicht passender heißen kann. Und er sieht aus, als ob er für den Job des Agrarministers geradezu modelliert worden wäre. Klein ist er und ziemlich dick. Sein fast kahler Kopf wird oben schmal, und unten sehen seine Wangen stets wie aufgeblasen aus. Den Mund zieht er gern breit über das ganze Mondgesicht. Aber wenn er lacht, lacht er auch in seinen dunkelbraunen Knopfaugen, dann hat er sogar Häkchen im Blick. Viel mehr noch als der Vorgänger Josef Ertl verkörpert Ignaz Kiechle seine Aufgabe. Er ist, was er zu sein hat: ein Bauer für die Bauern und ihr Mann in Bonn.

Der Bundesminister für Landwirtschaft, Ernährung und Forsten ist vollkommen identisch mit der Klischeevorstellung, die jedermann von seinem Amt hat. Das verführt dazu, die kleinen aber entscheidenden Abweichungen auf den ersten Blick zu übersehen. Denn Ignaz Kiechle ist nicht nur ungemein leiblich, er ist auch auffallend gedankenklar. Er wirkt so gemütvoll, doch er tritt ebenso bestimmend auf. Er guckt freundlich und sieht ein Gegenüber plötzlich hart und abweisend an. Er ist nicht übermäßig gesprächig, aber wenn er sich zum Reden entschließt, dann erweist sich dieser Landwirt als ein wahrhaft wortgewaltiger Mann.

Die geschickte Begrüßung beherrscht er wie den verbindlichen Abschied. Keinen Faden verliert er, verzettelt sich auch nicht, führt jeden Satz und alle Überlegungen zu Ende. Zur rechten Zeit fallen ihm die richtigen Begriffe ein. Leere Floskeln kommen ihm ebenso wenig von den Lippen wie banale Sprüche. Stets stimmen seine Bilder – „… dann können die

Amerikaner ihre Citrus-pellets sonstwohin schieben, nur nicht in die Mäuler der Kühe Europas" –; und wenn einmal ein Journalist, ein professioneller Wortmensch, sich zu der Metapher versteigt, da wolle jemand „den Sack zubinden und auf die Pauke hauen" – weist Ignaz Kiechle, nicht ohne eine Spur von Verachtung in seiner Stimme, den Sprachschluderer gleich zurecht: „Ich verstehe Ihr Modell nicht."

Da muß es einfach wahr und in Talenten wohlbegründet sein, daß er als Junge Jura studieren wollte, daß er gern Richter geworden wäre. Der Bauer aus dem Allgäu, der – auch seine Beamten registrieren es verblüfft – druckreif sprechen kann, hat freilich nur eine Zwergschule besucht. Zwar trauert er nicht mehr, nach all den Jahren, dem Versäumten nach, gleichwohl würde er es nicht als Mangel empfinden, ein Gymnasium absolviert und das Abitur gemacht zu haben. Lebendig genug, ausreichend neugierig und intelligent war er allemal. Doch der Vater wollte den einzigen Sohn nicht an eine intellektuelle Laufbahn verlieren. Ignaz, 1930 in Reinharts bei Kempten geboren, sollte dort den Vierzehn-Hektar-Hof der Familie übernehmen; außerdem sollte er allen NS-Organisationen – und der Eintritt in die Höhere Schule hätte wohl die Zugehörigkeit zur Hitlerjugend bedeutet – fern bleiben. Der betont bäuerliche Vater war auch ein sehr politischer Vater. Schon vor 1933 gehörte er zur Bayrischen Volkspartei, der südlichen Version des Zentrums. Ignaz Kiechle war in einem kritischen politischen Klima aufgewachsen. Der Vater hörte zusammen mit dem zwölfjährigen Buben den sogenannten Feindsender ab, er diskutierte mit ihm und brachte ihm bei, was damals kaum ein Jugendlicher erfuhr, nämlich: „... was Diktatur und Demokratie bedeuten, welcher Größenwahnsinn dahintersteckt, sich als Herrenrasse zu empfinden, andere zu verachten und zu glauben, man könnte über die halbe Welt herrschen."

Nach dem Ende des Krieges lebte Kiechle senior dem Sohn

vor, daß er bereit war, an seiner Vorstellung von Politik und Gesellschaft selbst aktiv mitzuarbeiten. Er gehörte zu den Gründungsmitgliedern der CSU, er wurde Gemeinderat, Kreisrat und schließlich Bürgermeister. Für Ignaz bedeutete dieses Engagement und die häufige Abwesenheit des Bauern zunächst einmal mehr Arbeit auf dem Hof, und zwar schwere Arbeit, Handarbeit. Er hatte den Vater „mit Hacke und Schaufel" zu entlasten. Zum anderen aber ging von dessen Beispiel ein Anreiz aus, sich selbst hervorzuwagen, sich einzusetzen, sich den öffentlichen Dingen zuzuwenden.

Mit einer Reise nach Amerika fing es dann an. Und das kam so: Der amerikanische Stadtkommandant von Kempten, der einmal bei den Kiechles zu Besuch gewesen war, verhalf dem jungen Bauern zu einer Einladung in die USA, zu einem Austausch, der ihn – und noch einen Jungbauern – auf verschiedene Farmen führen sollte. Es war das erste Arrangement dieser Art nach dem Krieg. Neunzehn Jahre war Kiechle damals alt und er konnte kein Wort Englisch. Es war nicht leicht, dieses sinnvolle Abenteuer gegen den Vater, der seine Arbeitskraft für die Ernte brauchte, durchzusetzen. Aber dann fuhr er doch, mit 200 Mark und 20 Dollar in der Tasche. Als er in New York ankam – nach einer Schiffsreise, versteht sich – war erst einmal niemand da. Zwei Tage lang saß Ignaz Kiechle auf seinem Zimmer im Christlichen Hospiz, und harrte dort ununterbrochen aus, um den entscheidenden Anruf nicht zu verpassen.

Der Anruf kam, und eine Fülle von Erlebnissen stürmte von da an auf den jungen Allgäuer ein. Insgesamt sieben Farmen lernte er kennen, arbeitete dort auch mit, verdiente ein Taschengeld und buchstabierte sich die ersten englischen Sprachbrocken zusammen. Jedes unbekannte Wort schrieb er gleich auf, fragte nach dem Sinn, übte die Sprache, bis er sich schließlich verständigen konnte. Nachdem das offizielle Austauschprogramm abgelaufen war – es hatte viereinhalb Monate gedauert –, kaufte sich der weltreisende Bauernbub für

99 Dollar ein Ticket und fuhr noch einmal sechs Wochen lang mit dem Greyhoundbus durch die Vereinigten Staaten.

Was konnte er von dort nach Hause mitnehmen? Nachdem er sich so gut bewährt hatte, fühlte er sich vor allem sicher und sehr eigenständig. „Er war ein guter Botschafter Ihres Landes“, signalisierte der ehemalige Kemptener Stadtkommandant, der alles angeregt hatte, an den Vater. Und Ignaz, im Deutschland der Lebensmittelkarten – man schrieb 1949 – über seinen Ausflug ins Schlaraffenland zur Berühmtheit aufgestiegen, war nun viel gefragt. Er hatte sich – „die praktische Lebenserfahrung ersetzt doch manches an höherer Schulbildung“ – trotz Zwergschulbildung die ungewöhnlichsten Horizonte zu eröffnen vermocht.

Davon sollten auch andere profitieren. Die Militärregierung in Kempten – es gab sie tatsächlich noch in jenen Tagen – forderte Ignaz Kiechle auf, Vorträge über seinen Aufenthalt in den USA zu halten. Gute zwanzig Mal stand er so vor einem größeren Publikum, nicht sonderlich geniert indessen, denn: „Reden konnte ich schon ein bißchen“.

Von diesem Moment an gehörte er nicht mehr nur der Landarbeit, von diesem Augenblick an lebte er auch in der Öffentlichkeit. Er wurde Mitglied und Vorsitzender einer Landjugend. Später, 1953, trat er in die CSU ein, kandidierte 1960 zum ersten Mal für den Gemeinderat, fiel durch, kandidierte wieder und wurde gewählt. Das war Anno 1966. Drei Jahre später rutschte er über die Landesliste zum ersten Mal in den Bundestag. Von 1972 an eroberte er seinen Wahlkreis jedoch stets direkt mit nachgerade unanständigen Mehrheiten. Bei der letzten Wahl, im Frühjahr 1983, ergatterte er über 65 Prozent der Erststimmen, während sich seine Partei mit den vergleichsweise schäbigen 63 Prozent der Zweitstimmen begnügen mußte.

„Kiechle wird so sicher gewählt, als sei die Mehrheit ihm gottgegeben“ schreibt Dieter Lattmann, Schriftsteller und damals noch SPD-Gegenkandidat des Allgäuers im Wahlkreis 242, 1977 fast verzweifelt über die Anziehungskraft des Kontrahenten, „obwohl doch der Herrgott keiner Partei angehört".

Kiechle ist nun mal, was die meisten dort sind: erdgebunden und stammesverwoben. Er liebt, was jedermann in dieser Gegend liebt: die Landschaft, eine gute Mahlzeit, die Maß Bier. Früher hat er Karl May gelesen, jetzt liegen Krimis, der Roman „Shogun" und „Das Beste aus Reader's Digest" auf seinem Nachttisch. Er „verehrt die Frauen", ganz pauschal, und verabscheut „Emanzen". So einer ist Fleisch vom Fleisch seiner Wähler. Aber dieser hier, und das erst bringt den Erfolg, ist auch mehr. In der Schule, die nur aus einer Klasse bestand, hat er sich eifrig im Rechtschreiben geübt. Die Regeln kann er heute noch auswendig aufsagen. Fünf Jahre lang nahm er Geigenunterricht. Nächtelang hat er gelesen – alles, was ihm damals in die Hände kam. Später ging er auf die Fachschule, tummelte sich in Fortbildungskursen, bis hin zum „landwirtschaftlichen Lehrmeister". Er drehte und wendete sich – der „Milchpapst vom Allgäu" – in Vereinen, und baute sich sogar als Verleger des „Allgäuer Bauernblatt", der Zeitschrift „Das schöne Allgäu" sowie der „Milchpost" eine zusätzliche Existenz auf. Ignaz Kiechle ist intelligent und tüchtig. Aber er kommt niemals überheblich daher. Schlitzohrig und geschickt kann er auftreten, doch nichts Aufgesetztes, Verzwungenes, Übersteigertes zeigt er vor. Nur was er innen lebt läßt er nach außen sehen.

So echt sind nicht viele auf dem politischen Parkett, so frei von dummer Eitelkeit und vom Hang zu Maskeraden. Daß er im Einklang mit sich und seinen Ursprüngen blieb, half ihm freilich nicht nur bei der Kür im Wahlkreis, es half ihm auch beim Fortkommen in Bonn. Zum agrarpolitischen Sprecher seiner Fraktion brachte er es dort, bevor er im März 1983 ins Ministeramt einzog. „Daß ich berufen wurde", so ordnet auch Kiechle selbst seinen Aufstieg seiner Geradlinigkeit zu, „verdanke ich wohl der Tatsache, daß ich in den Jahren meiner parlamentarischen Tätigkeit immer versucht habe, andere durch Argumente zu überzeugen, und daß ich mich immer gehütet habe, irgendetwas zu fordern, was sich nicht verwirklichen ließ. Eine Fraktion bewertet ein Mitglied auch nach der Form des Umgangs. Wer rechthaberisch ist, wer anderen nicht zuhören kann, wer Argumente nur ungern gelten läßt, der wird sich schwer tun, wenn er so etwas anstrebt. Und es kommt noch etwas hinzu: Ich hab's nicht angestrebt."

Auch deshalb warteten auf ihn zu Beginn seiner Amtszeit nicht nur Genüsse. Ignaz Kiechle tat sich schwer im Umgang mit dem ministeriellen Apparat. Er hatte keinerlei administrative Erfahrung, er wußte – im Gegensatz zu seinem gewieften Vorgänger – überhaupt nicht, wie man auf diesem Instrument spielt. Erst allmählich lernt er damit umzugehen, den Bürokratenfleiß auf seine Person hin zu zentrieren und unter dem täglichen Entscheidungszwang nicht mehr in Streß zu geraten; erst ganz langsam schafft er es wohl, sich im Innern seines Hauses unter den Spezialspezialisten durchzusetzen, und Kritik von außen gelassen zu ertragen.

Auch an das Klima der Dienstbarkeit um ihn herum mußte er sich gewöhnen. Und während er mittlerweile wohl zu schätzen weiß, daß ihm das meiste abgenommen wird, damit er den Kopf für das Wesentliche frei hat, übt er sich in Wachsamkeit gegenüber Schmeichlern. Gewiß, „ehrliche Zustimmung" und „gut gemeintes Lob" erfreuen ihn. Aber leicht fühlt er sich auf schwankendem Boden, allemal ist er darauf bedacht „zu erfühlen", ob es ein „Zwecklob" ist: „Da muß man als Minister vorsichtig sein."

Die bloßen Zeichen der Macht – andere erregen sich allein daran – sagen ihm nichts. Er muß sich auch keineswegs mit Verehrung und Anbetung vollpumpen. Ignaz Kiechle ist von sich selbst satt. Spaß hat er dennoch, oder besser: Er empfindet Genugtuung. Das Amt eines Bundesministers bringt ihn mit

Menschen zusammen, von denen er wohl zu Recht glaubt, daß er sie unter anderen Umständen niemals kennengelernt hätte. Heute sitzt der Allgäuer einen Abend lang mit dem Bankier Abs zusammen und redet mit ihm über das Selbstverständnis der Deutschen, über das vermeintliche Zuwenig an Volk und Vaterland, über das Zuviel an Gruppenegoismen. Dann beklagen der Konservative aus dem Geldadel und der nicht minder in Traditionen verhaftete Zwergschüler aus der Provinz gemeinsam, daß es am Geschichtsbewußtsein hierzulande mangelt; dann bewundern sie, was die Franzosen dem östlichen Nachbarn darin alles voraus haben, und dann leuchtet Ignaz Kiechle richtig: „Das gibt mir etwas."

Das Amt, mehr noch als die vorausgegangene Tätigkeit im Bundestag, verhilft ihm auch zum Reisen. Vor allem der Osten hat es ihm angetan. Die „asiatische Mentalität" bewundert er, „den Pragmatismus dieser Leute, ihre Gelassenheit". Ein Stück von sich selbst findet er dort wohl. Wie reizvoll, wenn das, was einem so nah ist, so fern auch vorkommt. Oder lockt da ganz einfach immer noch die Welt, wo sie am weitesten erscheint, wenn einer, wie Ignaz Kiechle, aus ihren engsten Winkeln und den kleinsten Verhältnissen stammt?

Dabei gerät er nicht einmal in Ekstase, wenn er, sei es privat, sei es von Amts wegen, im Einklang mit solchen Neigungen lebt. Aber das Behagen immerhin ist ihm anzusehen, eine kleine Seligkeit darüber, an einem Knotenpunkt zu sein und Zugluft zu schnuppern. Es hebt ihn schon, dieses Bewußtsein, in Brüssel etwa, „im Kreis von zehn Ministern, den Vertretern fast des ganzen westeuropäischen Kontinents, mitzureden, mitzuwirken, eigenen Einfluß auszuüben!" Der soll, meint er, zwar nicht das Europa der Zukunft herbeizaubern; die riesengroßen Visionen sind ohnehin weiß Gott nicht Ignaz Kiechles Sache. Über allgemeine Bekenntnisse zum vernünftigen Ausgleich zwischen Ökonomie und Ökologie finden seine Konzeptionen nicht hinaus.

Dafür hat er eine Politik der kleinen Schritte – und die sind schon schwer genug zu gehen – auf sein Panier geschrieben. Ignaz Kiechle, aufs Naheliegendste und Notwendigste konzentriert, plant – „die Marktordnungen dadurch finanzierbar zu machen, daß die Gemeinschaft die Garantien begrenzt". Das heißt, mehr freies Spiel zwischen Angebot und Nachfrage und weniger Subventionen, das heißt kungeln und kämpfen, das heißt verhandeln und nochmal verhandeln. „Jetzt bin ich Minister", sagt er und wirft sich endlich doch auf gut-bönnsch in Pose, „ich hab' die Chance, es zu ändern, ich werd's ändern".

Doch wer, außer ihm, hätte die Botschaft gehört? Und wer – erst recht – möchte wohl daran glauben?

Heiner Geißler
Worte sind seine Taten

Kein anderer Politiker in dieser Republik sagt, was Heiner Geißler sagt. Der CDU-Generalsekretär ist immer für ein ausgefallenes Reizwort gut. Um den letzten Kanzler zu treffen, erfand er den Begriff des „Rentenbetrügers". In der Bundestagsdebatte, vor dem konstruktiven Mißtrauensvotum des Wendeherbstes, wagte er den Vorwurf, die Gegner des Koalitionswechsels hätten einen „Anschlag auf die Verfassung" im Sinn. Im Wahlkampf des Frühjahrs 1983 bezichtigte er die Sozialdemokraten der „Mietenlüge" und brachte sie in der Nähe von „Verbrechern" unter. Danach gefiel es ihm, die Pazifisten an der Verantwortung für Auschwitz teilhaben zu lassen. Geißler, ohne Zweifel, ist der Polemischste unter den Politikern.

So gibt er sich, so prägt er sich ein, so war er schon immer. Auch damals, am Ende der fünfziger Jahre, als Vorsitzender des Rings Christlich-Demokratischer Studenten in Tübingen, trat er bereits als streitbarer, bisweilen fanatischer Konservativer auf, war er allenthalben darum bemüht, andere auf seine Seite zu ziehen: nicht nur bei öffentlichen Diskussionen, auch während der Busfahrten zwischen Stuttgart und der Universitätsstadt, oder wenn er – wie vor einer Kundgebung des in jener Epoche noch unbekannten Wehrexperten der SPD-Bundestagsfraktion, Helmut Schmidt – Flugblätter verteilte und auf die Ankömmlinge einredete. Dieser junge Blonde ließ einfach nicht locker, er argumentierte, focht, beharrte. Einer, der an die Macht von Worten glaubte, ein Prediger.

Dabei ist er geblieben. Worte sind ein wesentlicher Teil seiner Taten; sie müssen es auch sein, sagt er, sonst wäre er auf dem Posten des Generalsekretärs der CDU „fehl am Platz". Dort hat er dafür zu sorgen, daß die Union nicht zu kurz kommt im Prozeß der öffentlichen Meinungsbildung oder besser noch: daß sie stets vorn bleibt, „weil man sich die Bewußtseinslage der Wähler nicht verfälschen lassen darf". Mit kaltem Herzen also und nach etlichem Überlegen, Abwägen, Einschätzen der Möglichkeiten und Wirkungen, legt er seine Pfeile auf und schießt ab. Als die SPD zum Beispiel im jüngsten Wahlkampf den Vorwurf der „sozialen Demontage" aufbrachte, fühlte er sich zu einer „Gegenoffensive" aufgerufen: „Ich mußte etwas tun." Und da schien es ihm nicht weit genug zu tragen, nur von „Unwahrheit" zu reden: „Das druckt keiner, das sendet niemand, das geht auch nicht übers Fernsehen, das müssen Sie schon mit einem veritablen Angriff begleiten. Das muß sitzen." Peng.

Es soll provozieren, soll ärgern, soll verstimmen. Anders ist keine Wirkung zu erreichen „in der publizistischen Landschaft, in der wir leben". Heiner Geißler, ein Fuchs, ein Taktiker, berechnet seine Beleidigungen. Und er nimmt dabei sogar für sich in Anspruch, daß ihm diese Drecksarbeit keinen Spaß macht. „Die harten Angriffe auf den politischen Gegner", gesteht er mit schöner Offenheit und glaubt sich sichtbar selbst die innere Reserve, „das ist etwas, das mir gar nicht so liegt." Nein, er greift die Sozialdemokraten nicht um ihrer selbst willen an, „nicht, weil sie Sozialdemokraten sind", sondern „aus Notwehr; das gehört einfach zu den Aufgaben des Generalsekretärs".

Aus diesem Verständnis seines Amtes heraus mag er auch die anstößige Behauptung in die Welt geschickt haben, der Pazifismus der dreißiger Jahre habe „Auschwitz erst möglich gemacht". Damit konnte er die Friedensbewegung diffamieren, die Öffentlichkeit auf die Nachrüstungsdebatte einstimmen,

zum Sammeln blasen. Ist er folglich in der Tat mehr gezogen zu solch niederen Aktionen, als daß er aus unkontrollierter Leidenschaft hinsinkt? Spielt er den Winkelried, um seinem Kanzler leichter zum Sieg zu verhelfen?

Danach klingt es zumeist, wenn er seine Herausforderungen in irgendein Mikrofon spricht: ohne besondere Betonung, gelassen, keineswegs erregt. Aber manchmal – wie in der Debatte vor dem Wendemanöver – ist er eben doch ganz dabei, bricht etwas in ihm auf, wird er unsachlich, schlägt er ohne Kontrolle unter die Gürtellinie, explodiert er. Heiner Geißler berechnet das meiste von dem, was er herausschleudert. Aber er berechnet nicht alles. Ihm fällt leicht etwas ein – und nicht selten zuviel.

Wenn er schon nicht konfliktbesessen ist, so doch durchaus konfliktfreudig. Er geht, gibt er zu, „keinem Streit aus dem Weg". Und so kommt er auch in die Bundespolitik: breitbeinig, die Arme baumeln locker herab, er läuft nicht, er schaufelt sich nach vorn. Wo ist der Gegner, den er jetzt annehmen kann? In dieser Haltung steht er da, bewegt er sich. Seine nach unten gezogenen Schlitzaugen sehen dabei oft ganz verschlossen, auf Undurchlässigkeit geschaltet, aus, selbst wenn sie offen sind. Er läßt dann nichts herein, gibt nur ab, teilt aus. Und lebt zusehends auf dabei. Plötzlich stehen die Augen nach oben schräg, plötzlich ist er nicht Savanarola, sondern Till Eulenspiegel, narrt sein Gegenüber, freut sich über jeden gelungenen Streich, nimmt – für einen Augenblick wenigstens – die ganze schreckliche Politik nicht mehr so ernst.

Aber nur für einen Moment. Denn der Generalsekretär der CDU und amtierende Familienminister will ja nicht nur um des Sieges willen siegen, er will überzeugen, dauerhaft, er will missionieren. Er ist – bei all der schnöden Versiertheit im schieren Metier – ein Gesinnungstäter. Eigentlich wollte er – „das war mehr so eine idealistische Phase" – einmal Priester werden. Daß er nun Politiker ist, das liegt für ihn „auf derselben Linie".

Niemals hatte er vor, ein „behütetes Dasein“ zu führen, er wußte schon immer, daß er sich einsetzen, „engagieren“ mußte. Er fühlte und fühlt eine in ihm sitzende „Verpflichtung, das Zusammenleben der Menschen friedlich zu gestalten, es zu verbessern“.

Was es da zu verändern gibt, hat er zunächst in dem frommen, linkskatholisch eingestellten Elternhaus aufgenommen. Erste praktische Politikerfahrungen kamen später, nachdem er sich zunächst auf der Jesuitenhochschule in München der Philosophie gewidmet hatte, in der kämpferischen Phase seines Jurastudiums hinzu. Es war in diesen Jahren, als er den Tübinger RCDS anführte, eine Lehrzeit als Hordenführer, Meinungsmacher, ja Agitator. Mit der wahren politischen Knochenarbeit wurde er danach vertraut: im Anschluß an ein kurzes Gastspiel als Richter am Stuttgarter Amtsgericht, während der vier Jahre, in denen er das persönliche Büro des baden-württembergischen Arbeits- und Sozialministers Schütte leitete. Von diesem Mann, den er einen „Arbeiter“, einen „bescheidenen IG-Metaller“ und sein „Vorbild“ nennt, hat Geißler, so sagt er, das meiste gelernt, „was mein sozialpolitisches Engagement betrifft“.

In Rheinland-Pfalz, und über eine ganze Epoche von zehn Jahren hinweg, nämlich von 1967 bis 1977, vermochte er dann selbst als Minister für Soziales, Gesundheit und Sport in diesem Bundesland seine Vorstellungen umzusetzen. Dort boxte er einen exemplarischen Altenplan, ein Kindergarten- und ein Sportförderungsgesetz durch; und er legte – als erster – eine Untersuchung über die Kostenexplosion im Gesundheitswesen vor.

So hurtig wie damals, als die öffentlichen Kassen noch voll waren, weiß er, vermag er heute in der Zeit des knappen Geldes, die Welt nicht mehr umzukrempeln. Aufgegeben hat er es trotzdem nicht: „Fernsehauftritte allein, das kann einen doch nicht befriedigen.“

„Ich bin nicht von Politik zerfressen“, darauf besteht er, und ihn treibt auch „kein unbändiges Machtstreben“. Macht will er eben nur im Sinne von „etwas machen können“ verstanden wissen. Derart uneitel gibt er sich, und derart uneitel für seine Person ist er wohl tatsächlich. Heiner Geißler ist ein unruhiger Mann, und zwar in jenem Sinne, daß er keine Ruhe gibt, aber daß er sie gleichwohl hat. Gewiß führt er vor, was alle Politiker vorführen: diese Attitüde des öffentlichen Menschen, die beständige Bewußtheit, Wachheit, das Aufgehen in der Rolle. Auch er ist immer auf dem Sprung. Und was er sonst noch ist kann man allenfalls ahnen: wenn er, wie jüngst einmal nach einer Meniskusoperation, im Krankenhaus liegt, das Bein im Gips und hochgestreckt, ein Patient wie jeder andere, der mit seinen Besuchern zwar über Politik redet, der aber auch von seinen Söhnen erzählt, von den Klettertouren, die er mit ihnen unternimmt, vom Musizieren daheim, von seinen pädagogischen Prinzipien.

Wo also ist er ganz zu Hause? In welchen Rollen ist er wirklich glaubhaft? „Ich bin ein Familienhammel“, behauptet er bekennerisch, und lebt doch in Bonn, als Generalsekretär und Minister, einen 16-Stunden-Tag ausschließlich für die Politik. Er überzeugt als ein vom katholischen Glauben inspirierter Sozialpolitiker, aber er kennt offenbar keine Rücksicht, keine Fairneß, wenn er für CDU-Macht streitet. Heiner Geißler, ganz anders als viele seiner Kollegen im Parlament und in den Parteien, kann sich noch natürlich bewegen, er braucht die Publizität nicht als Droge, fühlt sich davon „eher belästigt“. Dennoch haben nur wenige die Regeln des Gewerbes, dieses unablässig auf parteipolitische Wirkungen bedachte Auftreten ähnlich konsequent verinnerlicht wie er. Ein Mensch in seinem Widerspruch. Er paßt in kein Klischee.

Und hat er sich denn nicht mit allen schon angelegt? Nicht nur mit den Sozialdemokraten und Pazifisten, sondern auch mit Strauß und Kohl? Wo also gehört er hin? Für wen steht er in der Union? Allem voran wohl nur für sich selbst. Und vielleicht macht gerade dies seine Faszination aus, daß er zugleich abstößt und anzieht, daß er so ungereimt und so glaubensfest bleiben kann, daß er sich fast besessen für die CDU einsetzt, ja an ihrer Spitze steht, und gleichwohl aus ihrem Rahmen fällt. Heiner Geißler fügt sich nicht gefällig oder gar unauffällig ein. Er erträgt es – oder genießt er es? –, gelegentlich ekelhaft und eckig zu sein.

Das hat er freilich auch früh einüben können. Seine Eltern haben im Dritten Reich „die Last des Regimes" zu spüren bekommen. Siebenmal ist der Vater, ein Beamter und Zentrumspolitiker, strafversetzt worden. Auch Heiner Geißler, Jahrgang 1930, hat als Schüler bei nationalsozialistischen Lehrern noch selbst „Schikanen" erlebt, hat also an sich und der Familie erfahren, wie man gegen andere zu seinen Überzeugungen steht. Später, auf dem Jesuitenkolleg in St. Blasien und während seines Philosophiestudiums an der Jesuitenhochschule in München, bevor er sich doch noch für die Juristerei entschied, mag er noch dazugelernt haben, wie man seinen Glauben auch hinausträgt, verbreitet.

Mittlerweile ist er reichlich perfekt in dieser Kunst. Oder hat sie sich auch verselbständigt? Als Heiner Geißler in den fünfziger Jahren zur CDU fand, lockte ihn dort nicht nur, was er die „großen neuen Ideen" nennt, also die Rentenreform, die Eigentumspolitik und die europäische Einigung. Ihn zog auch „der Reiz der geistig-politischen Auseinandersetzung mit dem Kommunismus" an. Ein Christdemokrat ist er und ein Kämpfer, und beides aus Leidenschaft, ein engagierter Sozialpolitiker und zudem ein geschickter Handwerker der Macht. Er kennt sein Gewerbe. Und das heißt auch: Obwohl er die Welt verändern will, liegt ihm das blindwütige Weltverbessern doch fern. Er denkt taktisch und perspektivisch, und die Sozialdemokraten wären gewiß froh, sie hätten einen wie ihn – einen Religiösen und einen Pragmatiker zugleich.

Dabei hat er auch noch etwas ungemein Erdhaftes an sich. Brilliant zu sein gelingt ihm nicht. Seine Sprache bleibt stets dialektgefärbt, seine Rede entbehrt der glanzvollen Formulierungen, der Eleganz. Er ficht mit dem Säbel, nicht mit dem Florett. Das macht ihn ganz schön unbequem – für seine Gegner wie für die eigenen Leute.

Peter Boenisch
Keiner aus Kohls Klüngel

Er sieht aus, wie einer für diesen Job aussehen muß: weißgewellte Haare, samtbraune Augen, glatte Urlaubshaut. Der schlanke, hochgeschossene Körper steckt im Zweireiher, mal nachtblau und nadelgestreift, mal dunkelgrau leinern. Früher hat er auch schon zu grellgemusterten Jacketts und zu Lackschuhen gegriffen. Heute trägt er immerhin noch Schnallen an seinen Slippern. Ach ja, er ist tatsächlich genauso schön wie Klaus Bölling selig. Dafür fehlen ihm die Zeichen der hochgezüchteten Sensibilität, der seismographischen Witterung. Er schaut immer ganz ausgeruht, er wirkt stets bereit zur Fröhlichkeit. Peter Boenisch leidet nicht an dieser Welt, er wirft sich ihr in die Arme: Als glücklicher Playboy führt er sich ein und eben als ungemein dekorativer Sprecher für seinen Herrn. So erscheint er in den Pressekonferenzen, so tritt er vors Fernsehvolk. Anders als die Vorgänger Becker und Stolze versteht er es prächtig, sich zu präsentieren. Der Kanzler hat ihn mediengerecht ausgesucht.

Auf den ersten Blick gesehen könnte er sogar nichts als ein Showman sein, einer, der sich in die Politik nur verirrt hat, der sonst singt und swingt. Aber bei der Arbeit, wenn er zu sprechen beginnt, ist er kein bißchen künstlich. Allen Eifer zur Vervollkommnung seiner Person tobt er im Optischen aus. Was er darunter oder dahinter ist, scheint ihm zu genügen, das hält er offenbar für keiner besonderen Politur bedürftig. Er bewegt sich natürlich, sein Umgang mit anderen entbehrt jeglicher Geziertheit, seine Sätze kommen ungedrechselt und fallen allenfalls durch Schnoddrigkeit, nicht aber durch besonderen Schliff auf.

Einen Volkssprecher möchte man ihn viel eher nennen als den Sprecher der Regierung. „Den ganzen Quatsch mit der Provinzialität", sagt er etwa auf Kohls mangelnde Welterfahrung angesprochen, „finde ich ziemlichen Blödsinn." Die Frage, ob er Lampenfieber am Beginn seiner Auftritte vor der Bundespressekonferenz habe, kontert er: „Leute, die die Dinge mit ‚Mir-kann-keener' absolvieren, sind mir einfach typologisch verdächtig." Und wo Klaus Bölling mit der hochfahrenden Bonner Verlautbarungsfloskel „da muß ich mich erst kundig machen" paßte, zieht Peter Boenisch sich auf ein schlichtes „das weiß ich nicht" zurück. Bölling bot Sprachkunst de luxe, Becker lieferte Analysen fürs Oberseminar, Boenisch sagt alles wie es jeder sagt.

Die artistische Komponente des langjährigen Sprechers der Regierung Schmidt, gesteht der Nachfolger denn auch gerne ein, fehle ihm ganz. Sein Vorbild heißt Conny Ahlers, der flapsige Presseamtschef des Kanzlers Brandt. Und wie jener, so sieht auch er sich – selbst als Staatssekretär und folglich von Amts wegen auf der anderen Seite des Zauns – immer noch als den Kumpel der Kollegen an. Ein Journalist, Boenisch ist es von der Pike auf und erfolgreich wie wenige gewesen, will er nach wie vor sein und begreift auch die Arbeit so: als eine journalistische. Er recherchiert, wie er es im Beruf getan hat, holt sich seine Informationen von den Spitzenbeamten der Ministerien und aus dem Kanzleramt, bevor er sie an die hungrige Meute aus der Bundespressekonferenz weitergibt.

Aber Peter Boenisch will nicht nur Journalist sein, er muß es auch. Wo Klaus Bölling als Alter ego seines Kanzlers selbst mit staatsmännischem Gebahren auftrat und zudem unmittelbar aus dem Quell des Herrschaftswissens schöpfte, steht Peter Boenisch doch eher abseits. Was dem Vorgänger zugetragen, ja was ihm täglich zur Beurteilung und Beratung überreicht wurde, muß Boenisch sich zusammentelefonieren. Er zählt nicht zum engsten Kreis um den Kanzler und erlebt deshalb immer wieder – wie Conny Ahlers es einmal ausgedrückt hat –, daß dies „ein ganz mieses Amt ist", daß er da erfährt, was man ihn erfahren läßt, und daß er die Sache gleichwohl nur glaubwürdig vertreten kann, wenn er das meiste überschaut. Davon ist Peter Boenisch offenbar noch entfernt. In Kohls Ohr sitzt Eduard Ackermann, der Leiter der Abteilung Gesellschaftliche und politische Analysen – Kommunikation im Kanzleramt. Und wenn der in Urlaub fährt, wenn dieser Nebensprecher nicht täglich zur Stelle ist, dann geht es dem offiziellen Hauptsprecher, was er ungeschützt zugibt, „gleich viel schlechter".

Es ist ja auch ein gewaltiges Pensum, das er aufnehmen, sich einverleiben, verarbeiten, sortieren und weiterreichen muß. Keine andere Regierungsaufgabe erfordert – den Kanzler einmal ausgenommen, der allerdings nicht dreimal in jeder Woche und ohne Deckung in die Löwengrube der Bundespressekonferenz muß – soviel Lernfähigkeit, soviel Gedächtnisarbeit, soviel Talent, blitzschnell Zusammenhänge zu erfassen. Aber das ist ja nur der eine Teil der Aufgabe des Regierungssprechers; den anderen, den schwierigeren, hat Klaus Bölling einmal einen ständigen Drahtseilakt genannt, von dem man sich, nach Jahren der Amtsausübung, nicht einmal in einem bürgerlichen Vierwochenurlaub erholen könne. Gemeint ist, was auch der weniger zerquälte, ja eher unbekümmerte Peter Boenisch bereits unter „fast unmöglich" einstuft, nämlich gleichzeitig der Regierung, den Journalisten und der Partei, welche die Regierung stützt, zu dienen. Der Sprecher soll so viel wie nötig für sich behalten und er soll gleichzeitig so viel wie möglich mitteilen. Gibt er das Eingemachte preis, bringt er seinen Chef und dessen Mannschaft auf. Trägt er zuwenig hinaus, gerät er in das Kreuzfeuer der allzeit meckerbereiten Journalisten. Das wiederum ist den Mächtigen abträglich. Vor Fehltritten zwischen

Offenheit und Zurückhaltung ist er niemals gefeit. Wie er es also macht, er macht es falsch. Es ist eine Aufgabe mit eingebautem Konflikt, es ist ein „Teufelsjob", wie auch der Neue, bei all seiner Nonchalance, mittlerweile wohl weiß. Und so gibt er sich schon zufrieden, wenn er dort, in dem Bemühen, das Unvereinbare zu vereinen und das Fastunmögliche dennoch möglich zu machen, einen hohen Annäherungswert erreicht.

„Das Rassepferd wird von den Hindernissen angezogen", memoriert er jedoch, angesichts der täglichen Hürden, einen Spruch seines Vaters. Und obwohl ihm solche Weisheit heute, und weiß Gott nicht ohne Grund, überheblich in den Ohren klingt, hat er sich davon bewahrt, „daß der höhere Schwierigkeitsgrad mehr Lustgewinn" bringt. Um so erstaunlicher ist, daß er ihn nach außen hin zunächst ohne Übereifer, ohne Verkrampfung angeht. Jetzt, noch ziemlich am Anfang seiner Bonner Amtszeit, steht er häufig mit leeren Händen da. Natürlich, er informiert sachlich und auch systematisch, liebt es, die Materien mit erstens, zweitens, drittens zu rubrizieren, gibt sich allerdings niemals klüger als er ist, putzt nichts auf, wirft ab und an ein berlinisches „bütteschön" hin und fügt hinzu, da habe er etwas nicht gefragt und deshalb könne er es hier auch nicht sagen.

Lieber zeigt er sich so blank, als daß er Halb- oder Fehlinformationen ausstreut. Das schiene ihm „schlechter Service" zu sein. Zudem würde er mit solchen Unvorsichtigkeiten seinen Ruf eher zerstören als mit dem Bekenntnis, hier oder dort eine Lücke zu haben: „Wenn ich etwas nicht weiß, macht mich das nicht kaputt", bekennt er vielleicht zu sorglos. Auch weil die politische Materie in den Jahren nach Felix von Eckardts Dienstzeit zunehmend komplizierter geworden und heute für niemanden mehr ganz überschaubar ist, scheut er sich nicht, von Zeit zu Zeit bedauernd mit den Achseln zu zucken.

Und trotzdem: Er kommt zwar ganz kühl in die Pressekonferenz, an irgendeinem Mittwoch, nach der Kabinettssitzung.

Aber je länger das geht, je mehr er mit „das ist richtig“ oder „damit ist zu rechnen“ einen Frager bestätigt, je öfter er klarstellt, über dieses und jenes sei heute nicht gesprochen worden, je häufiger er eingestehen muß, daß er etwas nicht sagen kann oder daß er nicht weiß, ob es nach dem Treffen mit Frau Thatcher ein Kommuniqué geben wird, und wer alles an den Gesprächen mit der Dame teilnimmt, desto rosiger blühen hektische Flecken auf seinen Wangen auf. Und wie er da beständig in ganz kleinen Ruckern auf seinem Stuhl herumwippt, mal rauf und mal runter, mal hin und mal her, macht er mit dieser kaum bemerkbaren Unruhe deutlich, daß doch auch ihn anstrengt, was ihn nicht anstrengen soll.

Denn eigentlich muß er, so redet er sich bisweilen gut zu, in diesem Amt nicht die ganz großen Lorbeeren ernten. Nein, dies ist – wie faszinierend ihm die Aufgabe auch erscheint – nicht die Krönung seiner Laufbahn; es ist eine Arbeit unter anderen. So will er sie verstanden wissen. Er muß hier nichts beweisen; er muß sich nicht einmal – „Leute, die nie Zweifel an sich haben, sind mir nicht geheuer“ – die kleine Aufregung in den Fragestunden mit der Bundespresse übelnehmen. Peter Boenisch hat schon genug Erfolg gehabt im Leben; er will nicht „den ganz großen Zampano“ spielen. Dieser Regierungssprecher erträgt es sogar ganz ausgezeichnet, einen Fehler zu machen; er verzeiht ihn sich auf der Stelle.

Beim Stuttgarter Gipfel, zum Beispiel, sprach er vom positiven Ausgang der Verhandlungen, als die Entwicklung gerade wieder umgekippt war, gab er seinen Bericht zu voreilig ab. Klaus Bölling hat sich einen ähnlichen Patzer einmal wochenlang nicht vergeben. Dieser hier steckt die Blamage einfach weg.

Er kann sie verkraften, was sein Selbstverständnis betrifft, auch wenn er in Wahrheit dünnhäutiger sein mag als er sich zeigt, aber er will sie, mit aller Kraft, um des Amtes willen vermeiden. Peter Boenisch ist nicht nur dem Klang seiner

Sprache nach ein Berliner, ein Preuße, er glaubt zumindest, daß ihn auch geprägt hat, in „diesem Raum“ groß geworden zu sein. An diesem Punkt seiner Legende findet der sonst so Kodderschnäuzige plötzlich große Worte, holt aus zu Begriffen wie „Tradition“ und „Erziehung“, ja versteigt sich sogar zu dem Bekenntnis: da bereite es keine Schwierigkeit, da sei es eine Selbstverständlichkeit, „dem König zu dienen“, und fügt, ohne Aufhellungen in der Stimme und ohne Aufleuchten in seinem Gesicht, hinzu: „Nur, wenn man so aussieht wie ich, und wenn man noch so eine Vergangenheit hat wie ich – dann glaubt einem gerade dies kein Mensch.“

König Kohls Diener? So kommt er in der Tat nicht daher, und so ist er auch im Amt nicht eingerichtet. Der unförmige Schlauch – im ersten Stock der Bonner Welckerstraße 11 –, der auch den Vorgängern als Amtssitz ausreichen mußte, ist ihm geblieben. Aber er hat ihn immerhin zu stilisieren versucht. Alles blinkt nun weiß, in Schleiflack oder aus Leder – die Sessel, der Clubtisch, die Regale. Kunst aus den Leihkammern des Kanzleramts ist dazwischen gestreut: moderne Plastik, abstrakte Malerei. Er hätte es sonst nicht ausgehalten hier, meint er, hätte sich Depressionen eingehandelt in dem finsteren Viereck. Peter Boenisch braucht den Glanz.

Er braucht, er liebt den Flitter. Wofür aber steht diese auffällige Neigung? Ist es ein Mittel, das Leben, da es nun mal soviel Schrecknisse und Finsternisse bereithält, wenigstens an der Oberfläche angenehm auszugestalten? Will er es von außen her aufhellen? Oder drückt sich darin nur das Bunte an seiner Herkunft und seiner Vorgeschichte aus? Bringt die Zusammensetzung aus einem tüchtigen, deutschen Vater – der war Ingenieur, Kaufmann dazu, und bis die Nazis ihm die Geschäfte unmöglich machten, ein erfolgreicher, ein sehr wohlhabender Mann – und einer russischen Mutter solche Blumen zum Blühen? Es ist schon merkwürdig: wie begeistert er diesem übersteigerten Ästhetizismus huldigt, wie ungehemmt gelackt, als gälte es dort nur für Penthouse zu paradieren, er in die deutsche Politik marschiert.

Doch er sieht nicht nur ungewöhnlich aus, bei aller Liebenswürdigkeit, bei aller Geradlinigkeit und Menschlichkeit, welche er auf Anhieb jedem Gesprächspartner doch ebenfalls als zu ihm gehörend vermittelt; er ist auch ungewöhnlich. Und zwar auf eine andere Art als der Talmi, den er so schätzt, vermuten läßt. Er ist so außerordentlich wie sein Werdegang wechselhaft.

Peter Boenisch war schon sehr reich, ganz arm und wieder reich in seinem Leben. Er ist als das einzige und verwöhnte Kind in einem großbürgerlichen Haus aufgewachsen. Der Vater nahm den Jungen mit auf Reisen und in chice Hotels. Nach dem Krieg, als der Ernährer krank, gebrochen und die Familie verarmt war, mußte der Sohn zusehen, wie er sich und die Eltern durchbrachte. Ursprünglich wollte er einmal Jura studieren und Strafverteidiger werden – in völliger Verkennung seiner wirklichen Talente, was er bald einsah. Später hat er sich eine Universitätskarriere als Slawist zum Ziel gesetzt. Doch dann verdingte er sich als Reporter für Besatzungszeitungen bei den Amerikanern, weil das die simpelste Art war, etwas zu essen zu bekommen. So zufällig fand er den Einstieg in seinen künftigen Beruf.

Mit achtzehn Jahren begann er also als Lokal- und Sportreporter der „Allgemeinen Zeitung", der Berliner Version der „Neuen Zeitung". Bereits 1949, vier Jahre später, war der begabte Formulierer und Organisator Chefredakteur der „Schleswig-Holsteinischen Tagespost". Am Anfang der fünfziger Jahre arbeitete er als persönlicher Referent des damaligen NWDR-Intendanten Adolf Grimme, eines Sozialdemokraten. Auch ein Abstecher zur Illustrierten „Revue" gehörte in diese Laufbahn, die schließlich im Hause Springer in eine Position als Starschreiber und Chefredakteur, als Berater und Manager des Verlegers für fast zwei Jahrzehnte sicher einmündete. Wer, in diesem windigen Metier, hat Vergleichbares erreicht?

Peter Boenisch, Golfspieler, Herrenreiter, Datscha-Besitzer – wo? auf Sylt, versteht sich – hat früh den Luxus, und hat danach das Elend, hat auch die Schrecken des Krieges erlebt. Noch heute sind ihm die Daten der fürchterlichen Bombenangriffe auf Berlin im Jahr 1943 gegenwärtig. Als ganz junger Mensch, 1927 geboren und zwischen 1939 und 1945 gerade in den empfindsamen Adoleszenzjahren, hat er Tote und Verwundete gesehen. Das alles ist ihm als „schrecklich“ in Erinnerung geblieben. Noch lange nach diesen Keller-, nach seinen Flakhelfer- und Fallschirmspringerzeiten schlief er schlecht. Nur langsam verblaßten die Bilder und haben ihn gleichwohl bis heute niemals ganz losgelassen.

So gehört vieles und ganz Unterschiedliches zu den Schlüsselerlebnissen dieses Mannes. Will man es in Bildern festhalten, dann ist es der Ausflug an der Hand des Vaters mit Chauffeur und Wagen; ist es aber auch – nur kurze Zeit später – die Hausaufgabenstunde bei Kerzenlicht oder der Mittagstisch mit der Knorrsuppenmahlzeit aus der Büchse. Jene Schreckensstunde wird dazu gehören, in der er eine Frau aus dem Luftschutzkeller rettete, und jener Sieg, als es ihm gelungen war, Anno 1953, eine Luftbrücke für erholungsbedürftige Berliner Kinder zu organisieren. Dem damals 26jährigen brachte diese Initiative das Bundesverdienstkreuz ein.

Daß er aus dem Licht kam und durch allerlei Dunkelheiten immer wieder dorthin zurückfand, daß er so erfolgreich werden konnte, wie er den Vater zuallererst erlebte – es mag zu seinen Grunderfahrungen zählen. Die Maßstäbe, wie angenehm oder wie schön das Leben sein soll, hat er gewiß aus der frühen Kindheit mitgebracht, vielleicht auch die Schwäche für das zu Schöne. „Männer wie wir richten sich nicht nach der Mode, Männer wie wir machen Mode“, soll der alte Herr gesagt haben, und nicht ganz überzeugend distanziert sich der Sohn von solchen Lebensweisheiten mit der hingeworfenen Bemerkung, „der habe immer irgendwelche Sprüche draufgehabt". Der Vater, obschon so lange tot, ist präsent in vielem, was Peter Boenisch von sich und von seiner Entwicklung erzählt. Von ihm – die Mutter schildert er als exzentrisch, als „verwöhnte Luxuspuppe" – glaubt er, sind ihm alle möglichen Tugenden überkommen: das Patriarchalische und auch das Soziale, daß er solidarisch ist mit seinen Mitarbeitern, daß er sich vor andere stellt, auch wenn sie einmal Fehler machen.

In der Tat, so etwas Beschützendes haftet ihm schon an. Bereits in dem vom Krieg erschütterten Berlin war der großgewachsene Fünfzehnjährige einer, an dessen Brust sich andere ausweinten – „obwohl mir selbst zum Heulen war". Auch heute nimmt er gern bei der Hand, zeigt sich hilfreich, denkt mit, fühlt mit, kommt entgegen. Ein angenehmer, ein beliebter Chef ist er stets gewesen; zudem einer, der anregt.

Gewiß, seine Augen sehen so plüschig aus, aber sie können auch hart schauen. Seine Hand faßt sich weich an beim Grüß Gott, aber sie greift fest zu. Er ist so verdammt nett und – wie viele Erfolgreiche – auch verdammt gefährlich. Peter Boenisch war einmal der kämpferischste konservative, ja der bekannteste Journalist der Republik. Während seiner Zeit als Chefredakteur der Massenblätter „Bild" und „Bild am Sonntag", in den turbulenten sechziger und siebziger Jahren, als er die „Linksfaschisten", die „Radau-Profis", als er den gesamten jugendlichen Protest verteufelte, da wurde er zur Antifigur nicht nur der extremen Kräfte, da wurde er zum Ärgernis. Auch weit bis in die bürgerliche Mitte galt der Chefredakteur und Kolumnist der Bildzeitung als der ebenso schreibbegabte wie unseriöse Springer-Zögling. Mit ihm konnte sich keiner, mit ihm wollte sich auch keiner messen. Ein Brunnenvergifter, so gebärdete er sich lustvoll in seinen Artikeln, ein Zerstörer in der doch gerade erst keimenden politischen Kultur der Bundesrepublik.

In den konservativen Standort, von dem aus er damals focht, war er nicht hineingewachsen, denn das väterliche Credo ist ihm eher als das eines Liberalen in Erinnerung geblieben. Peter

Boenisch hat das vielmehr für sich „entdeckt". An Kurt Schumacher, dem einen der beiden bedeutendsten Politiker der ersten Nachkriegszeit, stieß ihn der Nationalismus ab. Adenauers „moderate Tour" fand er hingegen für die Situation des Landes angemessener, obwohl ihm der Zugang zu dem Rheinländer, der so wenig Sinn für Berlin zeigte, nicht leicht fiel.

Als die Protestgeneration die Sicherheit und das Wohlbefinden der Republik in Frage zu stellen begann, hielt er, kriegs- und nachkriegserfahren, den Blick ganz auf die wütende Verteidigung des Bestehenden gerichtet. Später jedoch, im Amt eines Chefredakteurs der „Welt", der Springer-Zeitung für den gehobenen Anspruch – nachdem er vorher auch im Management des Konzerns gearbeitet hatte –, schrieb er plötzlich differenzierter. Er wandte sich gegen den Olympia-Boykott und kritisierte auch, was er „Rasenmäher-Taktik" gegenüber jugendlichen Demonstranten nannte: eine Taktik, die Disteln und Blumen gleichermaßen erfaßt. Offenbar begann er zu verstehen, was in vielen jungen Köpfen vorgegangen war.

Peter Boenisch, der einst so dienstfertig für die rechts-rigide Richtung seines Verlegers geschrieben hatte, setzte sich nun dafür ein, daß auch ein Herbert Wehner das Recht habe, am 20. Juli eine Gedenkrede zu halten. Jetzt provozierte er Axel Cäsar Springer, so wie er vorher alles, von sozialliberal bis ganz links, provoziert hatte.

„Man kann nicht ewig Juso bleiben", ordnet er diesen Wandel heute ein, „und ich war ein schwarzer Juso." Davon will er jedoch nichts zurücknehmen, daran will er auch nichts bedauern. Wenn man älter wird, sagt er, kann man nur beharren oder sich öffnen – „und ich habe mich zweifellos geöffnet".

So ist er von Springer gefeiert und gefeuert worden. Wie lange er wohl für Kohl bequem bleibt? Oder Kohl für ihn?

Gewiß, er mag schon dieses Kanzlers Diener sein. Auch so ein Erfolgsgewohnter, so ein Farbenfroher, so ein Eigenständiger kann sich durchaus zum Dienen bereit finden. Aber nur dann wird er bei dieser Aufgabe bleiben, wenn er dort immer wieder sich selbst begegnet und dem, was er von sich hält.

Das ist – und wer könnte es übersehen? – nicht gerade wenig. Und es ist vor allem so ganz anders als Kanzler Kohls engster Klüngel.

Philipp Jenninger
Diener der Sache, nicht des Mannes

Im Vordergrund hat er nie gestanden. Allenfalls in seinem Wahlkreis zieht er Blicke an, wendet sich ihm bisweilen die ganze Aufmerksamkeit der politisch Interessierten zu. Außerhalb der kleinen Hauptstadt am Rhein kennt sonst kaum jemand seinen Namen. Er macht nicht viel von sich her, er arbeitet anderen zu. Philipp Jenninger, der Staatsminister in Kohls Kanzleramt, ist ein Mann aus der zweiten Reihe; einer von denen, welche den Stoff, der täglich zur Entscheidung ansteht, für einen Mächtigeren aufbereiten, einer, der ordnet und bündelt, der analysiert und organisiert, der berichtet und berät. Er hilft mehr, als daß er ganz aus der eigenen Verantwortung heraus handelt; er kann zurückstecken und anderen den Vortritt lassen.

Derart bescheiden zu sein hat er freilich auch früh gelernt. 1932 im schwäbischen Rindelbach an der Jagst geboren, ist er im Krieg und in den kargen Verhältnissen der Jahre danach groß geworden. Als eines von acht Kindern mußte er freilich noch mehr teilen als andere seines Alters. Von allem, was er erreicht hat im Leben, konnte unter solchen Umständen nichts geschenkt sein. Doch dieses Elternhaus, in dem so wenig Platz am Tisch war, hat ihm gleichwohl sehr viel gegeben.

Der Vater, ein Buchdruckermeister, ließ immerhin fünf seiner Kinder studieren. Der Sohn spricht von ihm voller Achtung als von einem „einfachen, aber sehr klugen Mann". Als die Nazis den katholischen Verlag schlossen, in dem er sein Geld verdiente, fand er in der Kleinstadt Ellwangen keine angemessene Arbeit mehr und mußte in die Fabrik gehen, um die große Familie durchzubringen. Zwei der Söhne sind in diesen Unglücksjahren gefallen. Dem damals zwölfjährigen Philipp gab dieser Geschlagene mit auf den Weg, sich in seinem Leben fortan immer dafür einzusetzen, „daß so etwas über unser Land nicht noch einmal hereinbricht".

Das war der erste Anreiz, sich politisch umzuschauen. Bis zum Engagement vergingen freilich Jahre. Erst als Student der Rechte, der in Tübingen die Universität besuchte – „wie es sich für einen Schwaben gehört" –, tat sich Jenninger dann um. Er besuchte reihum die Veranstaltungen aller Parteien, durchstöberte auch die Programme und aktuellen Zielsetzungen. Ausschlaggebend für seinen Einsatz war, wie bei so vielen aus seiner Generation, die Figur Adenauers. Der Alte hat ihn beeindruckt, hat ihn fasziniert, und 1955 trat er dann in die CDU ein.

Ganz so zufällig, wie Philipp Jenninger den Vorgang heute schildert, kann er jedoch nicht abgelaufen sein. Die Weichen waren wohl schon vorher gestellt. Nicht in irgendeinem jugendlichen Einsatz, nicht in der Mitgliedschaft bei irgendeiner Organisation. Aber von jenem Zuhause, von den einfachen, katholischen aber doch aufgeschlossenen Verhältnissen her, von jenem Milieu, aus dem sich früher einmal das Zentrum speiste, war Jenningers Richtung gewiß vorgegeben.

Es war eine Welt der Rechtschaffenheit, der Zuwendung, und es war zudem eine Welt der äußeren Beschränkungen, in welcher Philipp Jenninger aufgewachsen ist. Da mußte man sich notgedrungen in vieles fügen, da hatte sich jeder zu bescheiden und gleichzeitig die größten Anstrengungen zu unternehmen. Und was er dort als Verhaltensmuster so grundlegend erfahren hat, ist ihm später in der Studienzeit noch einmal begegnet. Sein Tübinger Aufenthalt, von 1952 bis 1955, fiel in eine Zeit, während der die letzten Kriegsteilnehmer noch in den Hörsälen saßen. Das waren keine jungen und keine verwöhnten Leute. Sie standen allesamt unter dem Druck, das Studium möglichst schnell abzuschließen um danach ohne Verzögerungen in einem Beruf unterzukommen. Folglich verbreiteten sie, wie Jenninger sich erinnert, „eine Atmosphäre des Schaffens und Wuhlens".

Dieser Eifer hat auch auf die Jüngeren abgefärbt. Aber Studenten wie der Handwerkersohn Philipp Jenniger mußten sowieso alle Kraft zusammennehmen. Es gab kein Bafög, ein Stipendium zu bekommen war sehr schwer, und so verdiente sich, wer von zu Hause nicht zureichend ausgestattet war, sein Studium selbst. In den Semesterferien ging Jenninger also in die Fabrik, oder er rackerte sich auf dem Bau ab. Wie „hart" das war, ist ihm heute noch im Sinn, aber auch, daß es ihm nicht geschadet hat: „Wenn man einen geistigen Beruf anstrebt, ist es gut, auch die Wirklichkeit in einem Betrieb oder auf einer Baustelle zu kennen." Oft kam er da, vor allem, solange er für ein Unternehmen, das Batterien herstellte, Kohlenstaub schaufelte, „schwarz wie ein Neger" nach Hause. Und nicht nur den Dreck brachte er von dort mit, sondern auch eine Erfahrung, die ihn geprägt hat, nämlich: „daß nichts selbstverständlich ist, was einem gegeben wird im Leben".

Als Ziel seines Studiums hatte sich Philipp Jenninger den Beruf des Richters vorgenommen. Aber dann bot sich ihm – nach dem zweiten juristischen Staatsexamen und nach der Promotion mit einer Arbeit über die Reform des Bundesverfassungsgerichts – beim Aufbau der Wehrverwaltung eine interessante Möglichkeit in der Administration. Er konnte sich ausrechnen, daß er dort schneller vorankommen würde als irgendwo sonst, und so entschied er sich für diesen Weg.

Damit war er auf der Strecke, die ihn schließlich nach Bonn führte, damit war er am Anfang einer grundsoliden, ja, fast möchte man sagen, einer schwäbischen Laufbahn. Von großem Fleiß war sie bestimmt, von Verläßlichkeit, von Standfestigkeit, und nicht zuletzt von einer praktischen Intelligenz. Es ist die Karriere eines Aufsteigers, aber darin ist nichts Überschießendes, nichts Verzwungenes, nichts Aufgeregtes zu finden. Sondern: Da kam einer und wurde, was er werden konnte.

Am Anfang, noch in der Stuttgarter Zeit, war Philipp Jenninger bei der Wehrbereichsverwaltung für den Bau der Wohnungen für Bundeswehrangehörige zuständig. Später wurde er Personaldezernent. Von diesem Posten holte ihn der Staatssekretär im Bundesverteidigungsministerium Gumbel – „aus vielen Bewerbern", erzählt der Ausgezeichnete voller Stolz – als seinen persönlichen Referenten nach Bonn. Mit wehenden Fahnen erschien er in der Bundeshauptstadt, und mit einem Gefühl von „Was-kostet-die-Welt". Doch der Rausch verflog schnell, und der Strebsame fügte sich bescheiden in das gewaltige Pensum dessen, was er heute seine „Lehr- und Wanderjahre" nennt.

Ein Jahr später schon führten sie ihn an einen neuen Ort, ins „Ministerium für besondere Aufgaben" zu Heinrich Krone, Adenauers grauer Eminenz, dem letzten und engsten Vertrauten des Alten. Da war Philipp Jenninger an einer der sensibelsten Stellen im Bonner Betrieb jener Jahre gelandet. Hier wurden die Nachrichtendienste koordiniert, hier liefen täglich ihre Berichte sowie die der Botschafter aus der ganzen Welt ein. Damals, wie später nie wieder, hatte Jenninger „einen Überblick über die gesamte außenpolitische und innenpolitische Situation". Und er nahm noch mehr mit aus dieser Zeit: die Begegnung mit „Papa Krone" vor allem, einem Mann, zu dem die Leute kamen, um Rat zu holen, der sich niemals in den Vordergrund oder ins Fernsehen drängte. In seiner Nähe hat Philipp Jenninger zum ersten Mal empfunden, und es hat ihn „als Leitstern" geprägt, was Politik seiner Meinung nach sein muß, nämlich: „Dienst am Menschen".

Eine Art Antiprogramm schloß sich dieser Station an. Philipp Jenninger wurde politischer Referent im Finanzministerium des Franz Josef Strauß. Eine „faszinierende Zeit" erlebte er dort unter dem exzentrischen Minister, für den er vor allem die Reden schrieb. Er kennzeichnet diese Erfahrung milde als „Ergänzung" zu dem, was er bei Krone gelernt hat. Außerdem, nach dem Dienst in der Riesenadministration des Verteidigungsministeriums und dem am Nachrichtenknotenpunkt im Ministerium für besondere Angelegenheiten, bot sich ihm hier noch einmal ein neues Arbeitsfeld, erhielt er Einblick in bislang unbekannte fachliche Bereiche. Er hat sich, erinnert sich Philipp Jenninger, in jenen Jahren die ganze „Bandbreite der Politik" vollends erarbeitet. Und so erfahren, so sattelfest geworden, erschien es ihm nur logisch, nicht nur zu dienen, nicht nur zuzuarbeiten, sondern sich selbst in die Arena zu wagen. 1969 – der Wahlkreis Crailsheim war damals freigeworden – kandidierte er zum ersten Mal für den Bundestag und wurde auch gewählt.

Im Haushaltsausschuß, dem er gleich von Beginn seiner parlamentarischen Existenz an zugehörte, lernte er noch einmal eine Lektion dazu, war er gleich am Lebensnerv seiner neuen Arbeit gelandet. Ohnedies gilt dieser Ausschuß als die hervorragendste Schule für jeden Abgeordneten. Philipp Jenninger hat auch dort seine Jahre abgesessen, hat sich mit der „Uraufgabe des Parlaments" vertraut gemacht. Es war die angemessene Vorbereitung auf das, was nun kam, und was ihn bis zu seinem Einzug ins Kanzleramt an einen einzigen Job fesseln sollte: die Tätigkeit als parlamentarischer Geschäftsführer der Unionsfraktionen.

Als Carstens 1973 Vorsitzender wurde, holte er sich Philipp Jenninger in dieses Amt, in dem dieser sich dann, auch über die Grenzen des Parlaments hinaus, einen Namen gemacht hat. Den Einpeitscher – und das ist nun mal der Job – machte er mit ruhiger Hand und sanfter Gewalt. Es war oft „mehr Psycholo-

gie als Politik", was ihm abverlangt wurde, um den großen ungebärdigen Haufen, den eine Fraktion ja darstellt, zusammenzuhalten, zu dirigieren, zu besänftigen; um die Oppositionspolitik in den Ausschüssen zu koordinieren, Entscheidungen vorzubereiten, den Kontakt zur Regierung zu pflegen, die Abreden mit dem Ältestenrat zu treffen. Seine organisatorische Begabung, so weiß er selbst zu berichten, kam ihm dabei zustatten, „aber vielleicht noch mehr die Fähigkeit, mit Menschen umzugehen".

Oft mußte er „Folterwerkzeuge" gebrauchen, erzählt der maßvolle Mann, um die einen vor einer Abstimmung von irgendeiner Auslandsreise zurückzuholen, um den anderen nachhaltig klar zu machen, daß sie dieses Mal nun nicht in die Debatte eingreifen können. „Menschliche Probleme" hatte er zu lösen, „vielen Ehrgeizigen" galt es Grenzen aufzuzeigen. Als „Strippenzieher", als „Mauschler", als „Fummler" wurde er oft beschimpft. Er selbst hat sich bei alledem als „Kompaniefeldwebel" erlebt. Keine Lebensaufgabe, eine Übergangsstation sollte es sein. Mehr nicht.

Nach oben, zum Fraktionsvorsitzenden hin, sowie nach unten, im Umgang mit den Kollegen in der Fraktion, war Philipp Jenninger allen Widerständen zum Trotz erfolgreich.

Was freilich nicht nur an seinem Talent zum Vermitteln und Verbinden sowie an seiner Durchsetzungskraft lag. Er drückt solche Gaben in seiner Statur und in seinem Auftreten aus. Groß ist er, breit und ein wenig wohlbeleibt. Die Haare sind noch dunkel und ganz voll. Der Blick ist ruhig, aber auch ein bißchen knitz. Er spricht gleichmäßig und hat doch Kraft in seiner Stimme wie in seinen Worten. Die klingen nach ja, ja und nein, nein. Ein Berg von einem Mann ist er, ein Ofen, eine Klagemauer, ein Kissen. Kein Wunder, daß die waidwunden Parlamentarier sich gerne angelehnt haben. Bei den Wahlen in der Fraktion bekam er stets die höchste Stimmenzahl unter den parlamentarischen Geschäftsführern. Und als Helmut Kohl in

Bonn auftauchte, wollte auch er sich von Philipp Jenninger an der Hand nehmen lassen, obwohl der bis dahin keineswegs zu seinen engsten Vertrauten zählte. Zwar sah der Umworbene in dem Amt, das er damals, 1976, immerhin schon drei Jahre innehatte, nicht nur Möglichkeiten, sondern zunehmend auch Beschränkungen. Er war es leid, immer nur als Generalist in Aktion zu treten, zumal er in seiner Veranlagung viel eher die Neigung erkannt hatte, sich auf einem einzigen Gebiet in Probleme zu vertiefen und als Sachkundiger mitzureden. Da er kein Spezialist war, gab es auch zu wenig Auftrittsmöglichkeiten für ihn im Parlament. Außerdem hatte er das Schicksal Will Rasners vor Augen, der sich in diesem Job so unentbehrlich gemacht hatte, daß – als es an die Verteilung von Regierungsämtern ging – niemand an ihn denken wollte. Mit anderen Worten: Es war wohl doch einmal zuviel des Dienstes an anderen gefordert und zu wenig von der Chance geboten, aus sich selbst heraus etwas zu entwickeln.

Aber Kohl bat und Jenninger blieb: „Um dem neuen Mann behilflich zu sein, in Bonn Fuß zu fassen." Denn mit einem unerfahrenen parlamentarischen Geschäftsführer, einem Abgeordneten, der sich selbst unter den Kollegen erst Autorität verschaffen muß, hätte Helmut Kohl einen ungleich schwereren Start gehabt. So standen ihm von Anfang an immerhin zwei mittlerweile ausgebuffte Bonner zur Seite: Eduard Ackermann und Philipp Jenninger. Ist es ein Zufall, daß beide aus „Papa Krones" Schule kommen? Oder haben sie dort tatsächlich gelernt, sich selbst nicht so wichtig zu nehmen, die eigenen Ziele zurückzustecken, loyal zu sein?

Die Entscheidung für Kohl hielt Philipp Jenninger noch einmal sechs Jahre in der ungeliebten Übergangsaufgabe fest. Obwohl er den neuen Vorsitzenden zu Anfang wissen ließ, er sei „nicht der Diener eines Mannes, sondern einer Sache", entwickelte sich bald so etwas wie ein Vertrauensverhältnis. Nicht nur in seinen Auftritten, auch in den Gesprächen mit Jennin-

ger, der sich als eine Art „Medium“ verstand, lernte der Pfälzer, auf dem Bonner Gelände sicherer zu gehen.
Seit jenen Tagen ist Helmut Kohl in seiner Schuld, hat er ihm ohne Zweifel viel zu verdanken. Jetzt, nach dem Machtwechsel, war es Zeit, sich zu revanchieren. Doch ob der Ausgleich tatsächlich gelungen ist? Philipp Jenninger, nach seinen Kompetenzen im Kanzleramt befragt, zählt sie brav auf: Für die Deutschlandpolitik ist der Staatsminister dort traditionell zuständig, die Vertretung in der DDR ist ihm unterstellt und nicht dem Auswärtigen Amt. Da stapelt sich eine Menge Arbeit auf, und der fleißige Schwabe ist ganz erstaunt: So „umfassend“ hatte er es sich zunächst gar nicht vorgestellt.

Was noch fällt bei ihm an? Er muß den Kanzler oft vertreten, – bei rein repräsentativen Veranstaltungen, aber auch in Gesprächen. Wenn, zum Beispiel, der deutsche Forstwirtschaftsrat mit dem Regierungschef über das Waldsterben sprechen will, oder wenn Abgesandte aus der pharmazeutischen Industrie mit ihren Vorstellungen zur Gesundheitspolitik antanzen, oder auch: wenn der Botschafter eines fremden Landes seine Sorgen vortragen muß. Dann ist Philipp Jenninger zur Stelle. Und dann spielt er wieder einmal den Abwiegler. Er hält dem Kanzler den Rücken frei, auch zum Parlament hin. Den Kontakt mit den Fraktionen zu pflegen gehört ebenfalls in die Kompetenz des Staatsministers. Aber im Hause selbst, sagt Philipp Jenninger, hat er „direkt keinen Eingriff“. Natürlich, er kann die Ressourcen des Amtes in Anspruch nehmen für seine Arbeit, aber: „Es ist nicht meine Aufgabe, Organisationsstrukturen zu schaffen“, sagt dieser hocherfahrene Administrator, sagt einer, der sich seit annähernd zwei Jahrzehnten durch Verwaltung und Politik durchgeackert und der im Bundestag auf Effizienz und nochmal Effizienz hingearbeitet hat, „es ist nicht meine Aufgabe, Personalpolitik zu machen, in das Haus hineinzuregieren, zu sagen, dieses und jenes muß anders werden“. Doch wenn er es könnte, und das Bedauern in seiner Stimme ist gar nicht zu überhören, das Bedauern des Kraftvollen, dem die Hände gebunden sind. Wenn er es könnte, wenn man ihn denn ließe: Er hätte ausreichend Grund einzugreifen und umzukrempeln.

Vieles geht dort eher einen beliebigen als einen fest geordneten Gang. Das gilt auch für die Möglichkeiten des Staatsministers, auf dem Vertrauen von einst, jetzt, in der Phase der Machtausübung, weiter aufzubauen und beratend einzuwirken. Fest eingerichtet dafür ist nur die „Morgenlage", zu der aber auch andere – der Regierungssprecher, die Abteilungsleiter im Kanzleramt, die Chefberaterin in Kohls Vorzimmer, Juliane Weber – Zutritt haben. Jenninger redet dort als einer unter ziemlich vielen. Eine Veranstaltung, vergleichbar dem Kleeblatt „Helmut Schmidts", ist unter Kohls Regiment bislang nicht vorgesehen. Dort saß der Staatsminister, zusammen mit dem Regierungssprecher und dem Kanzleramtschef in einer trauten Viererrunde. Wischnewski vor allem hatte auf diesem Platz stets das Ohr des Kanzlers. Er zählte, neben Klaus Bölling und dem Leiter des Kanzleramtes Manfred Schüler, zu den engsten und einflußreichsten seiner Berater. Wenn Philipp Jenninger sich bemerkbar machen will oder bemerkbar machen soll, so bleiben ihm „bei der Arbeitsweise dieses Kanzlers", wie er sagt, eher die Zufallsbegegnungen: auf der Fahrt zu einem gemeinsamen Ziel, auf der kurzen Wegstrecke zum Parlament, die sie gelegentlich zu Fuß zurücklegen, oder im Plenum selbst.

Vielleicht geraten ihm, da seine Möglichkeiten so beschränkt sind, die Worte, in welche er seine Pläne, seine Zielsetzungen faßt, so plakativ. Die „Zukunft für Deutschland" hat er im Visier, das sieht er als eine „ganz zentrale politische Aufgabe an". „Friede und Freiheit" will er erhalten helfen – wer will das nicht? –, und er erfährt das als „eine große politische Herausforderung". Er sagt wohl so wenig, weil es zu viel zu berichten gäbe.

Denn heute weiß Philipp Jenninger längst, „daß die Dinge

ihre Grenzen haben". Er sieht „die Sachzwänge", sieht die Notwendigkeit, „realistisch" zu denken, und dennoch gibt er es nicht auf zu hoffen: „Nein, das alles heißt nicht Resignation."

Ein Weltverbesserer ist dieser Handwerkersohn eh nie gewesen. Seine Herkunft und die Zeit, in der er groß geworden ist, haben seinen Sinn für das Wirkliche geschärft. Und nicht zuletzt von seinen Anlagen her ruht er in allen Mitten. Er ist unempfindlich für die Extreme, für jeden Überschwang. Ideologien lehnt er grundsätzlich ab, weil sie die Menschen „mit Scheuklappen versehen" und weil sie zur Dogmatik verführen. Die Macht an sich bedeutet ebenfalls keine Versuchung für ihn. Er bleibt – „Papa Krones" Erbe – für alles und für alle offen. „Menschen zu helfen, auch in vielen kleinen Alltagsproblemen, das ist für mich als Politiker immer das Wichtigste geblieben."

Niemand und nichts bremst ihn derzeit in diesem Begehren. Seiner Neigung zum Mitleid, zum Stützen darf er nach wie vor reichlich nachgehen: zu Hause, bei den Bauern und Mittelständlern in seinem Wahlkreis Schwäbisch Hall, wo er immer noch ganz verwachsen ist mit den Menschen und der Natur, wo er dann von den vielen anderen auch zu sich findet. Helfen, dienen, zuarbeiten – das ist ihm auch im Kanzleramt nicht verwehrt. Aber dort wäre ihm etwas mehr Herrschaft gewiß lieber.

Eduard Ackermann
Weniger Darsteller, mehr Souffleur

Sein Büro hat die Individualität einer Sparkassenhalle. Keine Bilder, die sich einprägen, keine persönlichen Erinnerungsstücke, an denen der Blick hängen bleibt, nichts steht da herum, ziert die Wand, schmückt den Raum oder gibt Farbe, was den Mann, der hier arbeitet, auf Anhieb charakterisieren könnte. Auch Eduard Ackermann selbst paßt sich ganz glanzlos, ja unscheinbar in diesen Rahmen ein. Er trägt die übliche mausgraue bis anthrazitdunkle Männerkleidung, er bleibt auf eine asiatisch-gleichbleibende Art freundlich, er spricht viel, aber fast ohne Modulation in seiner Stimme. Und klein, wie er ist, hilflos, wie er durch seine dicken Brillengläser schaut, ungeschützt, wie er – zum Beispiel auf Reisen – über eine Unpäßlichkeit berichtet, hat er sich etwas Kindliches bewahrt; vermittelt er auch den Eindruck, als ob er stets einen Teil seiner Identität von der des jeweiligen Gesprächspartners bezöge. In ihm kann jeder seinen eigenen Kern und seine eigene Schwäche erkennen. Das macht ihn ungefährlich.

Gerade das macht ihn aber auch stark. Eduard Ackermann, Leiter der Abteilung Gesellschaftliche und politische Analysen – Kommunikation im Kanzleramt, zählt zu den engsten und einflußreichsten unter den Beratern des Regierungschefs. Rund dreißig Mitarbeiter sind ihm unterstellt. Sie bereiten die öffentlichen Reden und Erklärungen des Bundeskanzlers vor, sie sammeln und sortieren das Material zu den Problemen, über die er entscheiden muß. Zur rechten Hand sozusagen ist

Helmut Kohl diese Gruppe angetraut; doch aus dem, was sie leistet, resultiert das Wenigste von Eduard Ackermanns Wirkungen. Die hat er vor allem sich selbst zu verdanken. Seine Abteilung gibt der Aufgabe einen administrativen Rang, einen Namen. Dennoch ist mit den Kategorien der Verwaltung nicht zu greifen und sicher einzuordnen, was dieser politische Beamte wirklich tut.

Eine graue Eminenz vielleicht? Ist er das? Doch das Etikett bezieht zuviel Intrige, zuviel maliziöse und ambitionierte Schläue mit ein. Kohls getreuen Eckart, so möchte man ihn eher nennen. Aber dieser Titel fällt zu schlicht aus, vernachläßigt den Sachverstand, die Erfahrung des Mannes. Er ist eben beides: gewitzt und einfach, versiert und ohne Ambitionen, er kennt alle Schleichwege der Bonner Macht, aber er hat nie mit der ganzen Kraft versucht, sie selbst zu gehen.

Was also hat er auf sich genommen? Worin liegt seine Leistung? Um zu beschreiben, was er dem Kanzler heute alles ist, gilt es zurückzuschauen, was Eduard Ackermann einmal war. Ein Vierteljahrhundert lang leitete er die Pressestelle der CDU-Fraktion im Deutschen Bundestag. 1957 trat er dort als Stellvertreter ein, 1958 schon übernahm er den Chefposten. Seither sorgte er für den Kontakt der Abgeordneten zur Presse, vermittelte er die Wünsche der Journalisten hinein in die Mitte der Christdemokratischen Volksvertreter, vertrat und verdeutlichte er nach außen, was die Fraktion insgesamt bewegte, was sie ausfocht, was sie entschied. Und nicht zu allerletzt beriet er den Vorsitzenden. Auf diesem Platz diente er schon Heinrich Krone, der ihn in die Politik gedrängt und der ihn auf den Posten berufen hatte. Von 1962 bis 1963 erlebte er Heinrich von Brentano in der Rolle des Fraktionsvorsitzenden. Danach war er Rainer Barzels Mann, fast ein Jahrzehnt lang. Drei Jahre half er dann dem Beamten Karl Carstens beim ungewohnten parlamentarischen Kampf, und seit 1976 ist er nun an Helmut Kohls Seite; ist er für den Pfälzer, der damals so gut wie ohne Bonn-Erfahrung in die kleine Hauptstadt kam, gewiß auch unentbehrlich. Dabei hatten es beide am Anfang nicht leicht miteinander. „Ich mußte mich an Kohl gewöhnen", erzählt Ackermann freimütig, „der war doch auf dem Bonner Terrain nicht zu Hause." Und natürlich gab es da „viele Fallstricke, die zu beachten waren". Eduard Ackermann hat sie dem Neuling aus dem Weg geräumt. Der Kleine hat den Großen damals an der Hand genommen, hat sich – aller Provinzialität und Unerfahrenheit des Newcomers zum Trotz, oder gerade deswegen – loyal gezeigt gegenüber diesem Unerfahrenen. Er hat sich ihn dadurch wohl ein für allemal verpflichtet.

Als Kohl nach Bonn kam, war Eduard Ackermann schon neunzehn Jahre lang dort. Er kannte die Kräfteverhältnisse bei den Christdemokraten, er lebte und arbeitete in ständigem Kontakt mit der Presse, er wußte, wie er seinen neuen Vorsitzenden nach innen, in der Fraktion, absichern und wie er ihn nach außen verkaufen konnte. Er war seit langem daheim, wo Kohl erst vor der Türe stand. Und daß er dem Strebsamen nicht mit irgendeinem eigenen Ehrgeiz im Wege stand, sondern dessen Ziel gleichsam zu seinem machte, förderte die besondere Verbindung, die sich zwischen diesen Ungleichen anbahnte – zwischen einem Herrn und seinem Diener.

Zwar hat Eduard Ackermann mit keinem seiner Chefs „im menschlichen Bereich", wie er so gerne und so oft sagt, jemals Probleme gehabt. Heinrich Krone, der erste in der langen Reihe, die über Barzel und Carstens bis zu Kohl reicht, hat den jungen Studenten der Geschichte und Philosophie für sich und für die Politik entdeckt; hat ihn auch vom angestrebten Beruf eines Pädagogen abgebracht. Der Kontakt zu diesem Förderer ist bis heute nicht abgebrochen.

Die Jahre mit Rainer Barzel sind Ackermann als „sehr interessant" in Erinnerung geblieben, weil damals die Pressearbeit erst richtig in Schwung kam. Karl Carstens – und da taucht die Vokabel schon wieder auf – war ein „sehr menschlicher Typ",

aber bei Kohl, sagt sein Gehilfe, „ist etwas mehr entstanden“. Er mag ihn „vom Typ her“, schätzt ihn als einen, der nicht vergißt, daß das Leben nicht nur aus Arbeit besteht, sondern der auch fröhlich sein kann, der mit Freunden gerne zusammen sitzt, tafelt und trinkt. Mit so einem entwickelt sich die Zusammenarbeit „grundlegend anders“. Man ist sich „näher gekommen“, jedoch „nicht näher als andere“, nimmt dieser notorisch Bescheidene sich nach solchen Bekenntnissen gleich wieder zurück. Aber er weiß doch, daß er zu denen gehört, die dem Kanzler „besonders nahe stehen“, ja, daß da so etwas wie ein „freundschaftliches Verhältnis“ aufgeblüht ist.

So eng verknüpft, ja fast eins mit dem Schicksal des Regierungschefs sieht sich Ackermann, daß er den Tag, an dem Kohl Kanzler wurde, zu den schönsten in seinem Leben zählt. Und als ginge es um eine Art Himmelsgeschenk, bekennt er sich dankbar, mit leiser Stimme, fast ehrfürchtig zu einem „Daß-ich-dies-noch-Erleben-durfte“. Derart hingegeben ist er an Helmut Kohls Glück, und so fast bis zur Selbstaufgabe, scheint es, geht seine Loyalität. Aber natürlich ist der mittlerweile Mächtige seinen Lohn nicht schuldig geblieben. Fünfundzwanzig Jahre hat Eduard Ackermann nur gedient, jetzt endlich, mit der Kanzlerschaft Kohls, hat sich auch sein Status verändert, hat er den Höhepunkt seiner Laufbahn erreicht, ist auch er einmal oben. Und doch kann er nicht ganz heraus aus der Rolle, die er solange eingeübt hat, will es auch gar nicht. Er bleibt dabei, daß er nicht in den Blickpunkt der Öffentlichkeit, nicht ins Scheinwerferlicht gehört.

Nein, er hat nie Wert darauf gelegt, „vorne auf der Bühne zu stehen“, er hat seine Tätigkeit stets „im Hintergrund gesehen“ und sieht sie auch jetzt so. Die „hinführende, beratende Rolle“ ist es nun mal, auf die er festgelegt ist: „Und die habe ich jetzt hier.“

Deshalb stand für ihn auch außer Frage, daß er den Part des Regierungssprechers nicht übernehmen wolle. Er weiß, er kann auch so „eine Menge politischen Einfluß ausüben". Nicht das Sprachrohr des Kanzlers will er also sein, das überläßt er ohne Bitterkeit – muß es ihm so neidlos überlassen – dem medienwirksamen Regierungssprecher. Der soll das Offizielle hinaustragen, soll mit seinem Glamour im Fernsehen, im Rundfunk und auf Pressekonferenzen für den Kanzler werben. Peter Boenisch hat sozusagen den plakativen Teil. Eduard Ackermann hingegen versteht sich als den „Interpreten der Politik und der Absichten des Bundeskanzlers".

Das heißt: Er wirbt für seinen Chef in den vielen Gesprächen mit Journalisten, die er führt, hält also die Kanäle, auf denen er früher seine Ansichten und Absichten transportierte, weiter offen, benutzt sie – und was läge näher? – nach wie vor. Wie nebenbei läßt er in solch lockeren Unterhaltungen immer wieder einfließen, was so viele nicht recht glauben wollen, daß der Kanzler „sehr hart arbeitet", oder auch, daß kein anderes Thema so weit oben steht auf der Tagesordnung dieser Regierung wie die Arbeitslosigkeit: „Das ist es, was am meisten auf den Nägeln brennt."

Niemals aufdringlich, eher unauffällig reicht er weiter, was er weiterreichen will, und beschränkt sich dabei keineswegs auf die Presse als Klientel. Auch mit den Vertretern von Organisationen im vorparlamentarischen Bereich, von Verbänden also, pflegt er ständigen Umgang, und ebenso hält er die alten Beziehungen mit den Abgeordneten warm: um die Meinungsbildung im Sinne seines Herrn zu beeinflussen, um „gewisse Dinge im Vorfeld von Entscheidungen abzusichern".

Eduard Ackermann singt Kohls Lied leise, aber er singt es beständig, er macht es fast zum Ohrwurm. Er baut Meinungen, Leitbilder, Richtlinien von unten auf. Bescheiden, fast bittend, versucht er zu überzeugen. Der Regierungssprecher spielt den Herold des Bundeskanzlers, Ackermann rührt daneben, davor, dahinter – kaum hörbar und gleichwohl wirksam – die Trommel.

Bis jetzt, und das kann schon staunen machen, kommen sich die beiden dabei nicht ins Gehege; bis zu diesem Moment, da Peter Boenisch seine Bonner Lehrzeit noch nicht ganz abgeschlossen hat (und will er das überhaupt?), ergänzen sich die Charaktere viel zu gut. Nur gemeinsam haben sie zu bieten, was Klaus Bölling in einer Person vereinte: die Attraktivität der äußeren Erscheinung, die elegante Formulierkunst, und dazu den Sachverstand, die intime Kenntnis der Bonner Szene. Peter Boenisch, der vor der Bundespressekonferenz so schön und so chic wie der Liebhaber in einer Broadway-Komödie erscheint, kann sich weiß Gott sehen und hören lassen. Doch Eduard Ackermann liefert ihm viele seiner Details.

So treten sie, seit sie im Amt sind, auch häufig gemeinsam auf. Beim Europa-Gipfel in Stuttgart war der eine fast nie ohne den anderen zu sehen. Alle Pressekonferenzen bestritten sie zu zweit. Und auf den ersten großen Auslandsreisen des neuen Bundeskanzlers – während des Gipfeltreffens in Williamsburg oder während des Kohl-Besuchs in Moskau – hielten sie sich geradezu an der Hand. Der eine mehr Darsteller, der andere eher als Souffleur. Auch im Bonner Alltag ist ihre Arbeit eng gekoppelt. Jeden Vormittag, in der „Morgenlage“, sitzen sie gemeinsam beim Kanzler, beraten sie sich danach zusätzlich noch drei, vier Mal bis es Abend wird.

Rivalitäten, sagt Eduard Ackermann, gibt es nicht. Er nimmt dem Sprecher nichts, hat nun mal gar keine Lust, täglich im Rampenlicht zu erscheinen, will der Informant, der Allweise, der heimliche Berater im Hintergrund sein und bleiben. Er versucht auch gar nicht, dem Chef im Bundespresseamt den Rang abzulaufen. Ein Team sind sie – das ist es – in dem jeder auf seine Art und nach seinen Möglichkeiten versucht, „möglichst viel für den Kanzler herauszuholen“.

Woher, wenn nicht aus der Befriedigung oberflächlicher Eitelkeiten, aber holt dieser politische Mensch – und heißt politisch sein nicht auch eitel sein, nach Beifall heischen? – sich seinen Honig? Ihn stützt nun mal, daß er andere stützt. Ihn hebt, daß er sich zurücknimmt. Er kommt voran, indem er einen Bundesgenossen vorläßt. In der dienenden Rolle hat er sein höchstpersönliches Herrschaftserlebnis.

Denn Dankbarkeit und Nach-oben-Schauen und nicht Anspruchshaltungen prägten die Einstellungen gegenüber den Autoritäten schon in seinem jungen Leben. Er war eines von sechs Kindern, und er wuchs in bescheidenen Verhältnissen auf. Der Vater, ein politisch engagierter Mann – er war Vorsitzender der Zentrums-Fraktion des Kreistags in Geldern und kandidierte sogar 1928 einmal für die Wahl in den Reichstag –, der ursprünglich in der christlichen Gewerkschaftsbewegung sein Geld verdiente, hatte es unter den Nationalsozialisten schwer, die große Familie weiter zu ernähren. Auch nach dem Krieg, als er schließlich zum Gemeindedirektor aufgestiegen war, brach im Hause Ackermann nicht gerade Wohlstand aus. Eduard, 1928 geboren, schaffte als einziger den Weg auf die Universität. Und er fühlt sich bis heute den Eltern gegenüber in der Pflicht, weil sie das Unmögliche doch möglich gemacht hatten.

Aus diesem Elternhaus hat er, wie er es ausdrückt, „eine ganze Menge Politikverständnis“, hat er Grundsätze mitbekommen; dazu aber die Neigung, sich anzulehnen, sich an Vorbilder, an Väter zu halten. Auch Heinrich Krone – im Bonn jener Jahre ohnehin „Papa Krone“ geheißen – war für ihn eine „Vaterfigur“; auch ihm ist er dankbar, daß er dem jungen Bundesbruder aus der Studentenverbindung Unitas-Stolzenfels zuerst einen Nebenverdienstjob bei der „Politisch-Sozialen Korrespondenz“, und, nach dem Ende seines Pädagogik-Studiums, den Einstieg und Aufstieg in der Pressestelle der CDU-Bundestagsfraktion verschaffte.

Mit „Papa Krone“, mit allen, die danach kamen, mit Heinrich von Brentano, mit Barzel, mit Carstens oder Kohl – und keinem wollte er je über den Kopf wachsen –, hat Eduard Ackermann sich in der Bonner Politik wie in einem neuen

Familienverband eingerichtet. Schließlich ist dies ja durchaus eine kleine Welt: das Bundeshaus mit seinen Fraktionsklüngeln, den kurzen Entfernungen, den Möglichkeiten, jeden Tag jedem zu begegnen. Und sie bietet sich dafür an, daß sich einer einkuschelt, wenn er nicht hoch hinaus will.

Als Kohls Gehilfe am Ende der fünfziger Jahre dort anfing, war das Milieu noch in sich geschlossener, da war es entschieden wärmer. Eduard Ackermann pflegte eine persönliche Freundschaft mit Franz Barsig, dem Kollegen von der SPD-Konkurrenz. Und wenn er mit dem früheren Parteisprecher der Sozialdemokraten, mit Lothar Schwarz, beim Wein saß, dann vergaß jener, zu welcher Partei er gehörte, und Ackermann, so erzählt er wenigstens, vergaß es auch. Daß mittlerweile mehr Welt, mehr Kälte und mehr Härte diese Honoratiorengemütlichkeit verdrängt haben, betrübt ihn. Ackermann vermißt etwas. Denn das Verbindende – nicht von ungefähr leitet er die Abteilung für „Kommunikation" – gehört nun mal zu seinem Naturell.

Nur einmal hat er es gewagt, aus allen Bindungen herauszutreten, als Einzelner zu kämpfen, für sich selbst und für sich ganz allein etwas zu holen. Nach so vielen Jahren des Dienens wäre er doch gerne Abgeordneter geworden, bewarb sich auch in dem Wahlkreis, der gleichzeitig sein Heimatkreis ist, um die Kandidatur und fiel durch. Die Zeit, die er damals für diesen Kampf aufgewendet hat, sagt er heute, war nicht ausreichend. Wahrscheinlicher aber ist, daß es diesem Milden an höchstpersönlichem Ehrgeiz, an Eitelkeit, am Kampfesmut, an der Aggressivität und Härte fehlte und fehlt. Nur wer sich mit Genuß in der Öffentlichkeit tummelt, wer in der Selbstdarstellung vor Wählern ein Glück erfährt, strahlt dabei ab, was Stimmen anzieht.

Eduard Ackermann aber lebt seinen politischen Eros in der Unterwerfung aus. In dieser Art, Macht zu genießen, mag die vielleicht uneingestandene Genugtuung über die Abhängigkeit des Regierungschefs gegenüber seinem Gehilfen durchaus eingeschlossen sein. Und das Bewußtsein, nun tatsächlich auf politische Entscheidungen einzuwirken, gehört ebenfalls dazu. Ganz gewiß aber ist zudem die Lust mit im Spiel, auf so hoher, so interessanter Ebene weiterzuleben, was man schon immer gelebt hat. Dort wird ihm nun, jetzt noch viel mehr als vorher, zuteil, was er wirklich braucht: die Geborgenheit unter den Fittichen eines Mächtigeren, aber auch die Wonne, dessen Aufmerksamkeit für sich zu haben. Da wächst – hüben wie drüben – Dankbarkeit für soviel Dankbarkeit.

Selbst so ein Gehilfe gibt nicht nur. Er nimmt auch gern.

Lothar Späth
Allemal siebene auf einen Streich

Eigentlich herrscht nichts als Gelassenheit und Würde an diesem Ort. Kein Zwischenruf stört den Ablauf der Debatte. Parteipolitische Polemik gilt als unfein. Hier im Bundesrat kommen Politiker noch als Herren daher. Mittendrin aber steht auch ein ganz anderer, bohrt die Faust in die Hosentasche, dreht sich, wendet sich, witzelt, wirft Bälle, schnoddert den Bundesfinanzminister an, spricht ebenso frei wie schwäbisch. Spricht? Besser: kräht. Lothar Späth, wenn er am Bonner Rednerpult für die CDU-geführten Bundesländer, für Baden-Württemberg oder für sich selbst auftritt, ist allemal der Hahn im Hühnerhof politischen Unverstandes, taktischer Schwächen, mangelnder Sachkenntnis. Und nicht nur in dem, was er da sagt, was er gleich in Siegesformeln von der Art „Sie können doch nicht ..." oder „Wenn Sie das tun, dann ..." verpackt, gibt er sich als die wandelnde Überlegenheit aus. Auch wie er sich präsentiert – mit seiner hellkehligen Stimme, mit Augen, die ständig zum Triumphblick ansetzen, mit den knappen Kopfbewegungen, die den Argumenten hinterherhacken –, ist er hier vorn und obenauf.

Aber so hat er sich nicht erst entwickelt. So war er schon immer. Die Jahre, die er jetzt seit 1978 im Amt ist, haben ihn kaum verwandelt. Allenfalls hat er die Wichtigkeitsfalte in der Mitte seiner Stirn inzwischen ein bißchen tiefer eingedrückt, zieht er auch die schmale Oberlippe noch etwas angestrengter über den Mund. Die Haare eine Spur gelichteter, den Anflug eines Grauschimmers an den Schläfen, fünf Zentimeter zusätzlich um den Embonpoint und etwas mehr Speck im Genick: Es sind Äußerlichkeiten. Lothar Späth ist derselbe geblieben: dieser Kleine, Pfiffige, der seine Stimme erheben muß, wo andere einfach groß sein dürfen; dem aber auch etwas vom Heinz-Rühmann-Charme gegeben ist, der witzig, schlagfertig, selbstironisch und – merkwürdig – sogar bescheiden sein kann. Überlegen ist er gern, überheblich nie. Im Bundesrat sucht er keine andere Pose als im Landtag. Mit dem Kanzler plaudert er so ungeniert wie mit seinem Chauffeur.

Derart natürlich, wenngleich nicht ohne Anspruch, kommt er in diesen Tagen nach Bonn; und hat es dort nicht nur leicht, hat auch keine Attitüde, keine eindrucksvollen Gesten vorzuweisen. Sein Talent zum Größenwahn – die außergewöhnliche Karriere hätte ja befördernd wirken können – hält sich in Grenzen. Auch zum Schauspieler ist er nicht gerade geboren. So wirkt der ganze staatstragende Aufwand um ihn herum, dieses Wagenvorfahren, Türenaufreißen, Aktenhinterhertragen immer noch denkbar fremd neben dem einigermaßen glanzlosen, aber heiteren Vierziger, wirkt auf den ersten Blick, als sei er ganz versehentlich aus den Zuschauerreihen auf die Bühne geraten. Erst wenn er spricht, vermag er seinen wahren Wert zu vermitteln.

Dabei läßt er – wenn er im Bundesrat zum Beispiel gegen die Luftverschmutzung wettert oder für eine Veränderung des Asylrechts streitet – vielleicht die souveräne Gebärde vermissen. Es mag ihm am Charisma, an der Aura des Bedeutsamen fehlen, aber an Worten, Argumenten und vor allem an Fakten fehlt es ihm nie. Eine Fülle von Bildern, die politische Entscheidungen in ihren praktischen Auswirkungen sichtbar machen sollen, gibt er stets gern zu. So bunt-lebendig trägt er seine Sache in der Ländervertretung vor, so unterhaltsam und informativ gibt er sich in den Pressekonferenzen der Hauptstadt oder in den kleineren Zirkeln der Bonner Korrespondenten.

Dann kippt er den Oberkörper nach vorn, hängt sich schräg über den Tisch, läßt mit den Augen keinen seiner Zuhörer aus, hält auch nach Zustimmung Ausschau und schießt los. Er weiß eben viel, will aber auch wenig verbergen. Und blitzschnell, wie er während einer Journalistenfrage seinen warmen Leberkäs hinunterkaut, spielt er alle anstehenden Probleme und Tagessorgen einmal durch, läßt er die Begriffe nur so purzeln: Arbeitslosigkeit, schwefelarme Exportkohle, Entstickung, Rückkehrhilfe für Ausländer, Zinsabbau, Binnenkonjunktur; Wahlsiege und Niederlagen; die CDU hier, Strauß da, die FDP dort.

Mit politischen Gewichten in dieser Art zu jonglieren, Situationen richtig einzuschätzen, seine Chancen mit Augenmaß zu verfolgen: darin ist er Meister, ein Taktiker von etlichen Gnaden. Daß er über ein vorzügliches Gedächtnis verfügt und also auch über allzeit abrufbare Sachkenntnisse, macht es ihm zusätzlich leicht, in der Hauptstadt mitzureden; macht es möglich, daß er – obwohl er so unübersehbar und unüberhörbar aus dem provinziellen Jenseits kommt – ernst und angenommen wird. Selbst wenn er den Staatsmann fürs erste kaum glaubhaft über die Rampe bringt, wenn sich für seine Ausflüge aufs internationale Parkett niemand so recht interessiert, wenn ihm der „Tschermen-Marschel-Faund" oder das „Badschett" noch so unerhört schwäbisch von den Lippen kommen: Als Anreger für Wohnungsbau-, Ausländer- oder Medienpolitik, als erster und eifrigster Kritiker des technologischen Rückstandes der Bundesrepublik hat er mittlerweile einen Namen. Das „Geschäftsführerhafte" nehmen ihm manche Beobachter übel, doch wie er die Geschäfte führt, wie er sie auch offenlegt, wie er sein Land in Ordnung und an der Spitze hält – es bleibt nicht ohne Wirkung.

In die Wiege gelegt wurde ihm so gut wie nichts von alledem. 1937 in Sigmaringen geboren, wuchs er im schwäbischen Ilsfeld als Sohn eines Lagerverwalters bei der WLZ, der Württembergischen Landwirtschaftszentrale, auf. Eine Schwester war da, drei Jahre älter als er. Der Vater, ein strenger, ja autoritärer Mann, sorgte für ein klammes Familienklima. Der Sohn charakterisiert ihn im nachhinein als „sehr geordnet und einfach". Er gehörte der NSDAP an, jeden Morgen stand er um fünf Uhr auf, jeden Abend trank er sein „Viertele". Nur ausnahmsweise bot er seiner Frau und den Kindern die Abwechslung eines Ausflugs ins nahegelegene Heilbronn oder eines gemeinsamen „Vespers" im Gasthaus. Das heftige Leben, das Lothar Späth schon früh in sich spürte – und das er beim CVJM, bei den Pfadfindern und in einer Leidenschaft fürs Radio-Basteln doch nur sehr gezähmt austoben konnte –, machte ihn über das pubertäre Normalmaß hinaus „bockig" und „aggressiv" gegen den Erzeuger. Der Mutter fühlte er sich näher. Von ihr will er auch „geistige Anregungen" erfahren haben. Eine fromme Frau nennt er sie, und „mit hoher Herzensgüte" ausgestattet. Aber richtig herausgefordert hat sie ihn nicht. Niemand in diesem Haus setzte einen besonderen Ehrgeiz in seine Entwicklung: „Es wurden keine herausragenden Erwartungen an mich gestellt."

So verlangte er am Anfang auch selbst nicht allzu viel von sich. Nach der Grundschule ging er zwar vier Jahre lang auf die Oberrealschule in das sechs Kilometer entfernte Beilstein. Den Hin- und Rückweg legte er zu Fuß zurück. Nach weiteren zwei Schuljahren auf dem Gymnasium in Heilbronn, wo er noch die Mittlere Reife erlangte, gab er jedoch schon auf. Dafür bewarb er sich mit Erfolg um eine Lehrstelle in der kommunalen Selbstverwaltung. Schmidhausen und Gronau hießen die beiden Teilorte, für die sein Amt zuständig war, und zwischen denen er nun auf dem Fahrrad hin- und hersauste. Als „Stift" hielt er sich schließlich für alles zuständig, zumal der „Schultes" selbst nur an zwei Tagen in der Woche die Geschäfte führte. „Da kam alles auf mich zu, was in einer Gemeinde passiert", erinnert sich Lothar Späth. Gräberlisten legte er an, die Bodenbenutzung galt es zu ermitteln, und einmal, gerade siebzehnjährig, mußte er auch eine Gemeinderatssitzung leiten. Sein Bürgermeister, wie so oft unterwegs, hatte ihm signalisiert: „No fangsch halt amol ao!"

Dreieinhalb Jahre lang ging Lothar Späth in die Lehre: in der Verwaltung der beiden Flecken, auf dem Landratsamt in Bad Mergentheim und schließlich bei der Stadt Giengen an der Brenz. Diese Zeit half ihm heraus aus den bedrückendsten familiären Einbindungen. Aber zum ersten Mal – wie er da von Gronau nach Schmidhausen und von Schmidhausen nach Gronau radelte, wie er diese kleine Welt doch umtrieb – schnupperte er, witterte er Weite; zum ersten Mal und prägend tief erlebte er auch sich selbst so richtig als einen, der anderen über ist, der schneller denkt und noch schneller spricht, der dieses, jenes und alles kann – als Tausendsassa. Von da an blieb er wohl süchtig nach dieser Bewährung und nach der schönen Erregung, die dazu gehört. Trotzdem haftete er, für ein Weilchen noch, am Boden, und griff ganz brav zu, als in Giengen eine Inspektorenstelle frei wurde. Den Plan, das Abitur nachzuholen, ließ er endgültig fallen. Statt dessen besuchte er, Ende der fünfziger Jahre, die Staatliche Verwaltungsschule in Stuttgart – die renommierte Nachwuchsschmiede für den Mittleren Dienst der Administration des Landes, von der es heißt, sie bilde in etlichen Bereichen gründlicher aus als die juristischen Fakultäten –, und begann 1960 in der Finanzverwaltung der Stadt Bietigheim eine Karriere, die unvergleichlich steil und atemberaubend geschwind nach oben führte. Ein Jahr später stand Späth schon an der Spitze einer gemeinnützigen Wohnbaugesellschaft und flog in deren Auftrag „in der Welt herum". 1965 rückte er zum Finanzreferenten der Stadt auf, und 1967 regierte er sie bereits als ihr Bürgermeister. 1970 avancierte er zum Chef der „Neuen Heimat Baden-Württemberg" und drei Jahre später war er Mitglied in ihrem Hamburger Vorstand.

Zu dieser Zeit gehörte er, der Lehrling von einst, nicht nur dem Management, gehörte er längst auch der Politik. Seit Jahren hatte er sich ohnedies einer öffentlichen Existenz verschrieben. Über welche Partei er nun weiter voran und zu noch mehr Verantwortung kommen sollte, erschien dem bereits Arrivierten nur zum geringsten als Gewissensfrage. Eigentlich neigte Lothar Späth – protestantisch und aus kleinen Verhältnissen stammend – mehr zu den Sozialdemokraten. Aber die Konkurrenz bot ihm den schnelleren und aussichtsreicheren Start. Da er, wie stets, keine Zeit zu verlieren und auch keine Lust auf eine Ochsentour hatte, trat er 1967 bei der CDU ein. Und natürlich fand sich der Unaufhaltsame 1968 bereits im Stuttgarter Landtag wieder.

Eine Legislaturperiode lang tat er dort schlichten Abgeordneten-Dienst, dann ließ er sich, 34 Jahre alt, zum Fraktionsvorsitzenden wählen; eine Aufgabe, die er fleißig nutzte, um gegen die Arroganz von Filbingers Macht sein eigenes, kesses politisches Profil abzusetzen. Er hütete sich also, ausschließlich dessen parlamentarischen Statthalter oder Steigbügelhalter zu spielen, provozierte ihn freilich auch nicht über Gebühr, stützte die Regierungspolitik, wo er sie stützen mußte, und gab gleichzeitig den eigentlichen Oppositionsführer in dieser Zeit ab. Das Angebot, Innenminister zu werden, wies er immerhin zwei Jahre lang zurück, bevor er es annahm und sich dann doch in die Kabinettsdisziplin fügte. Daß er das Erbe des amtierenden Ministerpräsidenten einmal antreten würde, stand – für ihn zumindest – schon lange fest.

Als es dann im Sommer 1978 soweit war, schlug er den Rivalen klar. Mit 42 zu 27 Stimmen votierte die Landtagsfraktion der CDU für Lothar Späth und gegen Manfred Rommel. Kühl kalkulierend hat der Sieger das Terrain entschieden besser vorbereitet als der bedächtige und allzu selbst-genügsame Publikumsliebling aus dem Stuttgarter Rathaus. Jetzt zahlte sich aus, was er zehn Jahre lang in seine Arbeit in der Fraktion investiert hatte. Minuten, nachdem die Entscheidung gefallen war, stand er dann auf der Treppe vor dem Saal und strahlte, nein leuchtete. Mund, Wangen und Augenwinkel waren kaum imstande, den Ansturm des Jubels, des Siegesglücks zu halten. In diesem Moment, so schien es, war der kleine Kadett aus Gronau am Ziel aller Wünsche.

Für ihn und für den Alltag im Stuttgarter Staatsministerium sollte nun alles anders werden. Wo der Vorgänger bei seinen Beratungen einen Stammplatz hatte, wollte der neue Chef in der Villa Reitzenstein nicht sitzen. Das Stil-Sofa hinter dem Konferenztisch im Arbeitsraum des Ministerpräsidenten blieb leer. Überhaupt ließ er das ganze, ins neunzehnte Jahrhundert verweisende Mobiliar bald verschwinden. Eine Ledergarnitur, Glas und Chrom am Schreibtisch, Bilder von Hundertwasser an der Wand sollten dafür vom modernen, uneitlen Herrschaftsbewußtsein eines Politikmanagers berichten. Doch bis es soweit war, bis der alte Pomp in den Keller wanderte und die neuen Sessel, Marke Knoll International, den Regierenden und seine Helfer weicher auffingen, hatte er sich für die notwendigen „Harmonisierungsgespräche“ in seinem Haus einen bescheidenen Empire-Stuhl ausgewählt. Darin hing er – gerade hundert Tage im Amt – mehr als er saß, den Kopf stützte er mal mit der Hand auf, mal drückte er ihn auf die Oberkante der Rückenlehne, die Beine suchten Widerstand irgendwo unter dem Tisch. An so wenig Haltung freut sich Lothar Späth nach wie vor, während er reichlich viel bewegt.

Nichts Aufgesetztes ist an dieser Herablassung auszumachen. Es ist seine natürliche Körpersprache: eine kleine Lümmelei, die dem Partner das Du anbietet, Besänftigungsgesten, über die er ohne Anstrengung verfügt. „Mei Stil isch“, sagt er gern in seinem schlabbrigsten Honoratiorenschwäbisch: „do kommet Se amol zu ner Tass Kaffee, no reda mer dorüber“.

Nichts und niemand, keiner der außergewöhnlichen Erfolge und kein Hochgestellter aus seiner neuen Umgebung haben ihn seither locken können, von diesem Stil einer vollkommen ungekünstelten Normalität zu lassen.

Immer noch gibt er sich alltäglich, und immer noch strebt er nach dem Außergewöhnlichen. Lothar Späth, im Bewußtsein seiner quicken Intelligenz und seiner politischen Spürnase, kann einfach keiner Herausforderung aus dem Wege gehen. Er muß seinen Radius stets weiter ziehen: von Ilsfeld nach Gronau, von Gronau nach Bietigheim, von Bietigheim ins Land, vom Land zum Bund.

Wie weit also greifen seine Träume jetzt? Beständig herausgefordert, wie er sich nun mal fühlt, schreckt er gewiß vor keinem Ziel zurück. Aber wo andere zu drängeln beginnen, sieht er sich „hinterm Berg“, wo die Kollegen über Personen nachdenken und diskutieren, hält er sich bewußt heraus und baut seine Position über Sachfragen auf. An Tagesthemen und an der Durchsetzung machbarer Problemlösungen, glaubt dieser Pragmatiker, kann er wachsen und älter werden. Derweil hat er jedoch durchaus sein Vergnügen daran, daß er als Vertreter des reichsten Bundeslandes, denn „Baden-Württemberg finanziert alles“, in Bonn einfliegt. Ein Reisender fürs südwestdeutsche Selbstbewußtsein. Kein Zweifel, daß er sich in diesem Glanze sonnt und daß er – Musterschüler aus dem Musterländle – ihn bis Anno achtundachtzig, wenn Kohl oder wer auch immer abgewirtschaftet haben mag, zu verstärken hofft.

Seinen Anspruch hat er also sehr wohl angemeldet. Aber er verfolgt ihn ohne Verkrampfungen und ohne Verbissenheit. Und natürlich weiß er, daß sein reichhaltiges Arsenal an Patentlösungen nicht ausreicht, um ihn auch außerhalb Baden-Württembergs einmal eine Nummer eins sein zu lassen, kalkuliert er mit ein, daß es mehr bedarf als jener Ick-bin-all-hier-Überraschungen, die er ständig hervorbringt, wenn andere gerade in den Startlöchern scharren.

Deshalb besinnt er sich jetzt, nachdem er den Tagesbetrieb

„gut organisiert" hat, zunehmend auf den „kreativen Teil" der Politik, denkt beispielsweise einen Sonntag darüber nach, „wie die Menschen 1994 leben" und „was wir langfristig entscheiden wollen", macht also Trockenübungen im Grundsätzlichsein. Da kann wohl der Hinweis auf den „größeren Rahmen", in den er sich und seine Arbeit eingebettet sieht, und auf „die Fügung" nicht ausbleiben. Spricht nicht auch Niedersachsens Albrecht von Gott und Helmut Schmidt von Gnade? Solcherart abgesichert, vermag sich dann der baden-württembergische Regierungschef ebenfalls, mögliche Fehlschläge einbeziehend, damit zu beruhigen, daß „man nicht alles gestalten kann". Aber mehr noch wird ihn schützen und stützen, daß er vor seinen Schachzügen alle denkbaren Aktionen und Reaktionen im Geiste Revue passieren läßt, daß er sowohl die Gesamtsituation als auch seinen Part stets präzise analysiert.

Das schließt eine gewisse Bereitschaft zum Risiko jedoch nicht aus. Lothar Späth ist ein Spieler und die Politik sein Feld. Darauf schiebt er Themen, Probleme, Personen unter dem Gesichtspunkt des greifbaren Erfolgs hin und her. Die Macht an sich lockt ihn weniger, allenfalls machen ihm ihre angenehmen Begleiterscheinungen Spaß: das Reisen, die Erlebnisse von Welt, die Gewißheit, dabei zu sein, der Komfort, die Bequemlichkeit, das reichliche Entgegenkommen. Er braucht nicht die Gewalt über andere Menschen, er braucht nur den momentanen Vorteil – braucht stets aufs neue den Sieg. Und wenn er ihn schon nicht immer und überall erringen kann: Allein die Anstrengung auf dieses Ziel hin hält ihn ungemein lebendig.

Theo Waigel
Sinn für das Zeitlose

Mancher kommt nur der Macht wegen nach Bonn. Mancher andere labt sich dort jahrelang an der Chance, Eitelkeiten auszutoben. Wieder einer mag ganz in der Betriebsamkeit aufgehen, die so wirksam davon abhält, in die eigenen Tiefen und Untiefen zu schauen. Der vierte kann ein Spieler sein, den das Risiko reizt, die Möglichkeit zu siegen oder tief abzustürzen. Der fünfte ist vielleicht ein Abenteurer, der sich in die Wechselhaftigkeit des politischen Gewerbes verliebt hat, der stets das Neue, der die Verwandlung braucht. Das Bonner Feld – klein, überschaubar, aber voller Überraschungen – lockt Unruhige, Gespaltene, Gezeichnete, aber auch die Aalglatten an. Viel Schein und wenig Sein ist dort versammelt. Nur in den Sternstunden wird diesem Parlament einmal einer geschenkt, der sich nicht in Selbstbespiegelungen und Geschäftigkeiten verliert, der ganz bei sich bleibt und gleichzeitig allen dient.

Theo Waigel, der Landesgruppenchef der CSU und damit einer der wichtigsten Weichensteller in der konservativ-liberalen Koalition, zählt zu diesen Raritäten. Der Nachfolger Friedrich Zimmermanns im Amt des christlich-sozialen Statthalters in Bonn ist ein kräftiger Mann, mit dunklen Haaren und tiefbraunen Augen. Er schaut sehr stetig unter den auffallend buschigen Brauen hervor; er wirkt so stützend wie streitbar. Seine Begriffe sind klar, seine Bekenntnisse offen. Er glaubt, was er sagt, und was er sagt, ist Bestandteil seines Glaubens. Das klingt sogar dann noch überzeugend, wenn er – ein Parlamentarier immerhin – nach Pastorenworten greift, von seinem „christlichen Politikverständnis“ spricht oder wie selbstverständlich „die Verantwortung für den Nächsten“ aus der „Verantwortung vor Gott“ ableitet. Und wie er da so ruhig sitzt, wie er sich so bereitwillig erklärt, muß man ihm auch seine „christliche Gelassenheit“ abnehmen. Ja noch weit mehr: daß er sein persönliches Scheitern niemals ausschließt, daß er es – im Falle es träte ein – in einem sinnvollen Zusammenhang sehen könnte und daß darüber für ihn die eigene Existenz gewiß nicht wertlos würde.

Obwohl Theo Waigel mit seinen 45 Jahren noch ein vergleichsweise junger Politiker ist, hat er also doch auch das Ende schon im Visier. Er denkt oft daran, gesteht er ein, daß es einmal Abschied nehmen heißt – vom Amt und vom Leben: „Wer das verdrängt“, setzt er hinzu, „der hat die Schlacht schon verloren.“ Ihm aber hilft solche Besinnung, die Ereignisse des Tages zu relativieren und die „schönen Dinge des Lebens“ über all der Politik nicht aus dem Blick zu verlieren. „Ich bin ein Gläubiger“, vermag Theo Waigel in solchen Zusammenhängen von sich zu sagen, was freilich nicht heißt, daß er frömmelt und jeden Sonntag während des Gottesdienstes die ersten Bänke drückt. Dennoch kommt er regelmäßig seinen religiösen Pflichten nach. Er lebt, sagt er ganz unverkrampft und schlicht, „versöhnt“ mit seiner Kirche. So etwas versöhnt dann auch mit den eigenen Geschicken.

Dieser Politiker muß nichts vorgaukeln, keine Defizite mit Hilfe der Wunderdroge Politik ausgleichen. Theo Waigel, der Vermittler zwischen den Ansprüchen aus Bayern und den Abwehrreaktionen aus Bonn – dieser Gefolgsmann von Strauß, der doch auch des Kanzlers Knappe zu sein hat –, berauscht sich an nichts, weil er von allem reichlich hat. Seine Wünsche sind in erreichbarer Nähe der Wirklichkeit angesiedelt, sein Ideal-Ich scheint dem Real-Ich ziemlich ähnlich zu sein.

So eine Festung von einem Mann – und wie könnte es auch

anders sein? – ist das Produkt bäuerlicher Verhältnisse. Dort wurde der Grundstein für seine ungedrechselte Religiosität gelegt, von dort hat er auch die für Bonner Verhältnisse wohltuende Bescheidenheit des Auftretens mitsamt dem praktischen Sinn, und ebenso, daß er weiß, wo's langgeht. Bei aller Bodenständigkeit, schlau ist er auch – in all den komplizierten Gewichtungen in der Mitte von Isar und Rhein. Nicht zuletzt dieser Eigenschaft wegen zeichnet ihn der Vorgänger Friedrich Zimmermann, der ihn auf den Thron gehoben hat, auch aus: „Der Beste für dieses Amt – der Allerbeste."

Dieses politische Talent stammt aus einem kleinen Dorf, aus der 500-Seelen-Gemeinde Oberrohr, in der Nähe von Krumbach, wo er heute noch wohnt. Die Gegend liegt in Bayern, aber sie gilt als ein Stück Schwaben. Theo Waigel wurde dort im Jahre 1939 geboren. Die Familie besaß einen kleinen Hof – „mit fünfzehn Tagwerk". Der Großvater, ein armer Weber, hatte ihn mühsam zusammengekauft. Doch davon allein konnten die Waigels mit ihren zwei Söhnen – der ältere ist im Krieg gefallen – nicht leben. Im Beruf des Maurerpoliers verdiente der Vater dazu was die Landwirtschaft nicht einbrachte. Die Mutter ging auf den Acker und in den Stall, und Theo Waigel half dort bis zu seinem 28. Lebensjahr mit, die Felder zu bestellen und die Ernte einzubringen. Semesterferien oder gar Urlaubsreisen kannte er nicht. Für ihn blieb es über Jahrzehnte hinweg bei den „einfachsten Umständen", wie er das Milieu kennzeichnet, in dem er aufgewachsen ist.

Erzogen wurde dort streng aber nicht engstirnig. Theo Waigel bewundert, nachträglich noch viel mehr denn als junger Mensch, die „Weitsicht" seines Vaters, der allerdings auch an sich selbst erlebt hatte, daß die fünf Hektar, die er sein eigen nannte, nicht ausreichten, um eine Familie durchzubringen. Es galt Widerstände zu überwinden, als er den begabten Sohn ins acht Kilometer entfernte Krumbach – und das war damals eine Entfernung! – aufs Gymnasium schicken wollte. Gegen den

Einwand von Verwandten und Freunden, daß der Junge eigentlich zum Arbeiten gebraucht würde, setzten sich auch ein Lehrerehepaar und ein Geistlicher als Förderer der höheren Schulbildung des begabten Kindes ein. So ist schon mancher Bauernbub vom Land in die Stadt und von den einfachen Verhältnissen zu einer Karriere gekommen.

Mit den großen Schritten hinaus in die weitere Welt hat es dann freilich noch ein bißchen Zeit gehabt. Damals lagen die erregenden Chancen nicht gerade am Wegrand. Es war eine kleine Welt, in der Theo Waigel langsam geworden ist, was er heute darstellt. Außenreize gab es kaum, aber reichlich Anlässe zur Schau nach innen. Eine große Behindertenanstalt in der Nähe von Waigels Geburtsort, der ständige Umgang mit diesen Menschen – das, nicht zuletzt, gehört in seine Jugend. Und auch daraus speiste sich die Neigung, die eigene Person nicht ständig im Mittelpunkt zu sehen.

Was sonst hat den jungen Waigel angeregt? Aufgeregt? Ein Theaterbesuch in München, das Erlebnis einer Kortner-Inszenierung von Shakespeare ist ihm immer noch im Sinn. Es hat ihn damals „unglaublich gepackt". Heute noch führt er seine Liebe zum Theater auf diesen Anfang zurück, heute noch vermag er, wenn er sich, wie jüngst einmal in Bonn, ein Stück von Beckett anschaut, den notwendigen Abstand zur Politik zurückzugewinnen. Mit seinem Hunger nach geistigen Erlebnissen blieb Theo Waigel allerdings auch viel allein. Er fand so gut wie nichts zum Lesen im Elternhaus. Das Geld reichte nicht zum Bücherkaufen. So mußte er sich mit der täglichen Lektüre der „Augsburger Allgemeinen" begnügen. Damit beschäftigte er seinen unruhigen Geist, und es stieß ihn nolens volens zum ersten Mal auf Politik.

Mit dem eigenen Handeln fing er, naheliegend genug, in der katholischen Jugend an. Da auch dort von außen wenig in die Gruppe hereingereicht wurde, da hier wie überall das Angebot weit hinter der jugendlichen Nachfrage zurückblieb, regte dieses Engagement zu noch mehr Aktivität an, und Theo Waigel erinnert sich: „Wir mußten uns etwas einfallen lassen." Schon 1957, noch in seiner Schülerzeit, brachte ihn sein Interesse für die öffentlichen Belange zur Jungen Union. Fast zwangsläufig führte der eine Einsatz zum nächsten, führte auch zu Erfolgen; wenngleich mit einiger Verzögerung. 1967 wurde Theo Waigel Bezirksvorsitzender der Jungen Union in Schwaben, von 1971 bis 1975, das heißt, bis er die „Altersgrenze" von 35 Jahren erreicht hatte, blieb er dann der Landesvorsitzende dieser Organisation für ganz Bayern.

Als er ging, nahm er einen ungewöhnlichen Abschied. Schon damals machte Theo Waigel sichtbar, worauf er heute noch baut: daß er konservativ und liberal zugleich ist, daß er in kein politisches Klischee paßt. Mit einer Kalendergeschichte des Augsburgers Bert Brecht sagte er seinen Mitstreitern ein unnachahmliches politisches Lebewohl: „Herr Keuner war nicht für Abschiednehmen, nicht für Begrüßen, nicht für Jahrestage, nicht für Feste, nicht für das Beenden eines neuen Lebensabschnittes, nicht für Abrechnungen, nicht für Rache, nicht für abschließende Urteile. Herr Keuner war für kritische Arbeit, für tätige Vernunft. Er hatte wenig Zeit zum Feiern. Er hielt den Fortgang des Lebens für wichtiger als die Zelebration des Erreichten, Herr Keuner stellte sich nachdenklich den Problemen seiner Zeit."

Von dieser Maxime ist Theo Waigel, ein Mann, der freilich zu Ekstasen und Emphasen wenig neigt, fortan nicht abgewichen. Dabei rückte er auch durch seinen Beruf immer näher an die Politik und an die eigene Entscheidung in der Politik heran, er absolvierte so etwas wie eine klassische Laufbahn: Jugendorganisation, politischer Hilfsdienst in der Exekutive, Mandatsernst erst ganz unten, Mandatsernst ganz oben. Niemals brach er richtig ein, niemals aus. Kein Tausendsassa, doch ein solider schwäbischer Schaffer.

Zunächst, nach dem Abitur, hatte er daran gedacht, Land-

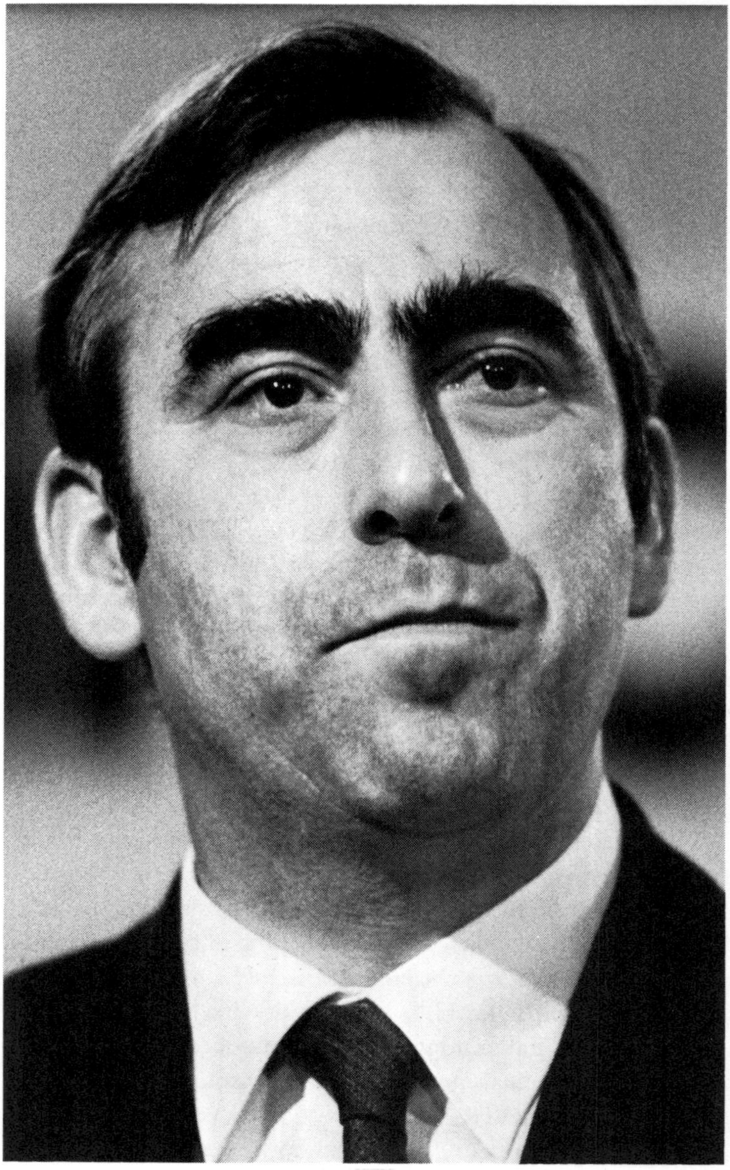

wirtschaft oder Tiermedizin zu studieren, war dann aber doch bei der Juristerei gelandet. In diesem Studium sah er ein Fundament, um sich später in die verschiedensten Bereiche einarbeiten zu können. Das stellte sich als keine schlechte Wahl heraus. Beide juristischen Examina bestand Theo Waigel mit Prädikat. In seiner Dissertation klang noch einmal seine Herkunft an. 1967 promovierte er mit einer Arbeit über „Die verfassungsmäßige Ordnung der deutschen, insbesondere der bayerischen Landwirtschaft".

Darauf folgte ein kurzes Gastspiel bei der Staatsanwaltschaft in München. Von 1969 an diente er dem damaligen Staatssekretär im Münchener Finanzministerium, Jaumann, als persönlicher Referent. 1970, als Jaumann das Wirtschaftsministerium übernahm, blieb Theo Waigel zunächst an der Seite seines Herrn, eines Schwaben wie er selbst, obwohl jener aus dem „Ries" stammt und er sich als einen „typischen Mittelschwaben" begreift. Das hat gleichwohl bis 1972 gehalten.

Während dieser Jahre trug er auch selbst politische Verantwortung, saß er als Mitglied im Kreistag von Krumbach. Das alles: die Anfänge bei der Jungen Union, die Nähe zur Politik in seinen ersten Berufsjahren, die Aktivität im schwäbischen Heimatkreis, stellten sich schließlich fast als natürliche Bewegungen auf immer mehr eigenständige politische Arbeit heraus. Im Herbst 1972 errang Theo Waigel dann einen Sitz im Deutschen Bundestag, und eine Legislaturperiode später erreichte er den ehrenwerten Status eines direkt gewählten Abgeordneten in seinem heimatlichen Wahlkreis Neu-Ulm.

Allerdings fiel er in Bonn nicht auf Anhieb als große Bereicherung der Volksvertretung auf. Von seinen ersten Anstrengungen im Ausschuß für Bildung und Wissenschaft sind kaum Spuren geblieben. Erst als er später in den Haushaltsausschuß überwechselte, vermochte er mit seinem Fleiß und seinem Sachverstand auf sich aufmerksam zu machen. 1980 stieg Theo Waigel überraschend zum Vorsitzenden der Arbeitsgruppe Wirtschaft der beiden Unionsfraktionen auf – vermutlich auf Grund einer Proporzentscheidung der beiden Parteichefs –, und war doch immer noch ein ziemlich unbekannter Mann. Trotz einiger beachteter Auftritte im Plenum des Deutschen Bundestags änderte sich daran nicht sonderlich viel, bis er im Gefolge der Wende auf Friedrich Zimmermanns Posten nachrückte.

Da hatte er schon 25 Jahre lang politische Erfahrung gesammelt, hatte auch bereits zehn Jahre parlamentarische Arbeit in der Bundeshauptstadt hinter sich: Eine Ochsentour, die – anders als jene des ehrgeizig strampelnden Manfred Wörner oder auch als die des quicken Norbert Blüm – im wesentlichen unter Ausschluß der Öffentlichkeit durchgestanden worden war.

Theo Waigel selbst sieht die Etappen auf diesem Weg als eine ungemein vielseitige, als eine „ausgezeichnete Lehrzeit“ an. Mit Jugendproblemen war er befaßt, um Finanz- und Wirtschaftspolitik mußte er sich kümmern, Bildungsfragen und Haushaltssorgen zählten schon zu seinem Pensum. Er hat es genossen, hat es als reizvoll empfunden, „immer wieder ins kalte Wasser zu springen und zu sehen, ob die Kraft reicht, sich in ein neues Gebiet einzuarbeiten“. Für ihn wäre es das Schlimmste, allezeit dieselbe Arbeit vorzufinden, jahrzehntelang das Gleiche tun zu müssen: „Da würde ich frustrieren und ausbrechen.“ Seine Neugier ist nach wie vor nicht gestillt. Noch immer sucht er von Oberrohr aus die Welt. Zu den besonderen Abwechslungen in seiner Laufbahn gehört auch, daß Theo Waigel seit 1975 die Grundsatzkommission seiner Partei leitet. Freilich ist es keineswegs ein unübertrefflicher intellektueller Schliff, der ihn für diese Aufgabe geeignet erscheinen läßt. Es sind auch nicht höchst originelle Gedanken oder brillante Formulierungen, die er dort einbringt; es ist nicht Wendigkeit, Findigkeit, und noch weit weniger ein Gespür für die kommenden Aufbrüche und Ausbrüche in der politischen Landschaft. Theo Waigels

Kapital ist nicht der Sinn für die Zeitläufte, sondern der für das Zeitlose.

Er steht nun mal da und kann gar nicht anders. Seine neuesten Grundsätze sind stets die alten. Er ist katholisch, er liebt seinen Nächsten, er sieht sich als Sandkorn in den Dünungen der Ewigkeit, er weiß aber auch, was gut und was böse, was schwarz und was rot ist. Wer wagt es schon, derart altväterlich überzeugt zu sein? Wer zerrt schon – gleich Waigel in der Nachrüstungsdebatte des Deutschen Bundestages – den lieben Gott so selbstverständlich ins Bonner Plenum, wie ihn der Krumbacher Geistliche am Sonntagmorgen auf die Kanzel holen mag? „Gott gebietet uns Nächstenliebe", sagt der CSU-Mann mit wirklich schöner Einfalt: „Nächstenliebe ist Verständnis für den Nächsten, Einsatz für den Nächsten, Schutz des Nächsten. Die Bibel gebietet aber nirgendwo, daß wir uns dem Nächsten, der uns tödlich bedroht, ausliefern."

Zum Schluß derselben Rede zitiert er den schwäbischen Theologen Joseph Bernhart, und läßt auch für sich dessen Einsicht gelten, daß Christen „in die Gewißheit eines tragischen Weltseins" gestellt sind, aber daß ihnen immerhin „die Hoffnung der Erlösung" bleibt. Und während er all das vor den Kameras, vor dem deutschen Volk und seinen Vertretern ausbreitet, ist nichts mehr im Gesicht dieses Mannes, was seine Bauernschläue verrät, nicht einmal das kleine, nur halb ausgelebte Lächeln, das er so gern im linken Mundwinkel – und nur dort – aufzieht.

Als Kreuzritter präsentiert er sich in solchen Momenten: mit reinem Herzen und doch bewehrt. Nicht für sich, für die Sache kämpft er. Vielleicht liegt es auch daran, daß er sich mit seinem obersten Kriegsherrn in München schon nachgerade sprichwörtlich gut versteht. Noch nie, erzählen Eingeweihte, soll er sich mit ihm gestritten haben. „Noch nie in der Öffentlichkeit", fügt Theo Waigel – zwischendurch wieder mal ganz schlitzohrig – schnell hinzu. Nein, an diesem Aufrechten, der – so meint jedenfalls die Hamburger Wochenschrift „Die Zeit“ – schon mit „ehernen Grundsätzen geboren“ ist, scheiden sich keine Geister. Er entzweit nicht, er versöhnt und weiß auch selbst – „ich habe eine gewisse integrierende Kraft“ –, daß dies das herausragendste unter seinen Talenten ist. Von beidem freilich, von der Kraft und vom Integrieren, kann er eigentlich gar nicht genug investieren. Zuviel Konflikte hat er täglich auszugleichen. Er muß nicht nur zwischen München und Bonn vermitteln, er legt sich auch für die „optimale Kooperation“ im Innerbayrischen quer, nämlich unter den vier wichtigsten Gremien: der Landesgruppe, der Landtagsfraktion, der Landesregierung und der CSU-Landesleitung. Zu all der Fingerhakelei soll er gleichzeitig die originäre Rolle seiner Bonner Mannschaft betonen.

Das alles, also bayrische Identität zu wahren, bayrisches Profil zu zeigen und bayrische Interessen zu vertreten, ist seit der Wende nicht nur einfacher, es ist auch schwerer geworden. Vorher, so schaut Theo Waigel gelegentlich zurück, vorher war das Weltbild an der Isar klar gezeichnet: Bayern galt als gut, Bonn als schlecht. Und jetzt? „Jetzt müssen die Leute umdenken.“ Jetzt sind sie irritiert.

Jetzt müssen sie sich auf die CSU auch als eine Regierungspartei einpeilen, welche beispielsweise, nicht anders als zuvor die vielgeschmähten Sozialdemokraten, die „instrumentellen Möglichkeiten“ nutzt, um die Beziehungen zur DDR nicht absacken zu lassen; jetzt müssen sie mit einem noch wechselhafteren Strauß zurande kommen.

Da ist es ein Segen geradezu, daß wenigstens einer als Fels in der Brandung steht. Und bis jetzt hat er den politischen Urgewalten, die ihn dort täglich umtoben, sogar lächelnd standgehalten. Was ihn soviel Kraft kostet, belebt auch, gibt Elan zurück: die Vielseitigkeit der Anforderungen, aber zudem die Vielfalt der Sachfragen im Parlament, wo kein Problem an einem Fraktionschef vorbeigeht. Ihn reizt aber auch, jeden Montagabend, wenn die CSU-Landesgruppe in der bayrischen

Landesvertretung tagt, das Eisen der christlich-sozialen Meinungsbildung neu zu schmieden: „Das macht mir ausgesprochen Spaß, es bringt auch jene Freiräume, die ich so sehr schätze."

Der Bauer, auch wenn er wenig besitzt, erlebt sich als Herr. Aus diesem überkommenen Grundgefühl heraus wollte Theo Waigel, obwohl Strauß und Kohl ihm ein Angebot gemacht hatten, nach dem Machtwechsel zunächst kein Regierungsamt übernehmen. Er scheute die Disziplin im Kabinett, ihn schreckte die Eintönigkeit einer scharf abgegrenzten Kompetenz. Für die Zukunft allerdings mag er sich nicht ein für allemal mit seinem Nein festlegen. „Man soll nie nie sagen" zitiert er Adenauer und fügt noch an, was so viele unter den Bonnern so gern bekunden: „Mein Ehrgeiz hält sich in Grenzen."

Das mag in der kleinen Hauptstadt, wo so große Erwartungen zusammen kommen, hundert und aber hundert Mal gelogen sein. Dem Theo Waigel möchte man es dennoch auf der Stelle glauben.

Irmgard Adam-Schwaetzer
Viel Kontrolle – wenig Leidenschaft

Irmgard Adam-Schwaetzer – schon am Ende ihres Anfangs – hat noch keine politische Geschichte, aber einen Sinn für Rangfolgen hat sie durchaus. Den Referatsleiter für Politik, beim Vorstand der Freien Demokratischen Partei, verweist sie auf die andere Seite des Schreibtisches, solange er ihr vorträgt. Da hockt er, quält sich auf einem mageren Stühlchen mit seiner Person und seinen Akten: ein Amtsdiener vor einer Amtsinhaberin – ausgerechnet in der FDP. Er mag so frei sein wie sie, doch noch lange nicht so gleich. Die Generalsekretärin der Liberalen, die sich selbst als „den Generalsekretär der Freien Demokratischen Partei" tituliert, hält betont auf Abstand.

Und sie hält auf Ordnung. Alles an ihr und um sie herum wirkt vollkommen im Lot. Sie zieht sich adrett an, wenngleich nicht auffallend. Ihr Büro wirkt so altdeutsch-solide, wie das Beratungszimmer eines Vermögensverwalters: mit dunklen Möbeln und graubraunen Tapeten. Eine Zimmerpalme sorgt für den unvermeidlichen grünen Fleck. An der einen Wand, fast über die ganze Breite hinweg, hängt ein Stich der Stadt Düren, wo Irmgard Adam-Schwaetzer jetzt wohnt. An der anderen sind Karikaturen von Heuss und Scheel aufgereiht; säuberlich gerahmt und unter Glas. Es ist das einzig Politische im Dekor des Raumes – und gleich ist es gebändigt, gezähmt, bieder verpackt. So also sieht die organisatorische und programmatische Urzelle einer Partei aus?

Müßten da nicht, Eleganz hin, Gediegenheit her, Plakate

von den Wänden knallen? Thesen? Pläne? Müßten hier nicht Zeichen aufleuchten für den Gärungsprozeß der Willensbildung? Müßte diese gerade erst Vierzigjährige nicht etwas ausstrahlen vom Veränderungswillen ihrer Organisation sowie von den Zerrissenheiten, die darin walten? Müßten ihr nicht das Wir-wollen, Wir-werden und ein Dennoch aus den Augen leuchten?

Irmgard Adam-Schwaetzer vermittelt nichts von alledem. Sie sitzt so achthabend, korrekt, funktionsbereit an ihrem Schreibtisch, wie sie auch auf Fotos, die von ihr im Umlauf sind, zu sehen ist: kühl, aber mit viel Zähnen lächelnd, den Telefonhörer in der linken Hand, eine Zeitung in der rechten; den Blick schickt sie geübt in die Kamera. Macht sie da Reklame für neue Apparaturen der Bundespost? Wirbt sie für Zahncreme? Oder ist sie die Dame aus dem Reisebüro, die gerade den Trip auf die Seychellen preist?

Daß ihre Geschäftigkeit derzeit für eine politische Partei und für ein Programm steht: Es springt nicht über von ihrer Person und von ihrem Auftreten. Immer noch glaubt man ihr vor allem das, was sie von Haus aus ja ist: die leitende Angestellte aus der Industrie, Madame Mittelmanagement aus der Waschmittelfirma, wo sie die Patentanmeldungen bearbeitete, und aus pharmazeutischen Unternehmen; dort war sie zunächst für die Information von Ärzten zuständig, später betreute sie die Ausbildung des Außendienstes und danach hatte sie Unterlagen für die klinische Prüfung der Medikamente zu erstellen. Zehn Jahre lang hat sie so gearbeitet, und auf etwas anderes war ihr Berufsleben eigentlich nicht ausgerichtet.

Obwohl sie, 1942 geboren, zur Generation derer gehört, die in den Jahren der Studentenrevolte gerade die Universität besuchten, ist sie von diesen Turbulenzen kaum berührt worden. Ihr Generationengefühl hat in einer früheren Erregung seine Wurzeln – in der Diskussion über Schuld oder Nichtschuld der Deutschen an den fürchterlichen Folgen des Dritten

Reiches. Was damals war, reichte in ihr junges Leben viel einschneidender hinein, obwohl sie selbst den Krieg nicht bewußt erlebt hatte. „Ich fühle mich der Generation der 40jährigen zugehörig“, sagt sie, „einer Generation, die noch mitbekommen hat, was es bedeutet, einen Staat aufzubauen, die aber noch nicht zur eigentlichen Wohlstandsgeneration gehört.“ Irmgard Adam-Schwaetzers erste politische Aufmerksamkeit, soweit überhaupt vorhanden, bezog die Impulse aus der Vergangenheit.

Es blieb bei einer Art historischen Interesses; es schlug, nicht einmal in den bewegten endsechziger und beginnenden siebziger Jahren in tagespolitische Anteilnahme oder gar in ein Dabeisein um. Das lag möglicherweise auch an der Art ihres Studiums. Bis in die naturwissenschaftlichen Bereiche der Bonner Universität, wo sie damals auf den Doktor pharm. hinarbeitete, drang sowieso relativ wenig von der Unruhe jener Zeit, vom jugendlichen Protest. Ihre Fakultät, erinnert sie sich, „war nicht sehr betroffen“. Mitdiskutiert hat sie schon, aber gewiß nicht zu den „Aktivisten“ gezählt. Ja, sie vermag heute nicht einmal mehr zu definieren, welche Position sie damals einnahm, welche Einstellungen stark waren und was vielleicht nachgewirkt haben könnte.

In einer naturwissenschaftlichen Enklave hat sie gelebt und gearbeitet, in jenen Jahren der so weit verbreiteten politischen Exaltation. Von 1968 bis 1971 saß sie an ihrer Dissertation. Sie trägt den Titel „Derivate des 4-Azaphenanthrenringsystems durch intramolekulare Zyclisierungsreaktion-Synthese von substituierten 1, 2, 3, 4, 7, 8, 9, 10-Octahydro-5-4 Benzochinolinen“. Da leuchtet es freilich auch ein, daß neben solchen Aufgaben kein Platz ist für Politik. Oder daß, wer sich dieser Arbeit zuwendet, erst spät und eher zufällig zum bunten, wechselhaften, risikobeschwerten politischen Gewerbe findet.

Ihre Kollegen-Konkurrenten Heiner Geißler und Peter

Glotz – wie alle anderen, die in diesen Rollen in der Geschichte der Bundesrepublik schon aufgetreten sind – waren von Anfang an dabei. Sie haben sich schon in der Schulzeit politisch interessiert und engagiert. Sie haben Mandate erkämpft, sie haben Ämter übernommen. Sie wissen von Jugend an, was es heißt, für sich und für die eigene Partei zu werben, Positionen zu erlangen und zu halten, Kontroversen durchzustehen, Konflikte auszutragen – oder anzuheizen. Sie sind Profis. Die „Generalin" der FDP hingegen ist – anders nicht nur als der Bundesgeschäftsführer der SPD und der Generalsekretär der CDU, sondern auch als die überwiegende Mehrzahl der Abgeordneten im Deutschen Bundestag – als Amateurin in die Bonner Politik gekommen. Unbefleckt, unberührt. Ob sie auch deshalb nun wieder geht?

1975 erst, vier Jahre nach der Verabschiedung der Freiburger Thesen ihrer Partei, wurde sie Mitglied bei den Liberalen. Außer einer Unzufriedenheit mit ihrem Beruf gab es keinen besonderen Anlaß für diesen Schritt. Allenfalls spielte die Überlegung noch eine Rolle, „daß irgendwann im Leben eines Menschen der Zeitpunkt kommt, an dem er sich entscheiden muß, ob er weiter über Politik meckern oder selbst handeln will". Sie wollte. Und obwohl der Unterhaltungswert des politischen Metiers, gleichsam als Äquivalent für den ungeliebten Industriejob, nicht merklich hinter der Möglichkeit zurückstand, in der Welt etwas zu verändern – oder gerade deswegen? –, kam sie schnell vorwärts. 1980 ergatterte sie die Position des Vorsitzenden im Bezirksverband Aachen; in demselben Jahr erwarb sie auch Sitz und Stimme im Landesvorstand der FDP in Nordrhein-Westfalen.

Was, alles in allem, noch kein Billet gewesen wäre, das zu werden, was sie geworden ist. Das ungewöhnlich gute Wahlergebnis aus dem Herbst 1980 spülte sie jedoch über Platz vierzehn der Landesliste – bei den Wahlen zuvor war der 13. Platz schon nicht mehr erfolgreich – in den Bundestag. Allerdings ist sie auch, dort angekommen, niemandem sofort als herausragendes politisches Talent aufgefallen. Allenfalls verstiegen sich die Kollegen zum Lob einer „tüchtigen Gesundheitspolitikerin“, als die sie sich im Ausschuß für Jugend, Familie und Gesundheit erwiesen hatte. Doch ihr Profil bezog sie nicht aus dieser Arbeit, auch wenn sie heute darauf hinweist, daß sie in den zwei Jahren – von 1980 bis 1982 – nur deshalb bekannt geworden sei, weil sie „so gut“ mitgearbeitet habe. Aber nein, das war es dann doch nicht, und schon gar nicht allein.

Vielmehr machte Irmgard Adam-Schwaetzer von sich reden, als sie – die einzige unter den FDP-Frauen – für die Wende eintrat. Sie war Genschers weibliche Bastion in der zerrissenen Fraktion. Der Vorsitzende konnte sich politisch auf sie verlassen, und er konnte mit ihr, im Angesicht des überaus unsicheren Wahlausgangs im März 1983, vor den Wählern und mehr noch vor den Wählerinnen, ein Exempel statuieren.

Mit Irmgard Adam-Schwaetzer auf dem Posten des Generalsekretärs vermochte er nicht nur eine Person zu präsentieren, die ob der Erschütterungen, die von der Wende ausgingen, nicht wankend geworden war oder zumindest: die im richtigen Moment auf der richtigen Seite stand. Er vermochte zudem die FDP als eine Partei vorzuführen, die so frei und fortschrittlich ist, daß sie eine Frau an der Spitze ihres Apparates erträgt. Und mit dieser Überraschung lenkte er die Öffentlichkeit auch noch ein wenig von dem ganzen Wendespektakel ab. Seine Entscheidung war also mit dem Blick auf die kommenden Wahlen getroffen worden.

Für ihn stand die Rückkehr in den Bundestag obenan. Die Fünfprozenthürde mußte genommen werden, dahinter traten alle anderen Sorgen begreiflicherweise zurück. Es war eine seiner typisch-taktischen Überlegungen, welche ihn dahin brachte, der weithin unbekannten jungen Abgeordneten diese Chance zu bieten.

Die Partei aber, so unmittelbar von sozialliberal zu konservativ-liberal umgewendet, lechzte nach einer Integrationsfigur. Das war Irmgard Adam-Schwaetzer nun gar nicht. Ganz im Gegenteil. Sie hatte sich, zum Beispiel, heftig gegen die Publizierung der Reden von Gerhard Baum und Hildegard Hamm-Brücher während der Debatte aus Anlaß des Mißtrauensvotums in der FDP-Mitglieder-Zeitung „Bonner Depesche" gewandt. Allenfalls als streitbare Wende-Dame hatte sie sich bis dahin wirklich einen Namen gemacht. Und in der Fraktion hängt man ihr Etiketten von „aggressiv" bis „arrogant" an.

Das Wahlergebnis für Irmgard Adam-Schwaetzer auf dem Berliner Parteitag der FDP, der im Spätherbst des Jahres 1982 Genschers Vorschlag zu bestätigen hatte, fiel entsprechend mager aus. Nur 200 Delegierte stimmten für sie, 161 dagegen, 15 enthielten sich. Es war nicht gerade ein glorreicher Einstieg. Und sie weiß immerhin soviel von den Hintergründen, „daß der Generalsekretär, der auf dem letzten Bundesparteitag gewählt worden ist, nicht gewählt worden wäre, wenn er die Prioritäten nicht mitgetragen hätte".

Anfangs, in dieser ungewohnten Rolle, zeigte sie sich eher erschreckt denn erfreut. Noch während der Koalitionsverhandlungen, also nach der erfolgreich bestandenen Probe der Wahl von 1983, wirkte sie schüchtern, unsicher, wacklig auf dem Parkett, auf dem ein Heiner Geißler neben ihr so gewandt aufzutreten verstand. Was also hatte sie im Gepäck? Was war vorgeformt? Was konnte sie bieten?

Während der zehn Berufsjahre, zudem in leitenden Positionen, hat sie den sachlichen Umgang mit anderen, das Richtlinien Vorgeben und das Arbeiten im Team gelernt. Sie kann sorgfältig eines hinter dem anderen erledigen, sie kann sich und das, was sie zu leisten hat, organisieren. Ganz knapp und ohne Girlanden läßt sie denn auch die Geschäfte, etwa in der Abteilungsleiter-Besprechung, ablaufen: Wird sie dem Mannheimer Morgen ein Interview geben? Könnte sie das vielleicht mit einem Termin beim Fernsehrat in Mainz verbinden? Sie könnte. Wer redet beim Marburger Bund? Sie selbst wird es sein. Was geschieht mit einem Antrag auf Einberufung eines Sonderparteitags? „Den Antrag nehmen wir zur Kenntnis, aber wir machen keinen Sonderparteitag, sondern einen ordentlichen Parteitag." Noch was? O.K.! Das war's! Auch wenn es hier nicht gerade um weltbewegende Fragen geht: Kürzer kann man nicht sein.

Aber das hat sie nicht nur in der Wirtschaft gelernt, das ist ihr – wenn es nicht schon von vornherein angelegt war – in ihrer Kindheit und Jugend auch eingetrichtert worden. „Ich bin eine preußische Beamtentochter, mit allem, was dazu gehört, Pflichtauffassung, Leistungsbewußtsein, aber auch Humanität, Rücksichtnahme, soziales und gesellschaftliches Engagement", so beschreibt sie, wo sie herkommt. Der Vater war Finanzbeamter aus der mittleren Laufbahn, später Steuerberater. Die Tochter kam als fünftes Kind nach vier Söhnen auf die Welt: Und das war nicht nur ein Platz an der Sonne. „Da mußte man sich besonders durchsetzen", erinnert sie sich, „das mit dem Nesthäkchen hat bei uns nicht funktioniert." Sie ist also nicht verwöhnt worden. Dazu reichten, so groß die Freude der Eltern über die Geburt der Tochter nach vier Söhnen auch war, schon die Mittel nicht aus. Alle Kinder der Familie besuchten das Gymnasium, studierten auch. Das läßt ahnen, wieviel gemeinsame Anstrengung aufgebracht wurde, wie begrenzt die Zuwendung und die Zuwendungen für den einzelnen waren.

Vier Brüder, vier mal Männlichkeit vorweg, vier Vorbilder von einer ganz anderen als der eigenen Art: Da kann man versuchen, sich anzupassen, da kann man sich auch ins Nur-Weibliche retten. Irmgard Adam-Schwaetzer hat sich für beides entschieden. Sie kommt kühl, schnoddrig, herb, sachlich, zurückweisend daher. Sie ist aber ganz unvermittelt auch das freundliche, offene, schutzbedürftige kleine Mädchen. Sie zeigt sich zielstrebig, und zugleich naiv. Sie wirft sich in Positur als Vorgesetzte, aber anschließend sitzt sie gleich wie ein nettes College-Girl mittendrin und klagt, wie sehr es ihr unter die Haut gehe, wenn sie bisweilen zu Unrecht, wie sie meint, angegriffen wird. So leidet sie an dem Vorwurf, sie würde das Sozialstaatsgebot des Grundgesetzes in ihren programmatischen Anläufen außer Acht lassen. Und sie fühlt sich stets „sehr betroffen", wo Bürger über die Charakterlosigkeit der Politiker herziehn. Diese Generalsekretärin ist eben nicht nur streitbar, sie ist auch kränkbar.

Allerdings neigt sie – hier wie da – nicht zu den Extremen. Nichts an ihr schäumt ungebremst – keine Lust und auch kein Schmerz. Als Kerl wie als Kind verliert sie nicht die Contenance, hat sie sich in der Gewalt. Das mag in der Groß-Familie, aus der sie stammt, anerzogen, erzwungen oder von selbst gewachsen sein. Wo so viele um Platz rangeln, kann sich keiner richtig breit machen. Aber Irmgard Adam-Schwaetzer ist zudem in einer Kleinstadt, in Warburg in Westfalen groß geworden. Und sie hat dabei erfahren, daß sich dort „die soziale Kontrolle" viel stärker auswirkt als in der Großstadt. Zwar ist ihr nicht nachträglich in Erinnerung geblieben, daß sie etwas tun wollte, was sie aus Rücksichtnahme dann nicht tun konnte, doch den Nachhall jenes Drucks spürt sie noch.

Und sie hat ihn mittlerweile für sich nutzbar, hat ihn zu ihrem Eigentum gemacht, hat ihn verinnerlicht. Was daraus resultiert, diese äußere Beherrschtheit, erscheint ihr heute ausschließlich von Vorteil: „Wenn man sich unsicher fühlt – man kann dann auch nicht verletzt werden, nur weil man sich mal stärker gehen läßt." Diese Gefahr scheint gebannt. Was da brodeln könnte, wenn es denn brodeln wollte, es ist gezähmt. Irmgard Adam-Schwaetzer braucht vor sich und anderen – denkt sie – keine Angst mehr zu haben. Den fremden Anspruch für den eigenen haltend, bleibt sie stets Herr ihrer selbst. Denn: „Ich empfinde es nicht als unangenehm."

Mit all dem Preußischen im Gepäck ist sie auch sicherer geworden. Sie formuliert griffig, sie bliebt in Interviews keine

Antwort schuldig, sie gibt aggressiv zurück, wo sie absichtsvoll angegangen wird. Sie hält ihre Geschäftsstelle, so heißt es, mit den rund 20 Mitarbeitern, einigermaßen in Schuß.

Handwerk: das ist die Morgengabe, welche sie in ihr Amt bei der Freien Demokratischen Partei mit eingebracht hat. Aber wird in so einer Verbindung nicht auch ein Funke Leidenschaft erwartet?

Matthias Wissmann
Meister der gezähmten Revolte

Das meiste an Matthias Wissmann ist rund, glatt, gefällig. Er schaut so freundlich aus seinem hübschen Bubengesicht in die Welt und auf die Menschheit, als gäbe es dort nichts als Eintracht und Behagen wahrzunehmen. Er lächelt ausgesprochen viel. Er läßt Wohlwollen, Offenheit, Verständnis aus sich herausleuchten. Ein netter und ein adretter Mensch. Oft trägt er Nadelstreifen und Zweireiher zu den Plenarsitzungen, die vollen Haare hält er sich lockengezähmt und kleidsam geschnitten aus der hohen Stirn. Seine ganze Erscheinung fordert es heraus, verlangt es, ruft dazu auf: daß man ihn mag, annimmt, liebt, diesen Aufrechten, Klaren, Geradlinigen, diesen jungen Mann ohne viel Eigenschaften. Aber genau dies, daß er sowenig auffällt und anstößt, daß er kaum ärgert oder herausfordert, daß er allzeit ausgewogen und auch ausgeglichen auftritt – das ist dann doch sehr charakteristisch für ihn.

Als hätte er es berechnet, ja filigranfein ausgezirkelt, so trifft er mit seinen Handlungen, und mehr noch, mit den Deutungen dazu, genau in die Mitte der Erwartungen – der eigenen wie der eines erwärmten Publikums. Matthias Wissmann hat das Erlebnisraster, das bei einem öffentlich engagierten Menschen, einem Berufspolitiker zumal, vorausgestzt wird: Er preist es als ein „Glück", seinen Heimatkreis vertreten zu dürfen und damit weiterhin für jene Menschen tätig zu sein, mit denen er aufgewachsen ist; er weist die wahrhaft verblüffende Erfahrung vor, „daß man als Einzelkämpfer politisch wenig, in der Gemeinschaft dagegen recht viel bewirken kann"; er weiß auch längst, daß er es „beim Reden allein" nicht belassen darf, daß er zudem „Kleinarbeit" und „Kärrnerarbeit" leisten muß. Und er hat es schon zu spüren bekommen, daß mit dem Grad der Aufmerksamkeit, welche so ein Strebsamer erregt, auch die Zahl „der Gegner und Neider" wächst. Was ihn freilich nur ermutigt, „noch überzeugender zu arbeiten und damit schrittweise Mehrheiten zu gewinnen". Denn: „Wichtig ist in der Politik nicht allein der Erfolg. Entscheidend ist, daß man sich selbst treu bleibt." So redlich kämpft ein Demokrat nun mal: So bescheiden bleibt er, wenn er siegt, so gelassen, wenn er verliert. Ja, Wissmann lobt sogar solch traurige Geschicke, weil er nun weiß, wie sich Niederlagen anfühlen und er lobt zudem jene Kritischen, „die einem den Kopf waschen, wenn man abzuheben droht, Freunde, die einem ungeschminkt ihre Meinung sagen, auch dann, wenn sie zunächst gar nicht gefällt". Matthias Wissmann demonstriert auch hier, was sich schickt. Zeigt nicht zuviel und nicht zuwenig davon, präsentiert gerade das richtige Maß, präsentiert eine hübsche Portion Demut.

Auch wenn er protestiert, enttäuscht er niemanden, bleibt er im Lot, ist er just so aufmüpfig, wie er es im Moment und in seiner Rolle zu sein hat: ein Meister der gezähmten Revolte. Gewiß, er hat sich schon gegen den großen Vorsitzenden, gegen Kohl gestellt, hat die Friedensbewegung gegen den Volksfront-Vorwurf seines Parteichefs – damals war er noch nicht Kanzler – in Schutz genommen. Und hat dafür eine Rüge eingesteckt. Matthias Wissmann schwimmt auch nicht mit der Mehrheitsmeinung in seiner Partei. In den Fragen der Vermögensbildung für Arbeitnehmer, des Bodenrechts und der Mitbestimmung stand er auf der Seite der Sozialausschüsse. 1980 sprach er sich für Albrecht und gegen Strauß aus. Zum Außenseiter wird er – begabt zur Politik wie er nun mal ist – dabei freilich nicht, sondern erwischt gerade jenen kontrollierten

Reiz, den er als der Bundesvorsitzende der Jungen Union, der er zehn Jahre lang war, stets erwischen mußte. Für den Sprecher der konservativen Jugend ist es angebracht, daß er sich als „untypisch", als „starrköpfig und eigenwillig" einschätzt, daß er sich gern darüber erregt, „wie leichtfertig nicht wenige mitlaufen", und daß er sich auch „mehr Querköpfe" wünscht in der Politik.

„Einer Partei, die mir die eigene Meinung, das Verfolgen der eigenen Grundlinie nicht erlaubte, könnte ich nicht angehören", bekennt er und legt noch einen Beweis seiner Unabhängigkeit dazu: „Sicher lag ich manchmal mit meiner Partei, mit der CDU und vor allem der CSU im Clinch. Gerade diese Freiheit aber, meine eigene Meinung vertreten und sie in manchen Fällen auch zur Wirkung bringen zu können, macht für mich politisches Engagement lohnend." Ein angenehmer Rebell. Er traut sich so weit, wie sich jeder trauen kann.

Und er spricht, wie alle sprechen. Niederlagen sind „bitter", Erfolge „beflügeln" ihn, er hat „Anliegen" und „Hauptanliegen". In der Politik will er etwas „bewegen" und „gestalten", will er auch ein paar Spuren „hinterlassen". „Mit Schwung" geht er in die kommenden Jahre, und gewiß lacht ihm dann auch wieder die „Sonne des Erfolgs". Matthias Wissmann gilt als guter Redner. Das stimmt, was die Musik in seiner Stimme angeht. Er intoniert und modelliert, er kann verhaltene und leidenschaftliche Klänge erzeugen. Aber mit dem, was er sagt, bügelt er die Höhen und Tiefen wieder aus, redet er Probleme, Unlösbarkeiten, Herausforderungen glatt.

Dies alles zusammengenommen erweist sich der junge Mann – er ist 1949 im schwäbischen Ludwigsburg geboren – als ein schon merklich alter Politiker. Auch als er 1976 zum ersten Mal als Abgeordneter in Bonn antrat, hatte er die Regeln des Metiers längst verinnerlicht, hatte er auf jede Frage eine wortreiche aber nichtssagende Antwort, war er kritisch, ohne irgend jemandem richtig weh zu tun, zeigte er sich fleißig und ehrgei-

zig und hielt dabei doch mit der eigenen Befriedigung über seine Erfolge hinter dem Berg. Matthias Wissmann nutzte die Hausmacht seiner Organisation, der 280000 Mitglieder starken Jungen Union, aber er überreizte seine Möglichkeiten nie und hütete sich auch, die Geduld der älteren Mehrheitspartei übermäßig zu strapazieren. Er war offen, und ließ gleichwohl nicht viel von sich sehen; er schmückte sich mit Niederlagen, die ihn nicht wirklich zurückgeworfen hatten. Kurzum, er war und ist das christdemokratische Musterbeispiel jener jungen Parlamentarier, die mittlerweile zur Regierungsfähigkeit aufgerückt sind, die in der Partei wie in der Bundestagsfraktion zu den Meinungsmachern zählen.

Sie haben einen direkten Weg von der Schulbank in den Bundestag gefunden, haben zumeist schon vor dem Abitur den öffentlichen Einsatz zu ihrem Beruf gemacht. Die Politik ist ihnen schon seit ihrer Jugend der größte Teil des Lebens. Dort sind sie mal unterlegen, mal vorangekommen; dort haben sie den Umgang mit einzelnen und mit Gruppen geübt; von daher rühren ihre Alltags- und Sonntagserfahrungen. Das macht es dann wohl, daß sie, wenn sie in Bonn auftauchen, derart abgeschliffen erscheinen. Wer sie wirklich sind, und ob sie überhaupt noch etwas anderes sind, das läßt sich nicht leicht herausfinden. Jede Geste, jedes Wort, das sie sagen, jedes Lächeln; das sie zeigen, alle Regungen und Bewegungen leiten ihre Berechtigung von außen ab. Solche Leute leben kaum, sie wirken.

Bei Matthias Wissmann hat das fast noch im Kindesalter angefangen. „Recht früh wählte man mich zum Klassensprecher", erzählt er und liefert mit dieser kleinen, gezielt-gezähmten Offenheit die Begründung dazu: „Es machte mir Spaß, mich für die Klasse einzusetzen, für Mitschüler zu engagieren, aber auch eine besondere Stellung in der Klasse zu haben." Bei den schwächeren Lehrern war er „nicht selten frech", neigte auch „zum Übermut". Bei den strengeren Pädagogen hat er sich eher zurückgehalten: „Daß man als Schüler durch eine solche Verhaltensweise manchem jungen Lehrer, der auf einen modernen Erziehungsstil vertraut, den Mut nimmt, wurde mir erst später bewußt."

Früh aber hat er erkannt, daß er etwas verändern muß. So ist es ihm einmal gelungen, einen Lehrer davon zu überzeugen, den Frontalunterricht aufzugeben und die Klassen in Gruppen zu unterweisen. Er nennt dies einen der „kleinen Erfolge", die ihm Mut gemacht haben für ein „weiteres Engagement". Für seine Klassenkameraden gab dies den Anlaß ab, ihn als Kandidaten für die Wahl des Schulsprechers vorzuschlagen. Sechzehn Jahre war er alt, als er das Amt dann errang. Schulfeste mußte er in dieser Funktion organisieren, „Schüleranliegen" zum „verständnisvollen Rektor" tragen und „viel, viel, was man auch lästige Kleinarbeit nennt", erledigen.

Der nächste Erfolg ist als „Brezelstreik" in seine Geschichte eingegangen. Als der Schulbäcker zum zweiten Mal in einem Jahr den Preis für das schwäbische Salzgebäck um einen Pfennig auf einen vollen Zehner erhöht hatte, veranlaßte Wissmann seine Mitschüler, sich auf das mitgebrachte Vesper zu beschränken. Zwei Tage lang blieb der Bäcker so auf seiner Ware sitzen, am Ende nahm er die Preiserhöhung zurück. Und wieder hatte Wissmann „den Eindruck", etwas bewegt zu haben.

So regte er noch die Gründung einer Schülerzeitung mit dem beziehungsvollen Namen „Senfkorn" an, veranstaltete Podiumsdiskussionen zu Schulfragen, zu bildungspolitischen Themen überhaupt, wagte sich sogar bis zur Nah-Ost-Politik vor, tobte sich in der Öffentlichkeit richtig aus, einer von vielen, welche die Welle der Politisierung der Jugend in der zweiten Hälfte der sechziger Jahre erfaßt hatte. Und woran er sich politisch einübte, daran lernte damals eine ganze Generation Demokratie. Das verlangte die Zeit: daß man den Lehrer vom Podest in die Klassenmitte holte, daß man über die Bildungspolitik die Welt verändern wollte, daß man – wo auch immer –

Rudi Dutschkes Aufforderung folgte und den Marsch durch die Institutionen begann.

Mit siebzehn Jahren trat Matthias Wissmann dann bei der Jungen Union ein. Mitschüler hatten ihn, so berichtet er, auf die Gruppierung aufmerksam gemacht. Vorher schon hatte ihn der Kanzler Adenauer fasziniert, bei einer Veranstaltung auf dem Ludwigsburger Marktplatz: „... als er aus Anlaß einer großen Jugendkundgebung zum Inkrafttreten des deutsch-französischen Vertrages gemeinsam mit dem damaligen französischen Präsidenten Charles de Gaulles in meine Heimatstadt kam. Dieser alte Herr, ruhig, besonnen, vernünftig, offenkundig von seiner Sache überzeugt, machte auf mich großen Eindruck. Eine Persönlichkeit mit Mut und innerer Stärke“, so kennzeichnet er den ersten Bundeskanzler der Republik. Eine Vaterfigur also war Konrad Adenauer für ihn. Da hat er sich gerne angelehnt.

Da hat er sich vielleicht auch beweisen wollen: Denn natürlich war die Junge Union in Ludwigsburg nicht wie sie sein sollte. Es gab zu wenig Aktive in diesem Verband, es wurde kaum Basisarbeit geleistet, und Wissmann stritt erst einmal für das, was er „Schüler- und Lehrlingsarbeit“ nennt. Danach kam, „was kommen mußte“, man forderte ihn auf, für den Vorsitz des Ortsverbandes zu kandidieren und man wählte ihn auch. Jetzt konnte er erst richtig loslegen. Er holte „Karteileichen“ ins Parteileben zurück, gründete einen Arbeitskreis für Lehrlinge, versuchte sich in der politischen Straßenwerbung und hatte es bald wieder einmal geschafft: Innerhalb eines Jahres war es ihm gelungen, die Mitgliederzahl des Ludwigsburger Verbandes zu verdreifachen. Das gefiel auch der Mutterorganisation, der CDU am Orte, nicht schlecht, und sie erkor den knapp Achtzehnjährigen sogleich zu ihrem stellvertretenden Ortsvorsitzenden.

In diesem Moment hatte der unaufhaltsame Aufstieg also längst begonnen. Und immer ging es von da an nach demselben

Muster: sich regen, sich bewegen, Initiative vorzeigen, die anderen fehlt, Arbeiten übernehmen, für die sonst keiner Lust hat, einen Optimismus vorweisen, für den es kaum Grund gibt: „So war ich am Ende meiner Schulzeit plötzlich mehr mit Politik beschäftigt, als ich das selbst ursprünglich vorhatte ... Immer mehr nahm mir die politische Betätigung den Raum für andere Dinge".

Er schränkte das Hockeyspielen ein, das er bis dahin als Leistungssport betrieben hatte; er setzte sich auch kaum noch ans Klavier, ging seiner Neigung zur Musik fast nur noch in seltenen Konzertbesuchen nach. Dafür häuften sich in der neuen Rolle Bestätigung auf Bestätigung, spürte er auch, daß man „ohne Laufbahn relativ früh die Dinge in eine Gestaltungsphase bringen kann". So blieb er zwar neben der Politik bei seinem Jurastudium, bestand alle Examina und errang auch die Zulassung zum Anwaltsberuf. Aber er fand bis jetzt doch in kein anderes Leben hinein. Selbst wenn er tatsächlich, wie er sagt, 20 Prozent seiner Arbeitszeit für die Kanzlei einsetzt, der er nach wie vor angehört, die Politik hat ihn, besitzt ihn, verfügt über ihn.

Seinen ersten Kontakt mit Bonn hatte Matthias Wissmann in den Jahren 1970 bis 1971, als Assistent der baden-württembergischen Bundestagsabgeordneten Annemarie Griesinger. Wenn er heute zurückschaut, so glaubt er damals noch nicht viel begriffen zu haben vom Betrieb in der Bundeshauptstadt. Auch als er dann 1976 wiederkam, diesmal selbst als Abgeordneter, war er zwar schon ein Professioneller in der Politik, gewarnt vor den Fallstricken, die in einer großen Volkspartei wie der CDU überall herumliegen, gefeit gegen Verirrungen in die Extreme, gepeilt auf den Weg der Mitte, auf dem man, ohne anzustoßen, am schnellsten vorwärts kommt. Doch Bonn erschien ihm immer noch als etwas ganz neues. Zwei Jahre, sagt er, hat er gebraucht, um seine Arbeit dort für einigermaßen wirksam zu halten. Erst am Ende dieser Eingewöhnungsspanne unterließ er es, mit „flotten Anträgen“ auf sich aufmerksam zu machen, konzentrierte er sich auf das, was er immer wieder so gerne die „Kärrnerarbeit“ nennt.

Davor und danach kam er mit seiner Parteikarriere gut voran. 1973 wurde er Bundesvorsitzender der Jungen Union, 1975 ergatterte er Sitz und Stimme im Bundesvorstand der CDU, 1976 errang er die Präsidentschaft der Europäischen Union Junger Christlicher Demokraten. Und jetzt? Jetzt, in der dritten Legislaturperiode, die er im Deutschen Bundestag absitzt, jetzt, da es – und das war ja doch eine Laufbahn für sich – nach fast zwanzig Jahren politischer Jugendbewegtheit mit dieser Rolle allmählich zu Ende geht, jetzt ist er zum wirtschaftspolitischen Sprecher der CDU-CSU Bundestagsfraktion avanciert: „Ich wollte das werden“, gesteht er ein, „ich bin ehrgeizig, aber nicht gierig“, fügt er hinzu; „ich springe nicht wie ein Wilder von einer Leiter auf die andere. Diese Arbeit reizt mich mehr als diese oder jene Regierungsaufgabe.“ Zeigt er jetzt also vielleicht Zähne? Nein, er kaut wohl nur ganz beharrlich weiter, rechnet damit, daß es kein schwierigeres Gremium gibt als eine Bundestagsfraktion und will es dort, ganz unabhängig von seiner bisherigen Aufgabe bei der Jungen Union, zu einem „Eigengewicht“ bringen. Das ist sein Ziel. Der Weg dorthin führt – natürlich – „über einigermaßen überzeugende Sacharbeit“. Doch gibt er sich da nicht wieder einmal eine Spur zu bescheiden? Duckt er sich nicht, weil er sich dukken zu müssen glaubt?

Wahr ist freilich auch, daß er zwar sitzt, auf dem neuen Podest, aber daß er, in der Tat, die fachliche Kompetenz noch weiter ausbauen kann. Der Ruf eines wirtschaftspolitischen Orakels eilt ihm noch nicht voraus. Er selbst scheint ihn jedoch gelegentlich schon zu hören: Wie er da in seiner Parlamentsbank sitzt, wie Wissen und Besserwissen schon aus ihm herausleuchten, wie er – auch wenn er noch gar nicht spricht – den Mund aufmacht, wie es ihn fast nicht mehr hält auf dem Sitz, wie es in seiner Schulter zuckt. Und eigentlich müßte der Arm jetzt hochgehen, eigentlich müßte Matthias Wissmann jetzt strekken, und strecken ...

Dieses Schülerhafte hat er also noch immer nicht abgestreift, diesen Eifer, das Unfertige. Die ausgeleierte politische Routine, die er daneben vorführt, widerspricht keinesweg seiner merkwürdig verlängerten Adoleszenz, im Gegenteil, sie vervollständigt sie nur. Er ist zu jung und zu alt zugleich, ein erstarrter Musterknabe, ein Dorian Gray. Das meiste vom Leben ist an dem Bild, das er sich von sich selbst macht und das er der Öffentlichkeit zeigt, vorbeigegangen. Aber gerade darin können sich offenbar viele Gleichaltrige wiedererkennen. Weil er so ist wie er ist, verfügt er über Einfluß in der Union, hat er dort eine ansehnliche Hausmacht. Sein Name, ohne Zweifel, steht für einen Teil dessen, was diese Partei gegenwärtig ist.

Mit Strebsamkeit, Anpassung, Karrierelust, politischem Fingerspitzengefühl und geschmeidiger Rhetorik ist dieses Talent freilich nicht vollständig beschrieben. Was noch also reizt da? Was zieht an? Was lädt zur Identifikation ein? Welche Politik wollen diejenigen, die Wissmann wollen? Welche Richtung ist gemeint?

Matthias Wissmann selbst, wenn er nach Überzeugungen gefragt wird, spricht gern von „liberaler Weite". Er will sie aus dem Elternhaus mitbekommen haben, aus der Familie, die er eigentlich nie richtig verlassen hat. Als Student, als Abgeordneter, als Bundesvorsitzender der Jungen Union – immer ist ihm dieser Fluchtpunkt geblieben.

„Christlich motiviert" war man da, erzählt der junge Abgeordnete, aber nicht eng. Da die Eltern verschiedenen Konfessionen angehörten, zählte auch die Toleranz ganz von selbst zu den Bekenntnissen in der Familie. Erzogen wurde streng und großzügig zugleich, Autorität und das Laufenlassen hatten nebeneinander Platz. Der Vater, von Beruf Kaufmann, der schon vierzig war, als der Junge auf die Welt kam, ist nicht als übermächtig, allenfalls als stark empfunden worden. Er hat dem Sohn diese Liberalität vorgelebt; eine Grundhaltung, die Matthias Wissmann auch bei denen wiederzufinden glaubt, die er zu seinen politischen Vorbildern rechnet: Heiner Geißler etwa, vor allem jedoch Richard von Weizsäcker. Letzterer scheint ihm auf eine „einzigartige Weise" beides in sich zu vereinen: Das Programmatische und das Pragmatische.

Daß er sich zu Recht als einen Liberalen ansieht innerhalb der Union, mag er auch aus der politischen Landschaft aufgesogen haben, in der er aufgewachsen ist. Der Wahlkreis Ludwigsburg markiert nämlich ein unruhiges Feld. Hier haben die Liberalen in den ersten Jahren der Bundesrepublik schöne Siege errungen. Hier hat der Sozialdemokrat Mommer Legislaturperioden lang das Direktmandat für sich gewonnen. Und hier siegt nun seit 1976 Matthias Wissmann mit der CDU. Es ist klar: Dies kann keine Gegend für politische Extreme sein.

Matthias Wissmann aber ist nicht nur der Sproß seiner Eltern, nicht nur ein Schwabe aus dem Unterland, er ist, dem Alter nach, auch ein Kind der Studentenrevolte. Ihre Bewegung, ihr Protest, ihr Veränderungswille hat ihn zwar nicht ergriffen, aber all das hat ihn doch gestreift, hat ihn angeregt. Nicht wie die um zehn Jahre Jüngeren, die – so sieht er es – aus der „Antithese zum Sozialismus" zur Union kommen, ist er auf seine politische Leitmelodie eingestimmt worden, sondern auch durch jene Unruhe. Sie ist, wenn schon nicht als Anreiz zum Aufbrechen bestehender Strukturen, so eben als jenes Stimulans zur Politik bei ihm angekommen, zum Sichregen, Sichbewegen, Sichversammeln, zum Werben, Streiten, Reden, mit Geschäftsordnungen hantieren, zum Fragenstellen. Politisierung als ein wesentlicher Teil vom Programm: damit ist Wissmann sozusagen das Aushängeschild der konservativen Achtundsechziger. Er hat den Generationenkonflikt der Zeit verdaulich dargeboten. So versteht er sich selbst, und so ist er auch für seine Anhänger wie für seine Partei wertvoll geworden. Er hat ihr in der Schülerunion 25000 jugendliche Gefolgsleute zugeführt. Und unter seinem Vorsitz – also zwischen 1973 und 1983 – „ist die Junge Union um 100000 Mitglieder gewachsen".

Die Erfolge, die Matthias Wissmann bei den Bundestagswahlen erringt, stehen hinter denen, die er sonst in seiner langen Laufbahn zu verbuchen hat, in der Schule, in der Partei, in der Fraktion nicht zurück. Bei seinem Start ins Bonner Parlament, damals war er gerade 27 Jahre alt, gelang es ihm, den Wahlkreis Ludwigsburg der SPD abzujagen. 1980 lag er wieder vorn – mit einem der besten Erststimmenergebnisse der Union. 1983 hat kein anderer CDU - Abgeordneter einen so hohen Überhang an Erststimmen erreicht. Er ist nun mal so freundlich, fleißig, farblos, wie Mehrheiten sich ihre Volksvertreter, die jungen zumal, wünschen.

Richard Freiherr von Weizsäcker
Schon im Schloß geboren

Eigentlich nimmt er schon sein ganzes politisches Leben lang den Platz ein, welchen er jetzt auch von Amts wegen haben soll: Richard Freiherr von Weizsäcker argumentiert und handelt gleichsam über den Parteien. Er hat sich nie auf den Grabenkampf eingelassen, nie in kleinliche Hader verstrickt, nie in polemischen Ausfällen einen Achtungserfolg gesucht. Nicht das Tagesgeschäft, sondern die Grundsatzarbeit sah er die allermeiste Zeit als seine Aufgabe an; nicht „Konfrontation", sondern „Versöhnung" ist sein Thema.

Dieses harmonisierende Politikverständnis, und die entsprechende Haltung dazu, leitet er aus der „Verantwortung von Christen in der Politik" ab. Die Religion kommt bei ihm vor dem parteipolitischen Programm. Von seiner Überzeugung her weiß er auch, daß eine letztgültige Wahrheit auf der Erde zu verwirklichen den Menschen nicht möglich ist, und daß es allenfalls gilt, sich „mit größtmöglicher Gewissenhaftigkeit und mit größtmöglichem Verantwortungsgefühl um das Vorletzte zu kümmern". „Wir können keinen absoluten Frieden, keine absolute Gerechtigkeit und keine absolute Freiheit herstellen", sagt er, „das ist dem Paradiese, aber nicht der Menschenhand vorbehalten".

Einer, der so spricht, hat natürlich auch alles andere als die übliche Parlamentarierlaufbahn hinter sich. Zwar ist er schon sehr früh in seinem Leben mit Politik in Berührung gekommen. „Ich bin in einer sehr politischen Atmosphäre aufgewachsen", erzählt er. In der Schule hat er als Zwölfjähriger bereits mit seinen Klassenkameraden „über die Zweckmäßigkeit von Kabinettslisten der Reichsregierungen" diskutiert, freilich ohne sie tatsächlich beurteilen zu können. Aber Richard von Weizsäkker stammt auch aus einem politischen Elternhaus. Sein Vater, Ernst von Weizsäcker, ein Diplomat, war – unter anderem – Gesandter in Bern, später Staatssekretär im Auswärtigen Amt in der Berliner Wilhelmstraße und, von 1943 bis zum Kriegsende, Botschafter beim Vatikan. Die Politik gehörte also zu seinem Arbeitsfeld, und die Kinder sind naturgemäß damit aufgewachsen.

Richard von Weizsäcker hat sich seit seiner „frühen Jugend" damit befaßt: „Ich habe im Grunde immer in meinem Leben die Neigung gehabt, mich nicht nur für Politik zu interessieren, sondern sie eines schönen Tages auch zum Gegenstand meiner Hauptbeschäftigung zu machen". Nur wollte er dies erst im „Zustand eigener Erfahrung und möglichst weitgehender innerer und materieller Unabhängigkeit" verwirklichen. Deshalb ist aus dem „früh geborenen Entschluß" eine „sehr spät verwirklichte Tat geworden".

1954, also erst im Alter von 34 Jahren, wurde Richard von Weizsäcker Mitglied der CDU. Weder parteipolitische Jugendarbeit gehört in diese Laufbahn, noch die übliche Ochsentour. Der Freiherr stieg von oben ein. Seine jüngeren Jahre widmete er dem Beruf: Der promovierte Jurist war erst einmal in der Wirtschaft erfolgreich; er hatte sich aus Neugier dorthin orientiert, „denn ich hielt die Wirtschaft für etwas ebenso Wichtiges wie mir persönlich weitgehend Unbekanntes". Dort kam er dann gut voran, brachte es zum Leiter der wirtschaftspolitischen Abteilung bei Mannesmann und danach, von 1958 bis 1962, zum persönlich haftenden Gesellschafter eines privaten Bankhauses in Essen. Später zählte er zu den Geschäftsführern der Firma Boehringer in Ingelheim am Rhein. Aus diesem Lebensabschnitt rührt auch seine politische Verwurzelung in

Rheinland-Pfalz und die Nähe zu Helmut Kohl. 1967 wurde er in Bonn als Rechtsanwalt zugelassen. Und zwei Jahre danach kam er über die CDU-Landesliste von Rheinland-Pfalz zum ersten Mal als Abgeordneter in den Deutschen Bundestag.

Doch zu diesem Zeitpunkt hatte er sich längst auf ein ganz anderes Leben in der Öffentlichkeit eingestimmt und eingelassen. Während er sich auf der einen Seite so eifrig um seinen Beruf kümmerte, hatte er sich auf der anderen auch als Kirchenmann eingesetzt. In dieser Rolle machte Richard von Weizsäcker von sich reden, lange bevor er dann als Politiker mit eigenem Ehrgeiz ins Gespräch kam. Seit 1962 gehörte der Freiherr dem Kirchentagspräsidium an, und 1964 wurde er zum Präsidenten des Deutschen Evangelischen Kirchentages gewählt. Das Amt behielt er bis zum August 1970, und die Kirchentage in Köln, Hannover und Stuttgart fanden unter seiner Regie statt. 1977 übernahm er – neben Erhard Eppler und Klaus von Bismarck – noch einmal die Aufgabe des Kirchentagspräsidenten. Von dieser Arbeit bezog sein Name den unverwechselbaren Klang. Von daher stand er schon am Beginn seiner politischen Arbeit außerhalb der täglichen und alltäglichen Auseinandersetzungen, war er sozusagen fürs Grundsätzliche bestimmt. Ganz folgerichtig wurde ihm deshalb in der CDU auch eine Aufgabe zum Nachdenken und Konzipieren, nicht zum Kämpfen übertragen. Vom Anbeginn der siebziger Jahre bis in die achtziger hinein leitete Richard von Weizsäcker die Grundsatzkommission der Partei. Immer sei seine Arbeit, so sagt er rückblickend, „vom überparteilichen Grundwerteverständnis und der Grundsatzprogrammatik gekennzeichnet gewesen“. Daneben stellte er sich freilich für lange Zeit auch als Kandidat unter Beweis. So war er 1974 schon einmal für das Amt des Bundespräsidenten gut und trat, allerdings nur als Zählkandidat der Unionsparteien, gegen Walter Scheel an.

Fünf Jahre zuvor hatten ihn Parteifreunde bereits ein aller-

erstes Mal als Bewerber für dieses Amt ins Gespräch gebracht. Aber dann kam der Name des Kirchentagspräsidenten doch wieder vom Tisch, da ihn noch zu wenige kannten. Die Christdemokraten entschieden sich für Gerhard Schröder. Jahre später tauchte Richard von Weizsäcker dann wieder als Anwärter auf: für den Posten des Regierenden Bürgermeisters von Berlin. Auch dort war er zunächst nicht erfolgreich, obwohl er im ersten Anlauf die Ergebnisse der vorausgegangenen Wahl um ein paar Punkte verbesserte. 1981 war es dann soweit. Richard von Weizsäcker zog ins Rathaus Schöneberg ein, und zwar zunächst an der Spitze eines von den Liberalen tolerierten Minderheitenkabinetts, bis sich die FDP im Frühjahr 1983 endgültig auf die Seite der Union schlug.

Es sieht nach Stetigkeit aus, auf den ersten Blick zumindest, dieses politische Leben, das vergleichsweise spät begann. Konstant blieb Richard von Weizsäcker bei den Vorhaben und Aufgaben, welche aus der Tagesarbeit herausgehoben sind. Das gilt bis zu einem gewissen Grade auch für das Amt des Regierenden Bürgermeisters, welches ihn zwar als Kommunalpolitiker forderte, wo er außerdem die Rolle eines Ministerpräsidenten ausfüllen mußte, wo er aber – nicht zuletzt – „in die Großwetterlage eingebunden“ war. Die Jahre, welche er in Bonn auf den Sitzen der Opposition verbrachte, sind ihm ohnedies als „eher abstrakt“ in Erinnerung. Einer, der sich selbst stets treu geblieben ist, einer, der nie Zweifel aufkommen ließ an seiner Glaubwürdigkeit, an seiner Vornehmheit: Nein, nur edel, rein, selbstlos mag man auch diesen Politiker nicht nennen. Anders wäre er nicht in die erste Linie gekommen. Dazu ist das Gewerbe zu hart und die Konkurrenz zu groß. Richard von Weizsäcker hat seine politische Abstammung aus dem Kirchenmilieu gewiß nicht verraten, er hat sie ganz im Gegenteil zum Markenzeichen gemacht. Das heißt, mit dem Ausweis des Überparteilichen, des niemals in die Niederungen der Tagespolitik Herabgesunkenen, vermochte er den Platz des Mahners, des bisweilen auch Unbequemen, des Liberalen und Offenen in der konservativen Union einnehmen – einen Platz, der frei war. Richard von Weizsäcker füllte ihn aus – zum Nutzen der Union, versteht sich, und dabei keineswegs zum eigenen Schaden. Er ist in der CDU nicht nur für das Vorausschauen zuständig, sondern auch das schmückende liberale Feigenblatt für den konservativen Verein. Und das fällt ihm keineswegs von alleine zu, er ist es mit viel Fleiß.

So hat er auf sich aufmerksam gemacht, als er, zum Beispiel, in der Debatte über die Ost-Verträge aus den Reihen seiner Partei tanzte, sich für den Warschauer wenngleich nicht für den Moskauer Vertrag aussprach und dazu beitrug, daß sich die Unionsfraktionen immerhin der Stimme enthielten. Richard von Weizsäcker schwamm nicht mit dem Strom, war nie, wo die Mehrheit war und hielt sich doch frei von extremen Positionen. Er fiel auf, aber meistens angenehm.

Das darf man getrost als ein politisches Kunststück betrachten. Und in diesem Sinne hat er gewiß Recht, wenn er sich zwischendurch selbst einmal keineswegs nur als über allen Wassern schwebend sieht, sondern auch darauf beharrt, daß er seine Aufgabe „in den Parteien“ und „in der Diskussion zwischen den Parteien“ suche, „aber nicht über den Parteien“. Denn: „Das wäre ein Standort, der einen in Wirklichkeit ja aus der konkreten politischen Arbeit ausschalten würde.“

Es ist wahr, ausgeschaltet hat er sich nicht. Ganz im Gegenteil. Wie erdgebunden der Freiherr bisweilen sein Interesse verfolgt und seine Karriere bedenkt, zeigte er bei dem wochenlangen Gerangel um die Kandidatur für die Präsidentenwahl des Jahres 1984. Der Kanzler war bei ihm im Wort, und Richard von Weizsäcker – der den Berliner Erfolg für die CDU halten sollte, der die Arbeit in der alten Reichshauptstadt doch selbst vor nicht allzu langer Zeit noch als eine politische „Lebensaufgabe“ bezeichnet hatte, nach der es keine weiteren Aufgaben mehr geben könne – mochte Kohl von seiner Zusage nicht entbinden. Und hatte er nicht früher einmal Parteifreunden anvertraut, daß er sich, was das Amt des Bundespräsidenten angehe, für besser geeignet ansehe als andere Kandidaten? Außerdem hält er sich zugute: „... wenn wir in der Bundesversammlung zum Ausdruck bringen können, daß das auch mal ein Kandidat sein kann, der die Parteigrenzen ein wenig zu überwinden weiß, dann ist das, glaube ich, ein Ausdruck von Gesundheit und Verantwortlichkeit der demokratischen Kräfte in unserem Land". Da galt es dann wohl, ein öffentliches Interesse gegen das andere abzuwägen. Bei seinem Anspruch ist er also geblieben. Und weder das Murren in Berlin noch der Widerstand Kohls noch der Schatten auf dem Bild des politischen Edelmannes vermochten ihn von seinem eisernen Vorhaben, nun Präsident der Republik zu werden, abzubringen.

Richard von Weizsäcker hatte freilich schon zuvor unter Beweis gestellt, daß nicht nur die Verantwortung des Christen in der Politik, sondern daß auch Ehrgeiz ihn treibt. Ganz so geradlinig, so uneigennützig, wie seine Laufbahn von außen aussehen mag, ist sie nicht. So ließ er sich 1979 zum Vizepräsidenten des Bundestags küren und hatte gleichzeitig in Berlin ein Mandat zu versorgen. Erst gab er dieses auf, dann verzichtete er auf jenes, um sich schließlich doch wieder an der Spree zu engagieren. Denn dort schien der Sessel des Regierenden endlich frei zu werden, dort wartete die Lebensaufgabe, wartete gleichzeitig ein Sprungbrett auf ihn.

Ein Wanderer, bei so viel weihevollem Auftreten, ist er eben auch. Und das hat er früh gelernt, ja eigentlich die ganze Kindheit und Jugend hindurch nichts anderes gelebt. Am 15. April 1920 wurde Richard von Weizsäcker im Neuen Schloß in Stuttgart geboren. Seine Mutter, aus der hier alteingesessenen Familie von Graevenitz stammend, hatte dort in den Wochen nach dem Kapp-Putsch vorübergehend Unterschlupf gefunden. Aber sie blieb nur drei Monate. Richard ging später in Kopenhagen, Oslo, Bern und Berlin zur Schule. Der Diplomatensohn wuchs nicht an einem Ort auf, und er verliebte sich auch etwas in das zigeunerhafte Leben. „So gerne ich immer gereist bin", erzählt er, „so gerne bin ich auch als Kind mit der Familie umgezogen, ich war immer neugierig". Deshalb weiß er heute noch nicht, wo er eigentlich zu Hause ist. Dennoch: Die längste Zeit hat er in Berlin verbracht, die Stadt ist ihm als das „Zentrum für den heranwachsenden jungen Menschen" in Erinnerung.

Es blieb auch später bewegt in diesem Leben. Daran war freilich nicht nur der Beruf des Vaters schuld. Im Frühjahr 1938 begann Richard von Weizsäcker seine zweijährige Militärzeit. Als das erste Jahr vorbei war, brach der Krieg aus. Die Feldzüge in Polen und Rußland erlebte er mit und kam – als der junge Offizier, der er war – plötzlich in Konflikte. Schließlich kannte er die politische Wirklichkeit im Deutschland der Jahre zwischen 1933 bis 1938 „nur vom Ausland und außerdem von der Sicht meiner Familie her". Das heißt, er hat gar nicht „in der unbefangenen Weise wie andere junge Leute" das „Dritte Reich auf sich zukommen sehen". Es fiel ihm schwer, alle Befehle, die er von oben bekam, „vor dem eigenen Urteilsvermögen und dem eigenen Gewissen zu vertreten". Er spürte ein „Spannungsverhältnis" zwischen dem, was er als Soldat erlebte und dem, was er tatsächlich als „Perspektive" für sein „Land" sah. Als eine „schwer lösbare Lebenssituation" ist ihm dies in Erinnerung geblieben. Das Leben hatte sich für ihn „in einem sehr frühen Stadium existentiell außerordentlich ernst gestaltet".

Auch nach dem Krieg war er aus dieser Situation nicht gleich ins Unbeschwerte entlassen. Sein Vater wurde in Nürnberg angeklagt. Zusammen mit zwanzig anderen Angehörigen des Auswärtigen Dienstes mußte sich Ernst von Weizsäcker im sogenannten „Prozeß gegen die Wilhelmstraße" verantworten. Richard, damals noch Student der Rechte in Göttingen, durfte der Verteidigung assistieren. Aus „menschlicher Nähe" zu seinem Vater, „weil ich ja durch all die Jahre hindurch, natürlich nicht im einzelnen, aber doch in der generellen Tendenz, stets eine äußerst deutliche Vorstellung von dem miterlebt und mitbekommen hatte, was mein Vater versucht hatte, wenn auch vergeblich", und „aus großer politischer Überzeugung", beteiligte er sich an diesem Prozeß. Ernst von Weizsäcker, dessen Anklage unter den Alliierten umstritten war, der sich, was seine Verteidiger auch vorbrachten, um die Erhaltung und später um die Wiederherstellung des Friedens bemüht hatte, und zu dessen Gunsten viele Zeugen – vor allem ausländische Diplomaten – auftraten, wurde gleichwohl zu sieben Jahren Haft verurteilt. Nach einer Intervention Winston Churchills kam er jedoch wieder frei. Der englische Premier hatte das Urteil einen „Irrtum" des Gerichts genannt. Am Ende des Prozesses wäre der Sohn fast an diesem Stück seiner Familiengeschichte hängengeblieben. Er hatte, wie er meint, als erster Akten des Auswärtigen Amtes „zum Durchstudieren" bekommen; er hatte fast alle Überlebenden aus der Nazizeit noch gesehen, hatte sie reden gehört. Und er war an alledem natürlich „vital" interessiert und deshalb eine Zeitlang in Versuchung, in das Münchner Institut für Zeitgeschichte einzutreten. Aber dann besann er sich doch auf einen eigenen Weg. Den hat er freilich immer wieder suchen müssen, als Mitglied einer Familie, in der es von Gelehrten, Staatsmännern, Diplomaten – kurzum von Berühmtheiten nur so wimmelt. Der Urgroßvater, Carl Heinrich, der erste bekannte von Weizsäcker, lehrte als Professor für evangelische Theologie in Tübingen und übernahm auch das Amt des Kanzlers der Universität. Der Großvater, Carl Friedrich von Weizsäcker, machte sich zunächst als aufgeschlossener Kultusminister in Württemberg einen Namen und war später der letzte Ministerpräsident des Königreichs und einer der engen Vertrauten des Königs Wilhelm II.

Richards Vater kam außerhalb des Landes voran, brachte es bis zum Botschafter und Staatssekretär im Auswärtigen Dienst.

Dessen Bruder Victor, Universitätsprofessor in Heidelberg, begründete die psychosomatische Medizin. Richards Mutter war eine Schwester des Malers und Bildhauers Fritz von Graevenitz. Und der Bruder, Carl Friedrich von Weizsäcker, ist der angesehene Physiker, Philosoph und Friedensforscher. Soviel Bedeutsamkeit und Erfolg, versteht sich, verpflichtet. Da kann Richard nun durchaus mithalten.

„Das waren doch alles ganz normale Existenzen", wischt Richard von Weizsäcker erst einmal weg, was als Herausforderung empfunden werden könnte. Nicht mehr und nicht weniger will er von dieser Abstammung und diesem Kreis abhaben als die Summe der Gespräche, das Zuhören. Es hat ihm zwar „zweifellos viel bedeutet", sagt er und verneint jeden darüber hinausgehenden Anspruch: „Wir haben immer ein ausgeprägtes Familienleben, aber kein so furchtbar ausgeprägtes Selbstbewußtsein gehabt". Das mag ein Lippenbekenntnis sein – oder auch nicht. Da beugt er womöglich sein Haupt, um es danach gleich wieder unbeeinträchtigt erheben zu können. Die Demut, denkt er, kleidet ihn, doch er lebt sie nicht immer vor. Richard von Weizsäcker, der Politiker, welcher sich auf keine niederen Händel einläßt, der Mann, dem nicht der Alltag, sondern die Zukunft anvertraut ist, kommt nicht gern entgegen. Er ist nun mal schon im Schloß geboren.

Und sieht er nicht auch so aus? Silbergelockt, mit feinen Zügen und einem kleinen, geschmäcklerischen Zug um den Mund? Einen Präsidenten fürs Volk wird er kaum abgeben, einen Staatspräsidenten schon.

Karl Carstens
Einer für alle, aber keiner wie jeder

Von der Originalität eines Theodor Heuss hat er schlicht nichts. Auch trägt er keinen überhöhten moralischen Anspruch nach der Art Gustav Heinemanns mit sich herum. Erst recht fehlt ihm das Lebemännische seines Vorgängers Walter Scheel. In Karl Carstens, dessen Wahl das erste Signal zur Wende setzte, hat die Republik ihren gleichmäßigsten Präsidenten gefunden. Person und Amt sind kaum voneinander zu unterscheiden. Wo immer er erscheint, er kommt als Staatsoberhaupt, ganz Pflicht, kaum Neigung, Kopf hoch und Augen geradeaus. Ein Herrschaftsdarsteller und ein Herr. Einer für alle, aber keiner wie jeder. Karl Carstens, mit seiner Wohlerzogenheit, mit dem kleinen spöttischen Lächeln in den stets etwas herabgezogenen Mundwinkeln, mit seiner nadelgestreiften Korrektheit, mit der allzeit unbewegten Freundlichkeit seiner Mimik, Karl Carstens bleibt gern weit weg und mußte nun doch, kurz vor dem Ende seiner Amtszeit, noch einmal nahe heran, mußte mitten hinein ins politische Getümmel, mußte Partei ergreifen, mußte entscheiden.

Damit tat er sich nicht leicht, klagte auch über „die große Verantwortung", und doch war unschwer zu erkennen, daß dieser Präsident kaum der Mann sein würde, dem allgemeinen Begehr nach Neuwahlen im Jahr 1983 – wozu er unter Umständen das Recht gehabt hätte – ein Veto entgegenzusetzen. Bisher zumindest ließ er nur einmal in seinem Berufsleben die Öffentlichkeit verdutzt aufschauen und aufhorchen. Als er 1973 die

Aufgabe des Fraktionsvorsitzenden der Opposition übernahm, zeigte sich Carstens plötzlich von einer anderen als der gewohnten Seite. Er gab sich polemisch, aggressiv, überhitzt, er kämpfte mehr, als daß er überzeugte, er verließ die Mitte und verlor manches Maß. Aus der Hierarchie und den strengen Handlungsanweisungen des Beamtendaseins entlassen, und dem Überlebenstraining des politischen Metiers ausgesetzt, ging er vorübergehend sich selbst verloren, oder – vermochte er auch manche seiner Möglichkeiten erst zu finden.

Karl Carstens, der verletzen konnte, der sich vorwagte, der mit Florett und Säbel focht, der hager, bissig, ohne Gnade den politischen Gegner herausforderte und zu zerstören versuchte; von solchen Extremen war er, zumindest in dem, was von seinem Leben nach außen drang, vorher frei. Davon ist auch jetzt kein Quentchen mehr an ihm auszumachen. Nachdem ihn die schiere Politik schon Anno 1976, als er das Amt des Bundestagspräsidenten übernahm, wieder ins eher Überparteiliche entlassen hat, ist Karl Carstens scheinbar ungestört zurück bei sich selbst, und damit bei allem, was er auch sein bisheriges Arbeitsleben lang im Wesentlichen vorgestellt hat: dem Diener des Staates und der Allgemeinheit, dem Talent, das sich dennoch gern in Regeln fügt, dem hoch hinaufgestiegenen Bürgersohn, der ungern Risiken eingeht, der den festen Boden unter den Füßen und einen stabilen Rahmen braucht, um sich sicher zu fühlen. Ein Mann des Rechts. Aus Normen schöpft er Kraft, wo andere vielleicht nur das Hindernis empfinden.

Auch ein ausgeprägtes Gespür für seinen Standort in der Hierarchie ist ihm nicht fremd, ja, er strahlt es sogar nach außen ab. Karl Carstens ist oben, und das läßt er sehen, lebt er aus, seinen Beamten gegenüber, die er – zum Beispiel auf eine Frage, die ihm nicht sofort beantwortet wird, mit „na, na, meine Herren, da hilft alles Kopfnicken nichts" – im Kasino-Ton scharf und schneidend zurechtweisen kann; oder, bei aller Höflichkeit Besuchern gegenüber, wenn er auf knappe Ausführungen und Fragen drängt. Als Bundespräsident hat er fast keine Macht, aber ohne Zweifel kann er damit umgehen.

So ist er in diesem Amt, von dem er sagt, daß er es mit „viel Freude“ ausübe, nicht ganz im Einklang mit seinen Ambitionen, seinem Ehrgeiz, sondern fühlt sich gelegentlich unterfordert und würde zu Tagesfragen gern „deutlicher seine Meinung sagen“. Der Bundespräsident, so kühl, so hanseatisch, so nüchtern, so blutleer er auf die Bühnen der Bundesrepublik kommt, muß sich dort also auch zurücknehmen. Immerhin zeigt er im kleineren Kreis vor, was er denkt: daß er beispielsweise das plebiszitäre Element als eine Gefahr ansieht, daß die Väter der Verfassung seiner Ansicht nach gut beraten waren, es aus der Weimarer Zeit nicht in das Grundgesetz zu übernehmen, daß ein Sechzig-Millionen-Volk bei den repräsentativen Verfahren der politischen Entscheidung bleiben soll und muß.

Den naheliegenden Schluß aus diesen Grundüberlegungen, nämlich der mutwillig mitten in der Legislaturperiode inszenierten Wahl – also auch einem Volksentscheid – sein Jawort zu verweigern, zog er nicht.

Trotzdem beschäftigte ihn der Fall „schon Monate“. Ja mehr: Wenn Carstens zurückblickt auf seine außerordentliche Karriere, auf die verschiedenen Aufgaben, welche er zu erfüllen, auf die vielen Ämter, die er innehatte, so war ihm doch bis dahin niemals etwas ähnlich Schweres aufgegeben. Allenfalls kommt ihm noch das Für und Wider um den Beitritt der Bundesrepublik zu den Vereinten Nationen in den Sinn. An diesem Schritt der Bonner Demokratie war er als Meinungsführer der Oppositionsfraktion beteiligt, hat die Entscheidung also gewiß mit vorbereitet, hat aber letztlich doch nicht die politische Verantwortung dafür getragen. Das war nun anders, und dieses Mal mußte er ganz allein seines Amtes walten.

Politische Richtlinien auszugeben ist gleichwohl Sache des Bundeskanzlers, der Präsident hingegen, glaubt Carstens, sollte „integrieren“, sollte so arbeiten und wirken, „daß sich die große Mehrheit durch ihn repräsentiert fühlen kann". Derart ausgleichend wirkt er bewußt nach innen, in die Abläufe des politischen Apparates hinein, durch „Gespräche mit dem Bundeskanzler und mit den Bundesministern". Derart glättend und besänftigend verweist er aber auch in seinen Reden nach außen auf das allen Gemeinsame, verweist auf „die Beachtung unserer Grundwerte", auf die „Einheit der deutschen Nation" und stößt vor allem die junge Generation nachdrücklich auf die „Notwendigkeit von mehr Geschichtsbewußtsein".

Dafür, allem anderen voran, will er werben und wirken. Nämlich: daß wir uns wieder mehr auf unsere Fundamente besinnen, auf „Toleranz", auf die „Einsicht, daß Rechte und Pflichten nicht voneinander zu trennen sind, daß Freiheit und Verantwortung zusammengehören", auf „den Geist des Freiherrn vom Stein". Wer Ansprüche stellt, der soll auch an Leistungen denken, der muß das Seinige einbringen wollen, damit der Staat den erarbeiteten Reichtum wieder verteilen kann. Wo nichts ist da kann auch nichts gegeben werden. „Einige Wahrheiten" nennt der Präsident, was er da kurz zusammenträgt, und weiß, „wer sie mißachtet, der gefährdet unser aller Wohl".

Nach dem drängendsten Problem der Zeit befragt, kommt in Karl Carstens daher keineswegs der naheliegende Gedanke an die Arbeitslosigkeit auf. Daß zwei Millionen Menschen eine Beschäftigung suchen, erwähnt er nicht mit einem Wort. Weder die Weltwirtschaft noch der Rüstungswahn machen ihm den größten Kummer. Auch die Sorge um die Umwelt fällt ihm in diesem Zusammenhang nicht ein. Ihn bedrückt, ja bestürzt, daß es an der Einsicht in historische und politische Zusammenhänge fehle. Ihn bekümmert das Aufbegehren eines Teils der jungen Generation seit dem Ende der sechziger Jahre, mit allem, was daraus entstanden und wild gewachsen ist. Denn Karl Carstens ist nur in der älteren Bundesrepublik richtig zu Hause. Die Arbeitslosigkeit kommt ihm offenbar als Ausnah-

mezustand, als vorübergehende Erscheinung vor. Wo allerdings der demokratische Staat bedroht ist, wo er von innen heraus Schaden nehmen könnte, da droht der Absturz in die Barbarei, in die Unberechenbarkeit, in Gesetzlosigkeit, drohen Chaos und Unmenschlichkeit.

Das hat er schließlich erlebt, und im nachhinein, als eigenen Sündenfall, auch erlitten. Da war er „typisch für viele junge Leute der Zeit". Karl Carstens, 1914 geboren, sah sich im Dritten Reich, nachdem er 1933 in die SA ein- und 1935 wieder ausgetreten war, um seines weiteren Fortkommens willen „Zwängen ausgesetzt"; hat sich ihnen „auch gebeugt" und einen Aufnahmeantrag in die NSDAP gestellt. Er war kein überzeugter Nationalsozialist, sagt er, und das Rassenideologische war ihm völlig fremd.

Auch ist ihm erst „nach und nach das volle Ausmaß des Schreckens" deutlich geworden. Dennoch mag er sich nicht nur entschuldigen; heute glaubt er, die Überlegungen und Handlungen von damals „als verfehlt" ansehen zu müssen. „Helden, die bereit sind, ein Martyrium auf sich zu nehmen, sind selten", gesteht er ein, „dazu habe ich nicht gehört."

Karl Carstens ist einer aus der Generation der gebrannten Kinder, der Mitgezogenen, der Bekehrten, Belehrten. Er gehört zu denen, die mit dem Aufblühen des demokratischen Lebens in der Bundesrepublik politisch erst richtig erwachsen geworden sind. Er zählt zu den dankbaren Nachkriegsmenschen, die niemals vergessen werden und niemals gering achten wollen, was ihnen da – gleichsam unverdient – an Selbstbestimmung und Rechtssicherheit beschert worden ist. Deshalb will er wohl vorrangig daran arbeiten, „daß so etwas nicht wieder geschieht", deshalb ist ihm nichts von seinen Aufgaben so nah und kein Problem so dringlich wie „die Freiheit, die mühsam errungene, zu schützen".

Deshalb vielleicht hält er auch alles in Schach, was aus Abgründen, aus zuviel Gefühl, aus dem Irrationalen kommen könnte. Karl Carstens handelt nach Einsichten und Überzeugungen. Er lebt und arbeitet nach seinen Vorstellungen; und er hält – tatsächlich – für wahr, daß der Mensch sei, „was er glaubt", ein Produkt seiner Ideen und Ideale. Karl Carstens, der Bürokrat aus der Luxusklasse, der Präsident des Bundestages und der Republik, der Korrekte, Pflichtbewußte: Er scheint nur aus dem Kopf geboren. Nein, sagt er, hinter dieser Fassade sei wenig anderes verborgen, auf keinen Fall sein wahres Ich: „Es wäre kümmerlich, wenn dies mein wirkliches Wesen ausmachen würde."

Und doch fängt er gleich danach, wenn von seiner Zeit als Fraktionsvorsitzender die Rede ist, zu vibrieren an, erinnert sich, als wie „aufreibend" er diese Arbeit empfunden hat, „wie aufregend es war, so mitten drin im Kampfe zu stehen", und ist sich gewiß: Es hat ihm keine Mühe gemacht, da mitzuhalten, sich auf die drei Gegner – die beiden anderen Fraktionen und die Bundesregierung – einzupeilen und einzuschießen; wie überhaupt eine lauernde, wenngleich kontrollierte, aber doch zum Verletzen bereite Aggressivität an diesem sonst so fugenlos ins Amt eingepaßten Präsidenten spürbar wird. „Mehrere Seelen", das fällt ihm schließlich doch noch ein, „finden sich eben in jeder Brust." Und noch einsichtsvoller: „Niemals kann ein Amt, eine Aufgabe, etwas aus einem Menschen hervorlocken, das nicht von vornherein schon in ihm ist." Doch solche Widersprüche führt er – und auch da ist er, ohne es expressis verbis anzutippen, schon wieder bei Goethe – auf die Verschiedenheit der Eltern zurück: auf das Temperament und die Frohnatur der Mutter und den ruhigeren Charakter des Vaters. Den kennt er freilich nur aus Berichten und Erzählungen. Der Studienrat Doktor Carstens ist gleich zu Beginn des Ersten Weltkrieges und noch vor der Geburt seines Sohnes gefallen. Gesehen hat Karl Carstens den Vater also nie; erlebt schon. Als Vorbild, wie ihn die Mutter und die anderen Verwandten, wie ihn auch seine Schüler dargestellt haben, war er immer gegen-

wärtig, hat er den Jungen geprägt. Der Vater war von Anfang an als Anspruch in seinem Leben, als Herausforderung. An einer Legende mußte sich der Sohn messen, nicht an der Wirklichkeit. Da konnten die großen und größten Anstrengungen nicht ausbleiben.
Daß die Familie nicht gerade wohlhabend war, mag seinem Ehrgeiz zusätzlich die Sporen gegeben haben. Gleichwohl ist Karl Carstens in keinem klammen Erziehungsklima großgeworden. Vielmehr beschreibt er es als „liberal". Niemals hat er unter einem Übermaß an Autorität gelitten – weder zu Hause, noch in der Schule, dem „Alten Gymnasium" zu Bremen, einer nicht nur humanistischen, sondern auch humanen Ausbildungsstätte. Allenfalls kann er sich an einen prügelnden Zeichenlehrer erinnern: „Der dachte wohl, der Mangel an Talent wäre durch Schläge wettzumachen." Aber auch dieser Pädagoge hat ihn „nicht verformt". Der junge Carstens mußte sich an dem guten Willen einer kränkelnden Mutter und dem Mythos des Vaters ausrichten. Damit hat er es sich nicht leicht gemacht. Und vielleicht hat er in diesem Ehrgeiz bis heute nicht nachgelassen.

„Von selbst fliegt einem überhaupt nichts zu", bekennt der Bundespräsident und denkt daran zurück, daß er sein ganzes Leben lang „sehr, sehr viel" und „mehr als die anderen" gearbeitet hat. Im Auswärtigen Amt waren es vierzehn Stunden am Tag. Als Schüler war er stets der Primus seiner Klasse. Davon ist ihm all die Jahre etwas geblieben, von jener unauffälligen Intelligenz, von der Erfolgsmischung aus Begabung, Disziplin und zielgerichtetem Ehrgeiz.

Sie hat ihm viel eingebracht im Laufe seines Arbeitslebens. Er war als Student erfolgreich und erhielt sogar nach dem Krieg, und nachdem er schon drei Jahre als Anwalt gearbeitet hatte, ein Stipendium an der Yale-Universität in den Vereinigten Staaten; und natürlich schloß er mit dem „Master of Law" ab. Er brachte es an der Universität in Köln, wo er von 1950 an unterrichtete, zum Ordinarius und Leiter des „Instituts für das Recht der Europäischen Gemeinschaften". Er kam vor allem als Beamter voran: zunächst als Bevollmächtigter Bremens in Bonn und später als Vertreter Bonns in Straßburg, danach als Experte für Europa-Fragen im Außenministerium. 1960 wurde er dort zum Zweiten Staatssekretär, 1961 schließlich zum Stellvertreter des Ministers ernannt. Im letzten Jahr der großen Koalition, nach einer Zwischenstation im Verteidigungsministerium, war er noch Staatssekretär im Bundeskanzleramt – ein offenbar unentbehrlicher Berater, auch ein vielseitig einsatzfähiger Botschafter über genau zwei Jahrzehnte hinweg.

Zwanzig Jahre lang immer nur darstellen, vorstellen, öffentlich handeln, repräsentieren: Carstens für Bremen, Carstens für Bonn, Carstens für die Bundesregierung, für seinen Minister, für den feinen Verein des Auswärtigen Amtes; dazwischen nur – von 1973 bis 1976 – dieser beunruhigende Ausflug in die Niederungen der Parteipolitik. Und schon ist er zurück bei seinem eigentlichen, dem staatstragenden Metier, als Präsident des Bundestages, und jetzt als Präsident der Republik. Carstens immer ganz vorn, Carstens stets sichtbar, Carstens auf Mission, Carstens im Auftrag aller. Da mußte er doch Selbstbeherrschung, Distanz, Neutralität und Ausgewogenheit in sich hereinnehmen. Da mußte er alle Spontaneität und Entschiedenheit zurückdrängen. Da konnte er gar nicht anders, als Haltung und Unbeteiligtsein zum Prinzip zu erheben.

Als junger Mensch, während seiner Schulzeit, hat er gern Theater gespielt. Noch heute spürt er etwas von jener Leidenschaft und rechnet sich zu den „passionierten Theatergängern". Beethovens dritte Sinfonie und die zweite von Brahms, beide in einer Aufführung der Berliner Philharmoniker unter der Leitung von Leonard Bernstein, haben ihn jetzt, während seiner Amtszeit, so berührt, so aufgewühlt, daß ihn dies, so sagt er, „sein Leben lang" nicht mehr loslassen wird. Der Funke kann also immer noch gezündet werden, aber er springt nicht über.

Nicht einmal auf den außergewöhnlichsten Reisen, nicht einmal während des Staatsbesuchs in China läßt er sehen, ob ihn etwas ergreift und was das sein könnte; nicht einmal für einen Moment vernachlässigt er das strenge Protokoll. Nirgendwo wagt er ein neues Gesicht. Der Bundespräsident bleibt bei seinem ewig-gleichen, dem stets beherrschten, fast-ironischen Lächeln. Selbst wo Schönheit auf Schönheit gehäuft ist, auf der Chinesischen Mauer oder in der Verbotenen Stadt, finden seine Fragen über höfliche Pflichterfüllung, über das notwendige Anteilnehmen nicht hinaus: Aus welchem Material ist denn diese Figur? Empfing der Kaiser hier die Gesandten? Wird die Krone hinter Panzerglas aufbewahrt?

„Tja", sagt er dann, mit seiner reizvoll brüchigen Jungmännerstimme, „tja, dann wollen wir weitergehen." „Tja" beim Himmels-Tempel, „tja" bei den Ming-Gräbern, „tja" auch häufig zu Hause in Deutschland, zum Beispiel auf der Wanderung quer durch die Republik. Auch da hat man kaum ein Leuchten auf seinem Gesicht, keinen Glanz in seinen Augen gesehen. Und dennoch muß ihn dieser lange Marsch nicht nur angestrengt, er muß ihn auch gewärmt haben. „Kontakt mit den Mitbürgern" nennt er, was ihn da freut, was er auch zu den „schönsten Seiten" seines Amtes zählt.

Für ihn, und das mag sich nur aus dem entfremdeten Leben erklären, das er geführt hat und führt, für ihn waren dies keine „oberflächlichen Begegnungen". Er hat – so denkt er – „die deutschen Stämme" kennengelernt, hat erlebt, wie er „die einen schneller, die anderen weniger schnell" zu „zustimmenden Äußerungen bewegen konnte", hat vor allem den Beifall zu seiner Art, „das Amt zu führen", genossen. Und er hat sich gern eingeprägt, was ihm auf dieser Tour an staatstragenden Haltungen und Einsichten überreicht worden ist: eine „positive Einstellung zum Leben", „zum Sport", „zur Bundesrepublik", „zur Bundeswehr" oder auch, „daß die Menschen anerkennen, was die Polizei für den inneren Frieden tut". Da war dieser

Konservative offenbar selig aufgegangen in der Institution, die er vertritt, war Carstens wieder einmal ganz eins mit dem Staat.

Vielleicht aber hat er zudem ein Stück Jugend nachgeholt, hat sich in Unbefangenheit und Nähe immerhin versucht, hat – neben dem Applaus für seine Person und seine Leistung, also dem Lohn für die vielen Anstrengungen in seinem Leben – noch etwas Versäumtes, Vernachlässigtes gefunden oder zu finden geglaubt. Was aber hat er gegeben? Was gibt er überhaupt? Verständnis? Zuwendung? Gar Gefühle? Die hebt er für seine Frau auf, faßt immer wieder und in jeder Öffentlichkeit nach ihrer Hand, hält sich so sichtbar daran fest.

Leidenschaft entwickelt er, wo er Leidenschaft entwickeln muß. Wenn Karl Carstens über Politik, ja erst recht über Außenpolitik spricht, werden seine Gesten größer, öffnet sich sein Gesicht. Dann vermittelt der Bundespräsident unversehens was ihn bewegt, dann ist er fast ein temperamentvoller Mann.

Bildnachweis

Seite 17 Helmut Kohl, dpa/UPI.
39 Hans-Dietrich Genscher, dpa/Eilmes.
50 Gerhard Stoltenberg, Gebhardt/Stern.
61 Friedrich Zimmermann, dpa/Eilmes.
76 Otto Graf Lambsdorff, Presseagentur Sven Simon, Bonn.
85 Franz Josef Strauß, Presseagentur Sven Simon, Bonn.
95 Norbert Blüm, dpa/Sanden.
106 Manfred Wörner, Presseagentur Sven Simon, Bonn.
118 Ignaz Kiechle, dpa/Frank Mächler.
128 Heiner Geißler, dpa/Witschel.
137 Peter Boenisch, dpa/Fischer.
151 Philipp Jenninger, Presse- und Informationsamt der Bundesregierung.
160 Eduard Ackermann, Poly-press, Bonn.
169 Lothar Späth, dpa/Sanden.
182 Theo Waigel, Presseagentur Sven Simon, Bonn.
191 Irmgard Adam-Schwaetzer, Poly-press, Bonn.
201 Matthias Wissmann, Presseagentur Sven Simon, Bonn.
213 Richard Freiherr von Weizsäcker, dpa/Eilmes.
224 Karl Carstens, dpa/Steiner.